Krause · Tauchen und Filmen

Peter H. Krause

Tauchen und Filmen

Das große Buch
der Submarine-Filmpraxis

Wilhelm Knapp Verlag Düsseldorf

Alle nicht besonders gekennzeichneten Fotos
stammen vom Autor
und sind z. T. mehrfach ausgezeichnet worden.
Ausgenommen die Fotos zu den Geräteübersichten.

© 1976 Wilhelm Knapp Verlag Düsseldorf
       Niederlassung der Droste Verlag GmbH
Umschlagentwurf: Helmut Schwanen
Gesamtherstellung: Clausen & Bosse, Leck/Schleswig
ISBN 3-87420-082-5

Inhalt

Vorwort	7	Von der Idee zum Drehbuch	85
Einleitung	9	Aufnahmetechnik	89
UW-Filmen oder -Fotografieren?	11	Motive, Dekorationen, Kulissen	99
Tauchen lernen	15	Requisiten	102
Die Tauchausrüstung	19	Tricks und Gags	105
Die Tauchanzüge	22	Tiere als Darsteller	113
Tauchgeräte	27	Aufnahmen mit Wasser	118
Bleigürtel	30	Tonaufnahmen	121
Tauchermesser	30	Kunstlicht unter Wasser	123
Tiefenmesser	30	Akkuleuchten	129
Dekompressiometer	30	Szenen-Übergänge	137
Rettungsweste	31	Filmthemen	153
Kompressoren	31	Wo filmen?	166
UW-Lampen	31	Regie unter Wasser	170
Welche Filmkamera?	34	Filmtitel	180
Unterwassergehäuse	35	Kommentare und Texte	186
Unterwassergehäuse für 8 mm-Kameras	37	Filmschnitt	191
Unterwassergehäuse für 16 mm- und 35 mm-Kameras	61	Wie entsteht eine Fernsehdokumentation?	194
UW-Gehäuse – selbst bauen?	68	Kalkulation	197
Filmformate	69	Premiere	198
Objektive	71	UW-Filme verkaufen	198
Sucherprobleme	74	Standfotos – Werkfotos	200
Filmmaterial	75	Unterwasser-Fernsehen	201
Belichtungsmesser	79	UW-Filmwettbewerbe	206
Die Belichtung	81	Stichwortverzeichnis	208

Vorwort

Was gibt es Schöneres, als mit einer Filmkamera im Unterwassergehäuse gemächlich im klaren Wasser eines tropischen Korallenriffs auf Motivjagd zu gehen. Mit jedem Flossenschlag treibt man an neue Eindrücke heran, Landschaften und Tiere wechseln ständig, und wir genießen das schwerelose Abenteuer Tauchen intensiv.
Bei uns hat sich der Grundsatz »Taucher schießen nur noch Bilder« nun endgültig durchgesetzt. Dafür gebührt den Fachzeitschriften, Händlern, Herstellern und natürlich den Tauchern Dank. Sie alle haben zur Bildung eines neuen Bewußtseins maßgeblich beigetragen, das hoffentlich in Zukunft auch weit über unsere Grenzen hinaus wirksam werden wird.
All denen, die die Harpune beiseite gelegt oder, was noch besser ist, erst gar nicht in die Hand genommen haben, ist dieses Buch gewidmet. Genauso wie die UW-Fotografie ist das Filmen unter Wasser ein Hobby, das auf Grund einer ungeheuren Faszination, die auch aus dem Erlebnis der absoluten Schwerelosigkeit unter Wasser resultiert, immer mehr Anhänger aller Altersgruppen gewinnt. Ihnen allen, vom Tauchbeginner bis zum engagierten Amateur, möchte ich mit dem vorliegenden Buch nicht nur Zeit und Geld sparen helfen, sondern auch Tips und Anregungen geben und dabei einige, in über 20jähriger beruflicher UW-Filmarbeit gemachte Erfahrungen einfließen lassen.
So kann ich nur wünschen, daß die folgenden Seiten dem Beginner helfen, mit den technischen und gestalterischen Problemen des UW-Filmens vertraut zu werden und dem Fortgeschrittenen Tips und Anregungen geben.

Peter H. Krause

Einleitung

Der beginnende UW-Filmer wird schnell feststellen, daß die vom festen Land her gewohnte Aufnahmetechnik in der schwerelosen dritten Dimension unter Wasser kaum noch Gültigkeit hat. Schritt für Schritt, oder besser gesagt Filmmeter für Filmmeter muß man sich mit dem neuen Milieu, seinen Eigenarten und Möglichkeiten vertraut machen. Das Wasser hat seine eigenen Gesetze, und daraus ergeben sich teilweise unüberwindlich scheinende Grenzen, Beschränkungen und Probleme, die es an Land nicht gibt. Dafür entschädigt uns aber die Wasserwelt reichlich.

Als Lebensraum einer ungemein formenreichen, farbenprächtigen Flora und Fauna und durch das sonst nur Raumfahrern bekannte Erlebnis der Schwerelosigkeit. Es ist ein begeisterndes Gefühl, das dem tauchenden Kameramann anfänglich auch ein wenig Angst einflößen mag, wenn er mit einem Preßlufttauchgerät über hohe Felstürme schwebt, deren Fuß sich in der geheimnisvollen dunkelblauen Tiefe verliert. Dieses schwerelose Schweben ist wohl ein Hauptelement der Faszination, die in aller Welt viele Tausende von Menschen immer wieder in die Meere, Seen und Flüsse hinabtauchen läßt. Will man diese Wunderwelt in bewegten Bildern mit der UW-Kamera einfangen, so muß man auch lernen, entsprechend zu denken. Was unser Auge aufnimmt, der Verstand registriert und die Phantasie vielleicht noch idealisiert, ist nicht immer ohne weiteres auch für unsere Freunde und Bekannten interessant, die den fertigen Film präsentiert bekommen mögen. Wer gemütlich im Sessel sitzt und auf die Leinwand schaut, ist weit weg von dem Gefühl, das man nur beim Tauchen empfinden kann. Um so größer aber wird das Lob für den Kameramann sein, der es versteht, einen Teil dieser unmittelbaren Eindrücke mit der Kamera zu erfassen und auf der Leinwand sichtbar werden zu lassen. Ein Auge für Motive, Ausschnitte und Aufnahmewinkel zu haben, ist bei manchen Menschen angeborenes Talent und für viele eine erlernbare Fertigkeit. Wer dieses Talent besitzt, ist natürlich im Vorteil. Wir anderen müssen lernen, unser Auge entsprechend zu schulen.

Unterwasser-Filmen oder -Fotografieren?

Mit dieser Frage hat sich bestimmt jeder ambitionierte Taucher schon einmal befaßt, bevor er sich für die eine oder andere Art sein Hobby im Bild festzuhalten, entschied. Mancher hat sich aber auch nicht entschieden und schleppt nun bei jedem Tauchgang UW-Film- und -Fotokamera mit sich herum. Meistens stellt er dann schon nach kurzer Zeit fest, daß die Resultate nicht den Erwartungen entsprechen.

Oft hört man den Slogan »Filmen ist leichter als Fotografieren«. Ich glaube, daß stimmt nur dann, wenn man als Filmer ziemlich anspruchslos ist und sich mit den oft zitierten Urlaubspostkarten-Einstellungen zufrieden gibt. Wer aber engagierter ist, der wird versuchen weiterzukommen, wird bessere Filme machen wollen. Die Faszination, die vom Medium Film als künstlerische Ausdrucksform ausgeht, ist auch in Taucherkreisen enorm. Kann man doch seinen Mitmenschen mit laufenden farbigen Bildern das eigene Hobby mitteilen, verständlich machen und vielleicht sogar beim Zuschauer Interesse wecken, selbst einmal die Nase unter Wasser zu stecken. Nun, um ehrlich zu sein, das gleiche gilt für einen gut gemachten vertonten Farbdia-Vortrag. Manchmal empfinden die Zuschauer: »Es war wie ein Film«! Dieser Eindruck entsteht ganz einfach dann, wenn es dem Bildautor gelungen ist, Farbbild, Musik, Geräusche und Kommentar zu einem homogenen Ganzen zu verschmelzen.

Aber zäumen wir das Pferd erst einmal von der anderen Seite auf, nämlich vom Kostenfaktor. Eine gute UW-Kamera im Format 24 × 36 cm kostet mit einer einfachen Kolbenblitzanlage um 1000,– DM. Ein 36er Dia-Film kostet rund 12,– DM, incl. Entwicklung. Dazu kommen dann allerdings noch 36 Blitzbirnen, z. B. Pf 1 á –,45 DM macht 16,20 DM. Pro Dia entsteht also ein Preis von rund –,75 DM, allerdings ohne Rahmung. Wer nun aber mit dem Gedanken spielt, das eine oder andere seiner gelungenen Dias zu verkaufen, z. B. an Illustrierte, Fachzeitschriften oder Bildagenturen, der muß gute Motive anbieten können. Häufig gibt man noch dem 6 × 6-Format den Vorzug. Die günstigste 6 × 6-UW-Kamera, ebenfalls mit einfacher Kolbenblitzanlage, kostet rund 1700,– DM. Das einzelne Dia kommt dann bei 12 Aufnahmen und Blitzbirnen auf 1,50 DM.

Um die geschossenen Dias nun aber auch präsentieren zu können, braucht man einen Projektor. Für Kleinbild-Dias gibt es Projektoren schon ab 100,– DM. Für einen 6 × 6-Projektor muß man um 500,– DM anlegen. Ein Teil, wenn nicht gar die gesamten Anschaffungskosten, lassen sich durch Bildhonorare, sei es für Dias oder s/w-Fotos, wieder hereinholen.

Beim Filmen sind die Anschaffungskosten wesentlich höher. Eine brauchbare UW-Kamera, also Single-8- und Super 8-Kamera und UW-Gehäuse plus Akkuleuchte kostet immerhin um 2000,– DM und ist dann noch nicht unbedingt Spitzenklasse. Dazu kommen die Kosten für Filmmaterial mit rund 11,– DM für 3,5 Min. entwickelten Film. Weiter kommen rund 1000,– DM für Betrachter, Klebepresse und Projektor hinzu. Wer seine Super 8-Filme vertonen will oder ein Titelgerät einsetzen möchte, hat mit weiteren Anschaffungen auch zusätzliche Kosten. Geld wieder hereinholen kann man mit Filmen im Super 8-Format kaum. Es bedarf eines größeren Nega-

tivformates, nämlich 16 mm, wie es auch größtenteils beim Fernsehen verwendet wird. Nun ist nicht nur das 16 mm-Filmmaterial alles in allem 10mal so teuer wie Super 8-Material. Auch UW-Kameras, Leuchten und Schneideeinrichtung liegen zwischen 20000,– und 60000,– DM. Zudem ist es heute schwieriger denn je, irgendwo unter Wasser gedrehtes Material an einen Sender zu verkaufen. Meistens entspricht das Filmmaterial nicht den Vorstellungen des jeweiligen Redakteurs oder ist durch die zahlreichen, über den Bildschirm gesendeten UW-Filme nicht mehr so aktuell.

Aber lassen wir nun Kosten und Verkaufsmöglichkeiten einmal beiseite. Die wenigsten Sporttaucher fotografieren und filmen um des schnöden Mammons willen. Filmen unter Wasser macht einfach Spaß – und das nicht zu knapp! Wer einmal im Licht der Akkuleuchte aus der graublauen Felswand rote Edelkorallen mit weißen Polypenkrönchen erblühen sah, weiß was ich meine. Und wem macht es nicht Freude, die ungeheuren filmischen Möglichkeiten unter Wasser einzusetzen und zu versuchen, sie auszuschöpfen?

Wichtig ist beim Film wie beim Foto, ein Auge für Motiv, Ausschnitt, Perspektive und Wirkung zu bekommen. Bei wenigen Menschen ist das angeborenes Talent. Die meisten können diese wichtige Fähigkeit erlernen. Es gilt also, immer wieder das Auge zu schulen. Vom Fernsehen kann man da eine Menge lernen, wenn man sich nur auf die Kameraführung und die Gestaltung zu konzentrieren vermag und sich nicht doch nach einiger Zeit von der Handlung des Films fesseln läßt. Während der fertige Film, auch wenn er unvertont bleibt, durch wechselnde Einstellungen und geschickten Schnitt seine Wirkung erzielt, ist das Foto auf die alleinige Wirkung als Momentaufnahme angewiesen; denn sicher die Hälfte aller unter Wasser hergestellten Aufnahmen, sei es in Farbe oder schwarz/weiß, sind Schnappschüsse, d. h. in Sekundenbruchteilen sind vom Fotografen eine ganze Skala technischer und gestalterischer Entscheidungen zu treffen, die über die Qualität des Fotos entscheiden. Rein fototechnisch muß die Blende und die Verschlußgeschwindigkeit genauso stimmen wie die Scharfeinstellung. Dann muß der Blitz zünden, was bei Kolbenblitzen bekanntlich längst nicht immer selbstverständlich ist.

Auch bei der Bildgestaltung ist Fotografieren schwieriger. Nehmen wir einmal als Motivbeispiel: »Fisch im Vordergrund mit Taucher im Hintergrund« an. Fotograf, Fisch und Taucher sollten sich auf einer Höhe befinden, aber wo macht sich der Fisch am besten? In der Bildmitte, wo er den Taucher teilweise abdeckt, oder doch lieber unten links? Also schnell den Standort wechseln, aber nicht zu schnell, sonst ist der Fisch weg. Die ausgeatmete Luft könnte ihn verscheuchen, also Luft anhalten!

Einen Vorteil haben Dias gegenüber dem Film: Man kann sie gegen das Licht halten und sieht schon in etwa, ob die Aufnahme gelungen ist. Nicht zu vergessen ist natürlich die interessante Arbeit in der Dunkelkammer. Selbst entwickeln und vergrößern ist doch erst der richtige Abschluß einer Fotopirsch im UW-Bereich. Hier kann man Ausschnitte wählen, mit Gradationen manipulieren oder gar mit Solarisation oder Sandwich-Tricks experimentieren. Die Befriedigung, die erzielt wird, sollte man in ihrem Freizeitwert auf keinen Fall unterschätzen. Und das gilt natürlich nicht nur für die Arbeit in der Dunkelkammer, sondern auch für das Auswählen und Rahmen von Dias, für den Lichtbildvortrag oder das Schneiden und Vertonen von Filmen.

Mancher Taucher findet die höchste Erfüllung schon darin, immer neue und verbesserte UW-Gehäuse für Foto- oder Filmkamera selbst zu basteln. Das erzielte Resultat, also gute Dias oder

Filme, ist dabei oft zweitrangig. Kommt man auf die anfangs gestellte Frage »Filmen oder Fotografieren unter Wasser?« zurück, so sind also verschiedene Fakten abzuwägen. Zuerst die finanziellen Erwägungen, welche für das UW-Filmen oder -Fotografieren angestellt werden müssen. Und vergessen Sie dabei nicht die schon erwähnten Zusatzgeräte wie Projektoren, Schneideeinrichtung, Dunkelkammerausrüstung usw. Dann ist die Frage von Bedeutung: »Kann ich Fotos und Filme eventuell auch einmal verkaufen, um das Hobby rentabel zu gestalten?« Die entsprechenden Informationen haben Sie erhalten. Bleibt die letzte Entscheidung: »Was macht mir mehr Spaß, was liegt mir mehr, welche Technik interessiert mich? Bin ich ein Mensch, der in laufenden Filmbildern denken kann, der einen einfachen Urlaubsfilm ohne großes Drehbuch, vielleicht nur mit ein paar Notizen, für Freunde und Bekannte interessant zusammenschneiden kann, der auch einmal knallhart die entweder zu langen, dunklen, unscharfen oder uninteressanten und unnötigen Szenen herausschneiden kann? Oder bin ich ein Mensch, der mehr zum Grafischen neigt, dem das einzelne Foto besser liegt, der ein Foto komponieren, ein Motiv sehen und erkennen kann, der aber auch blitzschnell auf den Auslöser drücken kann, wenn er *das* Motiv vor der Linse seiner UW-Kamera hat?«

Das gilt natürlich ebenso für den UW-Filmer. Der Wahrheit die Ehre, ich selbst habe als UW-Fotograf angefangen. Das war 1949 mit einer Robot 24 × 24 mm im selbstgebastelten UW-Gehäuse. Heute mache ich beides: Filmen und Fotografieren unter Wasser, natürlich nur mit UW-Foto- *oder* -Filmkamera.

Tauchen lernen!

Wer unter Wasser filmen will, sollte die Kunst des Tauchens beherrschen, denn unweigerlich kommt auch für den Oberflächenschnorchler mit der Filmkamera im einfachen Plastikbeutel einmal der Moment, wo er tiefer hinab will. Sicher – es gibt einige sehr gute Filme, die von trainierten Freitauchern – so nennt man Taucher ohne Preßlufttauchgerät – in Tiefen um 10 m gedreht wurden. Aber nur mit dem Preßlufttauchgerät auf dem Rücken hat man die nun einmal notwendige Muße, um auch in 40 m Tiefe die Technik der Unterwasserfilmkamera zu bedienen und die gestalterischen Möglichkeiten auszuschöpfen. Heute kann man das Sporttauchen auf verschiedene Weise ziemlich leicht erlernen. Nur eines ist wichtig vor dem Beginn der Taucherausbildung und dem Kauf der Ausrüstung: Der Gesundheitszustand! Tauchen ist zwar kein ausgesprochener Gefahrensport, dazu wird er nur manchmal von Leuten, die aus Leichtsinn, Übermut oder Arroganz die Regeln verletzen, gestempelt. Aber wenn Herz, Lungen, Ohren, Kreislauf und Psyche in Ordnung sind, steht Ihrem Tauchhobby nichts mehr im Wege. Gehen Sie also als erstes zum Arzt und lassen Sie sich ausdrücklich auf Sporttauchertauglichkeit untersuchen. Am besten gehen Sie zu einem Spezialisten, auch wenn das etwas Geld kostet. Diese Spezialisten gibt es in fast jeder größeren Stadt – es sind die Gewerbeärzte, die auch laufend die Berufstaucher auf Tauglichkeit untersuchen. Sie haben die größte Erfahrung auf dem Gebiet der Tauchmedizin und Sie bekommen dort für Ihr Geld auch ein amtliches Tauchertauglichkeitszeugnis, das Ihnen auf den verschiedenen Tauchbasen im In- und Ausland noch sehr nützlich sein kann. Denn immer mehr gehen auch diese kommerziellen Taucherstützpunkte dazu über, neben dem rein technischen Qualifikationsnachweis auch nach dem Gesundheitszeugnis zu fragen, bevor Sie an Tauchfahrten teilnehmen, Tauchgeräte entleihen oder auch nur Ihre Preßluftflaschen auffüllen können.

Tauchen lernen kann man heute nach verschiedenen Methoden und zu unterschiedlichsten Konditionen fast überall in der gesamten Welt. Beinahe jeder Reiseveranstalter hat eine oder mehrere Tauchschulen im Programm. Die Auswahl reicht vom gesamten Mittelmeer bis Australien, Thailand, Ceylon, Mexico usw. Wenn Sie aber mehr Zeit als Geld haben, dann lernen Sie Tauchen bei einem der zahlreichen Tauchsportvereine, die es mittlerweile auch in kleineren Orten gibt. Der Beitrag pro Monat liegt zwischen 5,– und 20,– DM und enthält in der Regel auch eine Unfall- und Haftpflichtversicherung. In den Wintermonaten wird der Anfänger im Rahmen des Trainingsbetriebes mit Theorie und Praxis des Frei- und Gerätetauchens bekannt gemacht. Häufig wird hier aber noch im alten Stil ausgebildet, d. h. erst muß der Beginner wochenlang schnorcheln und das Freitauchen üben, bevor er endlich mal ein Preßluftgerät auf den Rücken geschnallt bekommt.

Natürlich bestreite ich nicht, daß Schnorcheln und Kondition lebenswichtig für das Gerätetauchen im freien Wasser sind. Aber mancher Interessierte verliert einfach die Lust, wenn er nicht auch schon mal zwischendurch mit dem Preßluftgerät tauchen darf. Deshalb habe ich bei Anfängerkursen praktisch die alten Methoden umge-

kehrt. Schon nach einer psychologisch gut aufgebauten kurzen theoretischen Einweisung kommt der Schüler mit Preßluftgerät ins Wasser. Das ist vorerst ein 1,50 m tiefes Schwimmbecken mit 28° warmem Wasser. Die Gewißheit, jederzeit vom festen Grund den Kopf aus dem Wasser heben zu können, und so das erste Taucherlebnis risikolos genießen zu können, beeindruckt die Schüler nachhaltig.

Um den Schüler von der ungewohnten Atmung aus dem Mundstück des Tauchgerätes abzulenken, bekommt er z. B. eine wasserfeste Kunststoffschreibtafel mit Bleistift ausgehändigt. Unter Wasser sind einfache Rechenaufgaben zu lösen und Fragen aus der gerade behandelten Theorie zu beantworten. Die Schüler liegen auf dem Beckengrund und sind beschäftigt, die anfangs noch etwas krampfhafte Atmung beruhigt sich zusehends. Nach diesem ersten Tauchgang wird intensives Konditionstraining in Form von Intervalltraining – Schnorcheln und Freitauchen abwechselnd – durchgeführt. Trotzdem haben alle Schüler nach dieser ersten Doppelstunde ein großes Erfolgserlebnis.

Wie schon erwähnt, kann man sich auch, gegen entsprechendes Entgelt, in einer der zahlreichen kommerziellen Tauchschulen, z. B. am Mittelmeer, ausbilden lassen. Aber schauen Sie sich Ihre Tauchschule vorher genau an. Der Titel »Tauchlehrer« ist noch nicht geschützt, und es gibt immer irgendwo eine Tauchschule, die billiger ist, es mit der Sicherheit ihrer Kunden aber vielleicht auch nicht so genau nimmt.

Vom Zustand der vorhandenen Ausrüstung, dazu gehören: Boot, Kompressor, Tauchflaschen, Neoprenanzüge usw., kann man schon in etwa auf die Qualität der Ausbildung schließen. Die Dauer der Ausbildung beträgt in der Regel 1–3 Wochen und wird im Swimming-pool und im Meer durchgeführt. Die meisten Schulen stellen nach einem Prüfungstauchgang, teilweise auch verbunden mit einer theoretischen Prüfung, ein Zertifikat aus. In guten Schulen kann auch das Deutsche Tauchsportabzeichen in Bronze, Silber oder Gold erworben werden.

Die Möglichkeit, das Sporttauchen nur aus Fachbüchern zu erlernen, ist nicht besonders zu empfehlen. Gemeinsam lernt man die vielen kleinen Tricks doch besser, und des Sporttauchers erste Regel heißt immer noch: Tauche nie allein!

»Jeder Mensch sollte vor seinem Lebensende einen Tauchapparat kaufen, leihen oder stehlen, der es ihm ermöglicht, einen Blick in die neue Welt unter Wasser zu werfen!« Dieser Ausspruch des amerikanischen Wissenschaftlers William Beebe hat sinngemäß auch heute noch Gültigkeit. Zweifellos ist Sporttauchen eines der letzten großen Abenteuer der Menschheit. Stehlen aber muß man die Tauchausrüstung heute nicht mehr – die einschlägigen Sportgeschäfte sind bestens sortiert.

Die Tauchausrüstung

Dem Kauf der Tauchausrüstung sollte man mindestens ebensoviel Aufmerksamkeit widmen wie der Auswahl von UW-Gehäusen oder Akkuleuchten. Da wäre zuerst einmal die Grund- oder ABC-Ausrüstung, die aus Tauchmaske, Schnorchel und Tauchflossen besteht. Schon die Auswahl dieser 3 Grundausrüstungsgegenstände ist nicht ganz einfach. Die Auswahl in einem guten Tauchsportgeschäft ist heute für den Anfänger zu verwirrend. Deshalb hier ein paar Tips, die Ihnen die Kaufentscheidung erleichtern sollen: Kaufen Sie eine Tauchmaske mit einer einzigen Scheibe, keine Brille mit 2 separaten Scheiben. Lassen Sie sich von Farben oder ausgefallenen Formen nicht beeindrucken. Farbige Gummimischungen altern nachweislich schneller als schwarze. Achten Sie darauf, daß Ihre Maske einen doppelten Dichtrand hat, d. h. eine ca. 10 mm breite Auflagefläche für den Gesichtsabschluß. Billige Masken haben lediglich einen scharfen Stechrand, der schon nach $1/2$ stündigem Tauchen schmerzhafte Druckmale im Gesicht hinterläßt. Weiter muß Ihre Maske unbedingt das Zudrücken der Nase mit Daumen und Zeigefinger zum Druckausgleich ermöglichen. Deshalb muß sie entweder über einen Nasenerker oder einen Faltenbalg verfügen. Die Scheibe muß aus Sicherheitsglas sein. Stempel auf dem Glas beachten! Plexi- oder Fensterglas ist ungeeignet. Bei fast allen Masken ist die Scheibe über dem Gummiwulst mit einer Schelle aus Kunststoff oder Metall gesichert. Wählen Sie eine Maske, deren Schelle mit einer oder zwei Schrauben nachspannbar ist. So können Sie eventuell eingedrungenen Sand schnell beseitigen. Bei einigen Maskentypen wird die Scheibe mit dem Gummiwulst in eine nicht spannbare Schelle aus einem Stück gepreßt. Wenn Schmutz zwischen Scheibe und Gummiwulst gerät, kann es zu Undichtigkeiten kommen, die sich manchmal nicht mehr beheben lassen. Achten Sie auch auf das Kopfband, ein geteiltes sitzt besser und verteilt den Druck auf Nacken und Hinterkopf. Ob Ihre Maske dicht ist, prüfen Sie noch im Laden, aufsetzen ohne Kopfband und Ansaugen durch die Nase – bleibt die Maske sitzen, wird sie auch unter Wasser dicht sein. Um das Beschlagen zu verhindern, spuckt man, bevor man ins Wasser geht, von innen auf die Scheibe, verreibt den Speichel gleichmäßig und spült kurz mit Wasser nach.

In der Reihenfolge der Wichtigkeit steht der Schnorchel im Rahmen der Grundausrüstung an zweiter Stelle. Ermöglicht die Tauchmaske uns unter Wasser den Einsatz eines unserer wichtigsten Sinne, der Augen, und hebt uns damit schon weit aus der Masse der nur Schwimmenden heraus, so verschafft uns der Schnorchel auch noch Bequemlichkeit. Diese simple »Krücke« aus Plastik oder Gummi mit »Beißlappen« bewehrtem Mundstück verlängert unseren Atemweg um 30 cm über die Wasseroberfläche hinaus. So können wir die Unterwasserwelt, ohne den Mund ständig zum Atmen aus dem Wasser zu hieven, in aller Ruhe beobachten. Wählen Sie also einen einfachen Schnorchel aus festem Material, aber möglichst in den Farben Orange oder Gelb. So werden Sie von anderen Wassersportlern besser gesehen und vermindern die Gefahr, von einem Motorboot überfahren zu werden. Übrigens, wenn Sie abtauchen, formen Sie lediglich ein

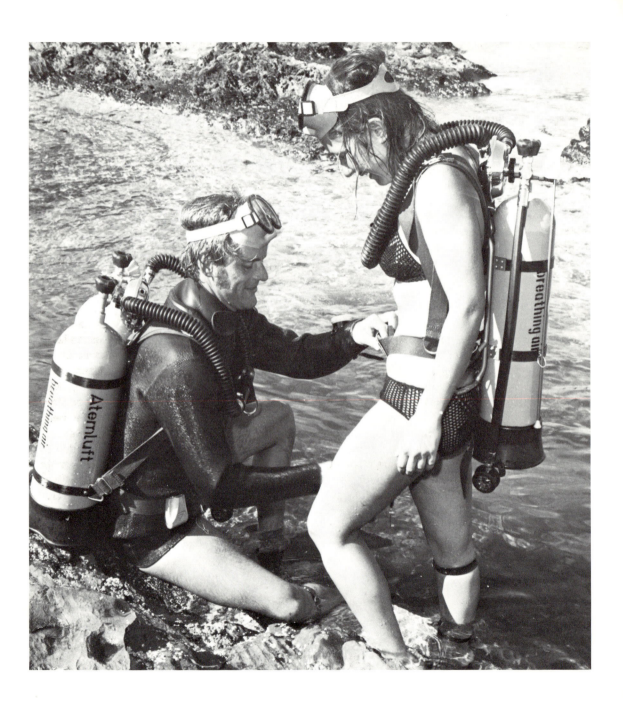

Wort mit dem Anfangsbuchstaben K wie Kamera, dann läuft das Wasser nur bis in die Schnorchelkrümmung und nicht in den Mund. Nach dem Auftauchen blasen Sie diese kleine Wassersäule einfach mit Ihrer Restluft aus. Ich darf doch sicher sein, daß Sie nicht etwa einen Schnorchel mit Ping-Pong-Ball oder Federventil kaufen?

Ist der Schnorchel für den Freitauchenden noch ein *Kann*-Requisit, so bedeutet er für den Gerätetaucher ein absolutes *Muß*. Der zusätzlich mit Filmkamera und Akkuleuchte bepackte Gerätetaucher liegt nämlich so tief im Wasser, daß die Verlängerung des Atemweges um eine Schnorchellänge unbedingt erforderlich, ja bei langen An- oder Abmarschwegen und bei bewegtem Wasser absolut lebenswichtig sein kann. Den Schnorchel trägt man grundsätzlich neben der Beinscheide des Tauchermessers, von den Riemen an der Außenwade gehalten.

Zur Vollständigkeit der Grundausrüstung fehlen uns jetzt nur noch die Flossen. Auch hier ist die Auswahl groß. Aber jetzt müssen Sie eine Entscheidung treffen: Wollen Sie nur im Sommer oder im flachen warmen Wasser tauchen, dann wählen Sie ein paar solide Tauchflossen, die Ihrer Schuhgröße entsprechen und auf dem nackten Fuß nicht zu locker und nicht zu fest sitzen, natürlich mit geschlossener Sohle, damit Sie sich nicht an Steinen, Muscheln oder Korallen verletzen. Auch hier gilt die Tatsache: Schwarze Flossen halten länger als bunte. Wenn Sie aber sowieso geplant haben, ins Tauchhobby richtig einzusteigen, mit Taucheranzug, Preßluftgerät usw., dann können Sie auch den gleichen Flossentyp nehmen, nur wegen der Neoprenefüßlinge eine oder zwei Nummern größer. Allerdings brauchen Sie dann zusätzlich Fersenbänder, da Sie sonst die Flossen sehr leicht verlieren können. Mein Tip: Legen Sie wenige Mark mehr an und kaufen Sie gleich ein paar Berufstaucherflossen mit langem, kräftigem Blatt und Fersenriemen. Diese Flossen werden Ihnen am Anfang womöglich zu einem leichten Muskelkater verhelfen, sind aber fast unverwüstlich und universal im Sitz. Nach einer kurzen Eingewöhnungszeit werden Sie sich ohne diese Dinger vorkommen, als hätte man Ihnen die Füße amputiert. Übrigens – Flossen zieht man bei Tauchgängen vom Strand aus erst im hüfttiefen Wasser an, um sie zu schonen.

Mit der gerade beschriebenen Grund- oder ABC-Ausrüstung können Sie schon eine ganze Menge anfangen. Übrigens – der Tieftauchweltrekord, nur mit etwas modifizierter Grundausrüstung, aber ohne Preßluftgerät liegt z. Z. bei 94 m! Nachahmung wird nicht empfohlen, denn Enzo Mayorka und Jacques Majoe, so heißen die beiden Champions, sind anatomische Ausnahmen.

Doch nun zur weiteren Ausrüstung. Für den UW-Filmer kommen als Tauchanzug eigentlich nur 3 Typen mit ihren Preisunterschieden und den verschiedenen Vor- und Nachteilen in Betracht.

Moderne Preßlufttauchgeräte bieten heute ein Höchstmaß an Sicherheit. Vertrautheit mit den technischen Funktionen und Tauchpraxis sind zusammen mit körperlicher und geistiger Gesundheit die Voraussetzung für das Filmen unter Wasser.

Die Tauchanzüge

Unbestritten in der ganzen Welt am häufigsten von Sporttauchern benutzt wird der Naßtauchanzug. Seinen Namen verdankt er der Tatsache, daß beim Tauchen fast immer etwas Wasser an den Körper herankommt. Das ist aber nicht weiter schlimm, denn der Körper erwärmt diesen Wasserfilm schnell, der bald nicht mehr als unangenehm empfunden wird. Naßtauch- oder Neopreneanzüge werden aus einem speziellen Zellkautschuk, eben dem Neoprene, in den Stärken von 3–9 mm zugeschnitten, verklebt und meistens zusätzlich vernäht. Die gebräuchlichsten Stärken aber sind 5 mm für Wasserski, Windsurfen, Rennsegeln und Tauchen in warmen Gewässern und 7 mm für das ganzjährige Tauchen, z. B. in der Ostsee. Voraussetzung aber für guten Kälteschutz ist guter Sitz. Wer keine Konfektionsgröße hat, sollte den Zuschlag für Maßanfertigung in Kauf nehmen, es lohnt sich. Wählen Sie dann aber auch die Neoprenehose bis fast unter die Achseln, Ihre empfindliche Rumpfpartie wird so doppelt geschützt. Auch die Ärmel des Oberteils wählt man ruhig 4 cm länger, um sie am Handgelenk umschlagen zu können. In der Tiefe, wenn die Luftblasen im Neoprene zusammengedrückt werden, rutschen Ihnen notwendige Armaturen wie Uhr, Tiefenmesser, Kompaß oder Dekompressiometer so nicht auf die Hand ab. Für kalte Gewässer zu empfehlen ist die an das Neopreneoberteil fest angesetzte Kopfhaube. Das Eindringen von kaltem Wasser in die empfindliche Nackenpartie wird weitgehend unterbunden. Ob Sie einen Naßtauchanzug mit einem oder mehreren Reißverschlüssen wählen, bleibt Ihnen überlassen. Es gibt Anzüge mit solchen an den Beinen, an den Armen und an der Brust, ja sogar an den Füßlingen. Denken Sie daran, ein Reißverschluß kann leicht zu einer Schadensstelle werden und an Armen, Beinen und Füßlingen halte ich diese Schnellverschlüsse wirklich für nicht erforderlich. Andererseits ist es eben schon herrlich, wenn man vor oder nach dem Tauchgang den Reißverschluß öffnen und die Heldenbrust der Sonne darbieten kann.

Als zweiten Typ der auf dem Markt erhältlichen Tauchanzüge möchte ich Ihnen den Neoprenetrockenanzug, in der Folge NTTA genannt, vorstellen. Die Idee, einen trockenen Neoprenetauchanzug herzustellen, stammt von zwei Schweden. Sie hatten das Frieren beim Tauchen nicht nur in heimischen Gewässern, sondern auch beim Langzeittauchen in größeren Tiefen des Mittelmeeres einfach satt. Und so kamen sie auf die Idee, aus dem man kann wohl sagen millionenfach bewährten Material *Neoprene* einen Trockentauchanzug zu schneidern.

Dabei galt es eine Reihe von technischen Problemen zu lösen. Doch gingen die Schweden konsequent den einmal eingeschlagenen Weg weiter und machten den »UNISUIT« (Typenbezeichnung des Original Schwedischen Fabrikates) zu dem, was er heute ist: ein NTTA, der für die Taucherei sicher zu einem ähnlich wichtigen Meilenstein wie Lungenautomat und Naßtauchanzug werden wird.

Um ein Höchstmaß an Kälteschutz zu gewährleisten, werden unter dem NTTA entweder ein Anzug aus Glasfaserpelz (Polyamid) oder eine Wollkombination getragen. Dieses Unterzeug aus Polyamid (Hersteller Helly Hansen, Norwegen) kann

Eine Gruppe Tauchschüler unter Führung ihres Lehrers beim ersten Tauchgang im Meer. Sie alle tragen die weltweit verbreiteten Naßtauchanzüge aus Neoprene.

man übrigens in Segler-Fachgeschäften am günstigsten kaufen. Der UNISUIT – NTTA – hat sich von Material und Verarbeitung her als robust bewährt. Ein- und Auslaßventil auf der Brust sind von Hand gut zu betätigen. Die Tariermöglichkeit (kein ungewollter Luftabgang) läßt sich durch Aufblasen des Anzuges als Bergungshilfe einsetzen. Der Anzug ist mit großen Knieschützern ausgestattet. Der wasserdichte Gesichtsabschluß wird durch die Spaltneoprene-Manschette erreicht, auf der die Tauchmaske absolut dichtet. Als relativer Nachteil ist die Notwendigkeit einer Hilfsperson beim Anziehen (Reißverschluß) zu nennen, wenn es auch in der Praxis durchweg problemlos sein dürfte. Hier einige kleine Kniffe, die das An- und Ausziehen des UNISUIT problemlos werden lassen. Gesichts-, Hals- und Armmanschetten, die im Gegensatz zum beidseitig kaschierten Anzug aus glattem Neoprene gearbeitet sind, werden mit Silikonspray oder Talkum gut gleitfähig gemacht. Im Overall aus Faserpelz setzt man sich hin und zieht zuerst die Öffnung aus Gesichts- und Halsmanschette über den Kopf. Dann Kopfhaube hochziehen und Haare ordnen.

Gegenüberliegende Seite: Nicht Eindringling und Jäger, sondern Freund und Schützer, das sind die Tugenden, die den modernen Sporttaucher auszeichnen sollten.

Ebenfalls aus Neoprene, aber als Trockenanzug konzipiert ist der Unisuit. Ein Neoprenetrocken-Tauchanzug (NTTA) für längeres Tauchen in kalten Gewässern.

Vorwiegend von Berufstauchern wird der ebenfalls trockene Konstant-Volumen-Tauchanzug eingesetzt. Er ist nicht so elastisch wie die vorgenannten Anzüge, erlaubt aber sicheres Arbeiten in kalten Gewässern über längere Zeiträume.

Jetzt den Kopf tief zwischen die Beine nehmen und die Halsmanschette auskrempeln. Dann in die Arme und Beine schlüpfen. Vor und nach jedem Tauchgang wird der Reißverschluß, der übrigens das Erledigen dringender Bedürfnisse zwischen mehreren Tauchgängen ideal ermöglicht, mit Silikonspray eingesprüht. Der Partner zieht nun den Reißverschluß vom Rücken herunter, bis man die Schlaufe selbst fassen und den Anzug bis zur Brust vollständig schließen kann. Auf der Brust hat der Anzug zwei Ventile. Rechts den Anschluß für den Schlauch vom Lungenautomaten mit dem Einlaßventil und links das Luftauslaßventil.

Soviel zur Technik. Blei braucht man je nach Eigengewicht, ich z. B. 16 kg. Zusammenfassend darf festgestellt werden, daß der Neoprene-Trokkentauchanzug die große Lücke zwischen dem herkömmlichen Naßtauchanzug und dem Kon-

stant-Volumen-Anzug zu schließen vermag, auch vom Preis her gesehen. Atemgeräte-Taucher, die nicht ausschließlich während des Urlaubs in tropischen Gewässern tauchen, sollten allein schon der Gesundheit wegen den NTTA in ihre konkreten Überlegungen einbeziehen. Bei Verwendung einer kleinen separaten Preßluftflasche für den Anzug ist auch der Einsatz von Mischgasgeräten möglich.

Nur der Vollständigkeit halber sei der dritte Tauchanzug-Typ erwähnt. Der Konstant-Volumen-Anzug wird nämlich hauptsächlich von Berufstauchern zum Langzeittauchen verwendet. Der Konstant-Volumen-Schwimmtaucheranzug ist ein Trockentaucheranzug, der den Taucher wasserdicht umhüllt und ihn somit vor Durchnässung, Kälte, Verletzungen und verschmutztem Wasser schützt. Er wird für alle anfallenden Arbeiten der gewerblichen Taucherei eingesetzt und kann auf Grund seiner verschiedenen Anschlußarten mit Preßluft-Tauchgeräten oder auch mit Mischgas-Tauchgeräten benutzt werden.

Das Konstant-Volumen-System ermöglicht dem Taucher, den relativen Unterdruck an den sonst lästigen Quetschfalten zu beseitigen. Beim Abtauchen wird das Luftvolumen im normalen Trockentauchanzug durch den steigenden Wasserdruck zusammengedrückt und größtenteils über die Überdruckventile aus dem Anzug gepreßt. Dadurch nimmt nicht nur die Isolierfähigkeit stark ab, sondern beeinträchtigen auch die entstehenden Quetschfalten die Beweglichkeit des Tauchers und können beim weiteren Tiefgehen zu Blutergüssen durch relativen Unterdruck zwischen Quetschfalten und Haut führen. Diese Nachteile werden beim Konstant-Volumen-Prinzip vermieden.

Bei der Konstant-Volumen-Haube ist der Augen-Maske-Raum gegenüber dem Anzugraum durch eine Maskenmanschette abgedichtet. Der Taucher atmet üblicherweise nur durch den Mund-Masken-Raum der Kopfhaube über den Mund aus und ein. Beim Ausatmen durch die Nase kann der Taucher über den Augen-Maske-Raum so lange Luft in den Hauben- und Anzug-Raum blasen, bis zwischen Wasser und Anzuginnendruck Druckausgleich herrscht. Ein relativer Unterdruck wird somit einfach und ohne Hilfe der Hände beseitigt. Der Maskenrand wirkt dabei als Lippendichtung, so daß bei der Ausatmung über die Nase zwar Luft in den Hauben- und Anzugraum austreten kann, aber ein Luftdurchgang in umgekehrter Richtung nicht möglich ist. Beim Auftauchen nimmt der Wasserdruck ab, so daß die im Anzug sich ausdehnende Luft durch das jeweils am höchsten gelegene Auslaßventil entweicht. Somit wird das konstante Volumen in dieser Phase selbsttätig gehalten.

Die zum KV-Anzug gehörende Kopfhaube setzt sich aus der Vollsichtmaske, der Stoffhaube, der Haubenmanschette, dem Luftauslaßventil und der 6armigen Kopfspinne zusammen. Die Vollsichtmaske ist fest mit der Stoffhaube verbunden. Sie ist unterteilt in einen Augen-Nasen-Raum und einen Mund-Masken-Raum mit Kinntasche. Ein aufklappbares Fenster mit Sicherheitsglas bietet ein großes Blickfeld. Der Fensterverschluß ist mit einer Drehsicherung gegen unbeabsichtigtes Öffnen ausgerüstet. Die Stoffhaube ist aus schwerem, beidseitig mit Neoprene-Naturkautschuk-Mischung beschichtetem Stretch-Stoff gefertigt. An der rechten Seite der Kopfhaube befindet sich eine kleine Tasche zur Aufnahme eines Körperschallmikrofones. Die hochelastische Haubenmanschette sorgt für die flexible und wasserdichte Verbindung der Kopfhaube mit dem Konstant-Volumen-Anzug.

Tauchgeräte

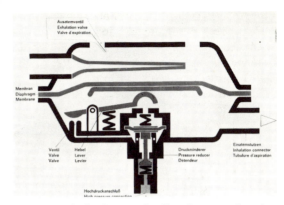

Funktionsprinzip eines zweistufigen Lungenautomaten am Beispiel des Duomaten von Dräger.

Wer sich intensiv mit dem Filmen unter Wasser befassen will, kommt in der Regel nicht daran vorbei, sich ein Preßlufttauchgerät anzuschaffen. So ein Preßlufttauchgerät besteht aus dem Lungenautomaten, der Halterung und einer oder mehrerer Stahlflaschen, die es in den Größen: 4, 5, 7, 8, 10, 12, 15 und 20 l gibt. Am gebräuchlichsten sind heute 10 l-Geräte. Diese Stahl- bzw. Aluminiumflaschen sind mit einem Normal- oder Reserveschaltventil versehen. Bei Einzelflaschen sollte unbedingt dieses Reserveschaltventil vorhanden sein, bei Doppelflaschen genügt es, wenn wenigstens eine Flasche über diese Sicherheitseinrichtung verfügt. Vorsicht beim Kauf gebrauchter Tauchgeräte. Wie alle Druckgasbehälter unterliegen auch die Preßluftflaschen der deutschen Druckgasverordnung. Diese verlangt z. Z. eine 2jährige Prüfung der Tauchflaschen durch den technischen Überwachungsverein (TÜV). Also achten Sie darauf, daß das Prüfdatum gültig ist.

Ganz wichtig ist die Wahl des Lungenautomaten, sozusagen das Herzstück jeder Taucherausrüstung. Hier sollte man wirklich das Beste wählen, denn von der sicheren und reichlichen Luftversorgung hängt unter Wasser unser Leben ab. Ich kannte einen Tauchkameraden, der an seinem alten, oxydierten und porösen Lungenautomaten hing wie an einer eingerauchten Dunhillpfeife, bis er aus 45 m Tiefe einen Notaufstieg machen mußte. Dann erst brachte er das geliebte Stück dorthin, wo es längst hingehört hätte, auf den Müll. Es gibt grundsätzlich zwei Typen von Lungenautomaten, solche mit einem dünnen Niederdruckschlauch und solche mit zwei dickeren Lamellenschläuchen. Für den Unterwasser-Filmer ist der letztere Typ besser geeignet – warum? Weil die Ausatemluft *hinter* dem Kopf aus dem Automatengehäuse ausströmt. Beim Einschlauchautomaten strömt die verbrauchte Luft am Mundstück aus, also genau vorm Gesicht. Das kann sehr störend sein, wenn man gerade durch den Sucher ein Motiv anpeilt. Hier noch kurz die Funktionsweise eines zweistufigen Lungenautomaten:

Die auf 200 oder 300 bar komprimierte Preßluft strömt aus der Stahlflasche in die Hochdruckkammer des Lungenautomaten. Dort wird sie auf einen Druck von 9 bis 12 bar reduziert. Durch die Einatmung des Tauchers entsteht in der Hauptkammer ein leichter Unterdruck, der bewirkt, daß die Hauptmembrane auf einen Kipphebel drückt, der den Schließbolzen anhebt und so von der Hochdruckkammer Luft in die Hauptkammer gelangen läßt. Von dort wird die Luft über den Einatemschlauch vom Taucher eingeatmet. Die Ausatmung erfolgt über einen zweiten Lamellenschlauch, der durch ein Entenschnabel- oder Plattenventil gegen Wassereinbruch geschützt ist und auf der Wasserseite der Hauptmembrane des Lungenautomaten endet.

Bleigürtel

Um den Auftrieb des jeweils verwendeten Tauchanzuges ausgleichen zu können, verwenden Taucher den Bleigürtel. Das ist ein einfacher Kunststoff- und Leinengurt mit einer Schnellabwurfschnalle. Auf den Gurt werden, der Statur des Tauchers entsprechend, viele Gewichte aufgezogen oder geklemmt. Eines ist wichtig – der Bleigürtel wird immer zuletzt angelegt, damit er sich im Notfall wirklich reibungslos abwerfen läßt.

Tauchermesser

Das Tauchermesser dient weit weniger dem Schutz gegen aggressive Meeresbewohner, denn als Universalwerkzeug. Man kann damit stochern und kratzen, aber nur schwach hebeln, denn der Messerstahl ist recht spröde und bricht bei Überbeanspruchung doch relativ leicht. Natürlich muß das Messer scharf sein und sollte über Wellen- und Sägeschliff verfügen, damit man sich im Falle eines Falles von Netzen und Leinen schnell befreien kann.

Tiefenmesser

Billig, einfach und genau ist der Kapillartiefenmesser, der nach dem Boyle-Mariotteschen Gesetz arbeitet. Leider ist er mitunter etwas schlecht ablesbar. Natürlich gibt es eine ganze Reihe effektvoll aussehender Tiefenmesser, die nach dem Rohrfederprinzip arbeiten. Fast alle haben den Nachteil, daß sich die Wassereintrittsöffnung bei mangelnder Pflege, mehr oder weniger schnell, zusetzt. Daher ist ein in sich völlig geschlossener Membrantiefenmesser im Ölbad nur zu empfehlen. Achten Sie darauf, daß besonders die geringen Tiefen um 3, 6, 9 und 12 m gut ablesbar sind, das ist wichtig für das genaue Einhalten der Auftauchstufen.

Dekompressiometer

Das Dekompressiometer dient der Sicherheit des Gerätetauchers. Das in ein Kunststoffgehäuse gekapselte Präzisionsgerät kann am Arm getragen oder mit einem Karabinerhaken am Tauchgerät eingehängt werden. Auf einer Skala zeigt das Gerät an, bis zu welcher Zeit, unabhängig von der Tauchtiefe, noch ohne Dekompressionspausen aufgetaucht werden kann. Wird ein bestimmter Grenzwert überschritten, z. B. bei der Verwendung von Tauchgeräten mit großem Luftvorrat, so zeigt das Dekompressiometer die Länge der Auftauchpausen in den verschiedenen Tiefen an. Die Arbeitsweise des Dekompressiometers ist folgende: Das in einem flexiblen Behälter befindliche Gas (Stickstoff) wird beim Tauchen je nach Tauchtiefe und -Zeit schneller oder langsamer, durch einen speziell berechneten Sinterfilter in ein stabiles Gefäß gepreßt. Dieser Vorgang wird auf einen Zeiger, der über die erwähnte Skala läuft, übertragen. Das Gerät wird nicht zu Unrecht als eine Art Gedächtnis bezeichnet, da es bei einem zweiten Tauchgang desselben Tauchers innerhalb von 12 Stunden den noch nicht ausgeschiedenen Stickstoffanteil, für den beim einmaligen Tauchen keine Dekompression notwendig wäre, bei der Anzeige der Tauch- und Dekompressionszeiten berücksichtigt. Wie gesagt, das »Deko« – wie es in Taucherkreisen kurz genannt wird, ist ein Präzisionsinstrument und muß ge-

Zum Farbfoto auf Seite 28: Bei nächtlichen Tauchgängen bieten sich dem UW-Filmer seltene Motive wie diese Erdbeerrosen aus dem Mittelmeer.

Zum Farbfoto auf Seite 29: Freitauchend hat man als Filmer nur geringe Erfolgsaussichten. Erst das Preßlufttauchgerät vermittelt Unabhängigkeit von der Oberfläche und genügend Muße für durchdachte Filmgestaltung.

pflegt werden. Also nach dem Tauchen spülen in Süßwasser, nicht in die Sonne legen und bei Flugreisen mit in die Kabine nehmen.

Rettungsweste

Was für den Lungenautomaten gilt, ist auch für die Rettungs- und Tarierweste zutreffend. Das beste und bewährteste ist für ihre Sicherheit gerade gut genug. Achten Sie darauf, daß Ihre Rettungsweste über eine eigene, genügend groß dimensionierte Preßluftflasche verfügt, damit Sie im Notfall zusammen mit dem vollgelaufenen und entsprechend schweren Filmkameragehäuse auch aus 40 m Tiefe sicher an die Oberfläche gelangen. Sorgfältige Pflege, Süßwasserspülen und Einreiben mit Talkum sind unerläßlich. Eine poröse Rettungsweste ist Selbstbetrug mit Selbstmordabsicht.

Kompressoren

Vor einigen Jahren war der im eigenen PKW mit an südliche Küsten transportierte Kleinkompressor noch der Wunschtraum mancher Sporttaucher. Heute hat das schwerelose Abenteuer Tauchen in aller Welt schon eine immense Verbreitung gefunden und das Netz brauchbarer Kompressorstationen wird besonders an der Mittelmeerküste immer dichter.

Kleinkompressoren kosten auch heute noch die Hälfte eines Mittelklasseautos und sind von renommierten Tauchsportgeschäften auch leihweise zu bekommen. Achten Sie bei Inbetriebnahme eines mit Benzinmotor getriebenen Kompressors darauf, daß keine Auspuffgase in den Luftansaugfilter gelangen. Die so entstehende Mischung könnte tödlich sein. Auch die Filter und Emulsionsabscheider müssen einwandfrei funktionieren bzw. in vom Hersteller angegebenen Zeiträumen gewechselt und gereinigt werden.

Unterwasserlampen

Die Unterwasserlampe ist zwar ein nicht unbedingt erforderlicher, jedoch mitunter recht nützlicher Teil der Ausrüstung. Eine Unterwasserlampe soll handlich und stabil sein, ein starkes gebündeltes Licht liefern und bis zur Maximaltauchtiefe an- und abschaltbar bleiben, was häufig bei billigen Fabrikaten aus Gummi nicht der Fall ist. Für den UW-Filmer ist eine Handlampe wichtig zur Farbbestimmung von Motiven in größeren Tiefen sowie als Sucherlicht bei Nachtaufnahmen in Höhlen und in größeren Tiefen und nicht zuletzt um das kostbare Akkulicht für die eigentlichen Filmaufnahmen zu sparen.

Eigener Kompressor macht unabhängig und erlaubt auch Exkursionen abseits der Tauchtouristenströme.

Welche Filmkamera?

Wer seine Filmkamera noch kaufen muß, hat heute die Qual der Wahl unter mehr als 130 verschiedenen Modellen, die Profikameras in den Formaten 16 und 35 mm noch gar nicht mitgerechnet.
Was sich bezüglich des Super 8-Formates seit Mitte der 60er Jahre im Kamerabau getan hat, ist vielfältig und meistens perfekt. Dem Amateur werden heute Kameras angeboten, die mit ihren vielseitigen technischen Finessen manche Profikamera in den Schatten stellen. Von der Belichtungsautomatik bis zum Superzoom, vom automatischen Überblenden bis zur lippensynchronen Tonaufnahme ist heute alles möglich. Alle diese Finessen können aber für den Anfänger auch etwas verwirrend sein. Deshalb halte ich es für angebracht, hier einmal kurz auf die technischen Möglichkeiten einzugehen, über die eine Filmkamera für den UW-Einsatz verfügen sollte: Belichtungsautomatik, möglichst auch abschaltbar, CdS-gesteuerte Blendenkontrolle, elektrischer Filmtransport, Zoom-Objektiv mit veränderlicher Brennweite von z. B. 8–48 mm, Entfernungseinstellung, Bild- und Meterzähler, Einzelbildschaltung und variable Einstellung Bilder/sec (Zeitraffer-Zeitlupe).
Das sind sozusagen die technischen Notwendigkeiten einer Kamera, mit der man unter Wasser schon eine ganze Menge machen kann. Wer mehr will und kann, sollte Makroeinrichtung, Überblenden, Dauerlaufschalter, Tonaufnahme, Auf- und Abblenden, Fernauslöser, Blitzanschluß und was der schönen Spielereien mehr sind nicht vergessen. Aber vergessen Sie bitte auch nicht, daß alle Bedienungsknöpfe und -hebel am Unterwassergehäuse mittels wasserdichter Übertragungseinrichtungen vorhanden sein müssen, wenn man sie nutzen will, und das kostet nun mal Geld. Noch mehr Geld kosten natürlich »Edelamateur«- oder Profikameras im 16- oder gar 35-mm-Format. Die Bolex 16 mm Pro mit den gleichen Schikanen wie eine Spitzenkamera im Super 8-Format kostet ca. 40mal soviel. Eine 35 mm-Arriflexkamera für den Kinofilmeinsatz mit Zubehör gar 100mal soviel wie eine gute Super 8-Kamera. Trotzdem möchte ich auch weiterhin dieses aus dem Rahmen des normalen Amateurs fallende Format 16 und 35 mm thematisch mit behandeln. Auch wer schon eine Kamera sein eigen nennt, sollte sich mit dem nächsten Kapitel eingehend befassen. Hier finden Sie auch eine detaillierte Übersicht der z. Z. auf dem Markt befindlichen UW-Gehäuse, einschließlich aller Möglichkeiten und Zusatzgeräte.

Zum Farbfoto auf Seite 32: Eine Einstellung, die ihren Eindruck auf den Zuschauer niemals verfehlt: Fisch im Vordergrund und Taucher mit UW-Landschaft als Hintergrund.

Zum Farbfoto auf Seite 33: Ein Schwarm gelber Schmetterlingsfische im Roten Meer zieht vorbei. Interessant die Farbkontraste vor der grünblauen Umgebung.

Unterwassergehäuse

Individuell gefertigte UW-Gehäuse werden aus verschiedenen Materialien hergestellt. Für einfache und billige UW-Gehäuse, die in der Regel auch nur für geringe Tauchtiefen gedacht sind, verwendet man Kunststoff wie PVC, Plexiglas aber auch Gummi oder Weichplastik. Am häufigsten aber begegnet man UW-Gehäusen aus seewasserbeständigen Aluminiumlegierungen wie z. B. Almg 5, deren Außenfläche häufig noch eloxiert oder spritzlackiert ist.

Grundsätzlich bestehen solche UW-Gehäuse aus zwei Hauptteilen: Dem eigentlichen Gehäuse und dem Deckel. Je nach Typ werden sie auch als Ober- und Unterteil oder Vorder- und Rückenteil bezeichnet. Gehäuse und Deckel werden häufig mit in eingefräßter Rille verklebtem Rundschnurring, selten mit einem Flachgummiring gedichtet. Die mechanische Vorpressung erfolgt über Zweipunktexenter, Spannbügel oder Flanschverschraubung. Vorpressung sage ich deshalb, weil den Hauptdruck der bei zunehmender Tiefe steigende Wasserdruck, der auf Gehäuse und Deckel lastet, erzeugt. Ich habe schon einige Male an der Oberfläche festmontierte Gewindeflansche in 50 m Tiefe mit der Hand nachschrauben können, kein Wunder – in 50 m Tiefe herrscht auf dem Gehäuse ein Druck von mehreren 100 kg.

Gehalten wird das Gehäuse mittels angegossener oder nachträglich montierter Handgriffe verschiedener Ausführung. Front-, Sucher- und Einblickscheiben sind entweder mit Spezialkleber verklebt oder mit Gewindeflanschen und Tuben verschraubt. Abhängig von der Wandstärke des Gehäuses ist die Anbringung der verschiedenen Durchführungen. Oft werden vorgesehene Durchführungen in Form von Materialverstärkungen schon beim Holzmodell konzipiert und an das Gehäuse angegossen. Ebenso häufig werden Buchsen in die Gehäusewand eingeklebt, verschraubt oder auch geschweißt.

Die eigentliche Abdichtung der sich drehenden Achsen, die meistens aus Edelstahl sind, wird mit O-Ringen vorgenommen, und zwar setzt man aus Sicherheitsgründen bei guten Gehäusen zwei dieser O-Ringe hintereinander, wenn der eine mal defekt wird, dichtet eben der nächste. Weitere Dichtungssysteme sind Simmerringe und Stopfbuchsen, sie werden im Zeitalter des O-Ringes aber kaum noch verwandt.

Fast alle UW-Gehäuse sind mit sogenannten Stabilisierungsflügeln aus Kunststoff, Aluminium oder Holz ausgerüstet. Sie sollen eine ruhige Handhabung besonders bei Fahrtaufnahmen unter Wasser gewährleisten. Manchmal sind diese Stabilisierungsflügel so konstruiert, daß man sie auch gleichzeitig als Halterung für 1–2 Akkuleuchten verwenden kann. Ist diese Möglichkeit nicht gegeben, so sollte eine Befestigungsmöglichkeit aber auf jeden Fall am Gehäuse möglich sein, sei es in Form einer Keilnut am Boden, mittels eingesetzter Stehbolzen, Spannschellen oder einer anderen mechanischen Vorrichtung. Denn UW-Filmen mit Kunstlicht ist wohl mit das faszinierendste an diesem Hobby überhaupt. Natürlich muß das UW-Gehäuse auch über einen Sucher verfügen, günstiger sind sogar zwei, nämlich ein Rahmensucher für schnelle Schüsse im Halbtotal- und Totalbereich und ein Durchsichtssucher für Nah- und Großaufnahmen. Spezielles

Gegenüberliegende Seite: Erst die sinnvolle Kombination von Tages- und Kunstlicht vermittelt dem Zuschauer bleibende Eindrücke aus der UW-Welt.

UW-Gehäuse für 8-mm-Kameras

Barakuda-Gummibox

über Sucherprobleme erfahren Sie ein paar Seiten weiter.

Wenn Sie an Ihrem UW-Gehäuse länger Freude haben wollen, so sollten Sie ihm eine gewisse Pflege angedeihen lassen. Dazu gehört das ausgiebige Spülen in Süßwasser nach jedem Einsatz im Meer. Die Hauptdichtung sollte vor jedem Einsatz auf Sand, Schmutz und Korrosionsrückstände kontrolliert werden. Wenn Sie Zeit und Geld nicht scheuen brauchen, geben Sie Ihr UW-Gehäuse alle zwei Jahre zum TÜV, sprich Hersteller, zur Generalinspektion. Er wird O-Ringe und Dichtungen wenn nötig auswechseln und alle Funktionen überprüfen. Damit Sie keine unliebsamen Überraschungen erleben, fordern Sie einfach vorher einen Kostenanschlag an.

Die Industrie entwickelt ständig weiter, das gilt auch für UW-Gehäuse, Akkuleuchten, Belichtungsmesser und anderes Zubehör. Und so ist zu erwarten, daß dieses Buch das eine oder andere der nachfolgend detailliert beschriebenen Geräte überleben wird. Trotzdem habe ich eine Reihe der gängigsten Geräte zusammengestellt. Ich möchte Ihnen aber raten, vor dem Kauf eines UW-Gehäuses beim Hersteller oder Vertrieb genaue Informationen über Preis und Kosten für den Einbau Ihrer speziellen Filmkamera einzuholen. Nennen Sie dabei auch gleich alle wichtigen technischen Daten wie Kameramarke und Typ, Modell-Bezeichnung, Objektiv-Art, Nummer, Lichtstärke und Brennweite, kurz alle Daten, die für den Einbau in ein UW-Gehäuse wichtig sind. Sie ersparen sich zusätzliche Korrespondenz. Überlassen Sie diesen Einbau ruhig dem Hersteller. Sie können dann reklamieren wenn etwas nicht funktioniert.

Dieses preiswerte Universal-Gehäuse für verschiedene Filmkameras und einige Fotokameras ist besonders dem Anfänger zu empfehlen. Wie der Name schon sagt, besteht das eigentliche Gehäuse aus Gummi. Das Formteil mit Druckausgleichslamellen und links und rechts eingeklebten Fingerlingen wird vorne, hinten und oben durch Glasscheiben gedichtet. Ein Aluminiumrahmen mit Handgriffen und Sucher gibt den nötigen mechanischen Halt auch für einen Stabilisierungsflügel aus Kunststoff. Der Einbau von Kameras auch mit Spiegelreflexsystem in das Gehäuse ist denkbar einfach. Nach Herausnahme der hinteren Glasscheibe wird das Metallchassis im Gehäuse gelöst und die entsprechende Kamera mittels Stativschraube darauf montiert. Dann werden Chassis und Rückteil wieder montiert, und die Gummibox ist einsatzbereit! Vom Werk wird die maximale Tauchtiefe mit 10 m angegeben. Versierte Taucher aber waren mit der Gummibox auch schon auf 40 m. Allerdings muß man dann während des Abtauchens Luft durch das am Gehäuseboden befindliche Ventil ins Gehäuse blasen, was einiges Geschick erfordert.

Cima Aquatica

Transparentes UW-Gehäuse für Filmkameras in Mini- bzw. Compact-Bauweise (z. B. Eumig 1–3, Bolex 233, Agfa MICROFLEX 100–300, Kodak, Instamatic M 24 und M 26, Elmo Super 103 T und 204 T, Revue Mini Reflex de Luxe, + XL, Yashica Electric u. v. a.) Für andere Kameras ist ein Selbst-Kit lieferbar.

Innenmaße: des Gehäuses L = 175 mm, H = 105 mm, B = 66 mm
Gehäuse: Makrolon 2800, transparent, schlagfest
Frontscheibe: planparalleles optisches Glas
Dichtungen: nahtlos gezogene Präzisions-O-Ringe
Durchführungen: Simmerring
Achsen und Schrauben: rostfreier V_4A-Stahl
Tauchtiefe: 20 m (TÜV-geprüft für 100 %ige Sicherheit)

Bopp UW-Gehäuse

KB 7201-UW-Gehäuse
für sämtliche Bauer-Filmkameras ebenso für div. Nizo-Kameras. Seewasserbeständiges Alugehäuse, druckstabil bis 100 m Gewicht 6 kg, im Wasser Auftrieb ca. 1,5 kg (mit Kamera) Abmessung 320 × 600 × 250 mm. Schlagfeste Zwei-Komponenten-Lackierung signalorange – Gehäuseabdichtung durch Präzisions-O-Ring – Wellendurchführungen 2fach mit O-Ring abgedichtet – Schlagfeste Durchblickfenster – Frontscheibe – Kristallspiegelhartglas höchster optischer Güte – Zwei sep. Traggriffe für bequemen Überwassertransport – Aufnahmekonus für zwei UW-Scheinwerfer DBP angem. – Leicht abnehmbar und als Handscheinwerfer einzusetzen – Pilotlampe im Inneren des Gehäuses – Entfernungseinstellung – Brennweitenverstellung (Zoom) – Aufsteckrahmensucher mit Parallaxenausgleich.

UW-Gehäuse für Kodak XL 33/55

Seewasserbeständiges Alu – Druckgehäuse für Tiefen bis 100 m (Prüfdruck 12 ata) – Hochwertige, schlagfeste Zwei-Komponenten-Lackierung signalorange – Gewicht 4,5 kg, im Wasser (mit Kamera) – Abmessungen: 34 cm; Tiefe 24 cm; Höhe 20 cm – Gehäuseabdichtung durch Präzisions-O-Ring – Wellendurchführungen 2fach mit O-Ring abgedichtet – Schlagfeste Durchblickfenster – Frontscheibe – Kristallspiegelhartglas höchster optischer Güte – Entfernungseinstellung mit Schauglas – Zoomverstellung – Kontrollfenster für Filmzählwerk – Gehäuseinnenbeleuchtung (Pilotlampe) –
Baukastensystem, UW-Leuchten (UW-SPOT) können nachträglich erworben, selbst angesetzt und auch als Handscheinwerfer separat eingesetzt werden.

Deniz – UW-Gehäuse

Das UW-Gehäuse G 200 ist der Grundstein des Deniz-Systems. Die Größe des Gehäuses ist so ausgelegt, daß eine Vielzahl von Kameras eingebaut werden kann. Kameras schmaler Bauweise ermöglichen zugleich den Einbau von Batterien zur Speisung von Akkuleuchten. Die Durchführungen sind einheitlich aufgebaut und können untereinander ausgetauscht werden. Alle Einzelteile können einzeln bezogen werden.
Kamera-Scheinwerfer-Kombination G 200 C mit Kameraeinschub E 050 für Nizo-Kameras.
Der besondere Vorteil der kleineren Nizos S30 – S1 – S2 – S136 sp. liegt in der Verwendung des Superweitwinkelvorsatzes bei dem die Schärfe von ca. 10 cm bis ∞ reicht. Der Kameraauslöser ist mit den Scheinwerferschaltern kombiniert. Über die Scheinwerfervorwahl kann das gewünschte Licht vorbestimmt werden. Die beiden Scheinwerferakkus leisten zusammen 12 V und 4,5 Ah, das reicht bei einer 50 und einer 100 Wattlampe für 3 Filme.
Das gleiche Gehäuse für die Optica Nalcom FTL 1000, eine Kamera, die für den UW-Einsatz gut geeignet ist. Neben den Möglichkeiten, die Kameras der gehobenen Klasse bieten, kann man bei der Optica das Objektiv gegen ein spezielles Macroobjektiv auswechseln. Die Akkus (12 V, 4,5 Ah) sind in L-Form angeordnet. Bei dieser Kombination können Filmwechsel oder Akkuladung ohne Ausbau der Kamera vorgenommen werden.
Bei gleicher Anordnung kann auch die Leicina Spezial mit Macro- oder Zoomobjektiv eingebaut werden. Mit dieser Kamera und dem Optivaron 6–66 können alle nur erdenklichen Aufgaben im UW-Film gelöst werden.
Gehäuse, Scheinwerfer und Handgriffe aus seewasserbeständigem Spezialaluminiumguß – zweifarbige Struktureinbrennlackierung, Gehäu-

se und Scheinwerfer außen orange (RAL 2004) innen matt schwarz – Doppelflügel, Handgriffe und Bedienungselemente schwarz (RAL 9005), Deckel und Durchführungen O-Ring abgedichtet – Einschubplatte PVC schwarz mit 2 NC Akkus (à 6 V, 4,5 Ah) – Ladeanschluß – Steckverbindung zur elektrischen Verdrahtung – zwischengeschaltete Scheinwerfervorwahl mit 4 Schaltstellungen (ohne-rechter-linker-beide Scheinwerfer) – Kamera-Scheinwerfer-Kombinationsauslöser mit 2 Lichtschaltern (mit einem Fingerdruck werden erst die Scheinwerfer nacheinander, dann die Kamera eingeschaltet) – Schauglas für Meterzählwerk – optischer Sucher mit 2 Linsen – schwenkbare Handgriffe mit drehbar gelagerten Scheinwerfern – druckdichte Kabelverbindung zwischen Gehäuse und Scheinwerfer – 2 Halogenlampen 12 V/50 W bzw. 12 V/100 Watt – Parabolspiegel zur schattenfreien Ausleuchtung großer Flächen.

EWA – Marine – UW – Kamerataschen

Unter dieser Bezeichnung fertigt und vertreibt die Firma Goedecke & Co folgende UW-Gehäuse aus Weichplastik:

Filmkameras 8 mm und Super 8 mm

»Standard« UW-S
Agfa-movexoom Elmo 106, 108 Rollei SL 83, 84
Bauer-Royal Minolta Vienette 5,8
Bolex 250 Noris 6000, 8000 Yashica
Canon 518, 814 Nizo S 36–S 801 Zeiss-Moviflec etc.

»Standard klein« UW-K
Bauer C 1–C 21, C 4, C6 Bauer-Star 4, 5 XL
Eumig Vienette 2,3 Nizo S 1, S 2, S 30, S 136, S 148
Eumig mini-macrozoom
Fujica Z 2, Z 400, Z 450 Nizo S 156, S 156 XL, S 106 XL etc.

»Mini« UW-M
Agfa-Microflex Eumig mini
Bauer-Star Elmo 103 T, 204 T
Bolex 233 Rollei SL 86 etc.

»Standard lang« UW-SL
Bolex 280, 450, 480 Elmo 110
Cinemax C 1000 Leicina super/RT 1
Minolta D 12 Leicina special +
 Optivaron 6–66 etc.

»Beaulieu Super-8« UW-B
(2008/4008/ZM II/M 3)

»Beaulieu 5008 S« UW-BRA

»Revue« UW-RE
-S8
Sankyo CM, CME

Läßt man genügend Luft in der Tasche, kann die Kamera beim Segeln, Schlauchboot- oder Kanufahren ruhig über Bord gehen, denn ein Absinken ist dann nicht möglich. Die Taschen sind aus starker durchsichtiger Plastikfolie mit verschraubbaren Profilschienen als Verschluß (geringes Gewicht, besonders wichtig für die Urlaubsreise mit dem Flugzeug!). Sie sind hermetisch dicht und können auch als Schutz gegen Staub und Sand bei Fahrten in Wüstengebieten eingesetzt werden. Vor dem Objektiv und hinter dem Sucher sind drucksichere Planglasscheiben eingelas-

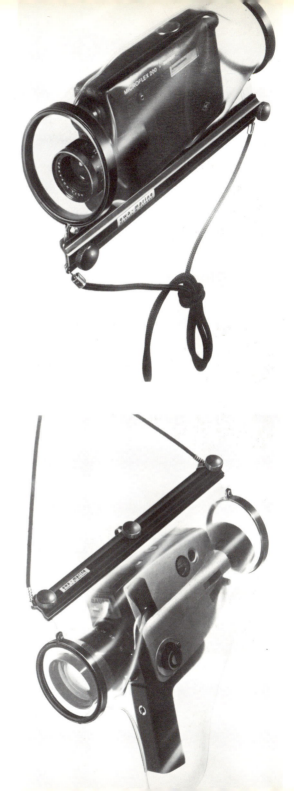

sen. So kann mit Blick durch den Sucher die Kamera normal von außen bedient und ausgelöst werden. Entfernungs-, Blenden- und ggfs. Zoomeinstellung sind leicht zu betätigen. Zum Mitführen ist eine Umhängekordel befestigt. Tauchtiefe max. 10 m!
Material: PVC-Folie (temperaturbeständig bis + 70°), Planglas in O-Ringen abgedichtet. Aluminium eloxiert, V2A-Stahl rostfrei, Gewicht ca. 400 Gramm, sonst je nach Ausführung.

Eumig Minisub – UW-Gehäuse

Alle Minisub-Gehäuse sind aus rotem Hart-PVC gefertigt, mit Griffbügel und Deltaflügel, und besitzen Einblickmöglichkeiten in Kamerareflexsucher über ein Plexifenster.

Sie haben pianparalleles Frontglas, Meterzählerfenster, sämtliche Wellendurchführungen sind O-Ring-gedichtet.

Sämtliche Gehäuse garantieren einen absoluten Kamerasitz durch eine Bodenschraube, welche ins Kamerastativgewinde eingreift; die Druckfestigkeit ist auf 60 m Wassertiefe geprüft.

Zwischen Kameraoptik und Gehäusefrontglas ist reichlich Platz zum Aufschrauben einer Gummilinse oder Nahlinse mit Filter.

Minisub 3 Servofocus Zoom
UW-Gehäuse zu Eumig Mini 3 Servofocus, jedoch mit zwei Funktionen: Auslöser
                                Zoomverstellung

Maße:	120 mm ⌀
Flügelbreite:	210 mm
Länge:	220 mm

Sonderzubehör zu Minisub 3 Umrüstsatz für alte Eumig Mini Modelle

Minisub 5 – Zoom
UW-Gehäuse für Eumig Mini 5 mit 3 Funktionen:
                                Scharfstellung über
                                Punkteskala
                                Auslösung
                                elektrische Zoomübertragung

Filmen im Macrobereich mit Mini 5 möglich, wenn Kamera vor dem Einbau auf Macrobereich eingestellt wird.

Maße:	120 mm ⌀
Flügelbreite:	235 mm
Länge:	250 mm
Gewicht:	1,90 kg

Sonderzubehör zu Minisub-Gehäusen Sportrahmensucher obligat
Piloteinrichtung als Sucherlampe
Halterungsschiene für Pilotlicht- und Filmleuchten

Eumig Mini II

UW-Gehäuse System Dr. Fabian

Unter dieser Bezeichnung kommen neue Gehäuse für Filmkameras und Belichtungsmesser auf den Markt. Durch die Wahl der hydrostatischen Idealform der Kugel einerseits und des Edelstahlwerkstoffes andererseits gelang es, ein UW-Kamera-Gehäuse zu schaffen, das hohe Druck- und Schlagfestigkeit, infolge der erforderlichen geringen Wandstärke geringes Gewicht (Fluggepäck), Korrosionsfestigkeit, sowie beständige und anspruchsvolle Oberfläche besitzt. Darüberhinaus garantiert der Edelstahlwerkstoff hochwertige und solide Verarbeitung. Die erstmalige Anwendung von flexiblen Antriebswellen zur Drehmomentübertragung im UW-Gehäusebau brachte weitere Vorteile. – Die Elastizität dieser Antriebswellen ermöglicht schonende Bedienung der Fotokamera und schließt die Beschädigung einzelner Kameraantriebe infolge Überdrehen vollkommen aus. Im weiteren ergibt sich aus der Verwendung der flexiblen Antriebswellen die freie und optimale Anordnung der Gehäuseantriebe und folglich die Möglichkeit für schnelles und komfortables Arbeiten unter Wasser.

Gehäusewechselkomponenten
Frontscheibentubus
Um die bei Systemkameras gebotenen Möglichkeiten auch unter Wasser voll nutzen zu können, wurden für das Gehäuse verschieden dimensionierte Frontscheibentuben vorgesehen. Die Tuben sind schraubbar und mit O-Ring aufgedichtet.
Gehäuserückteil
Zum Gehäusevorderteil stehen verschieden ausgeführte Gehäuserückteile zur Verfügung. Es kann wahlweise ein Rückteil mit senkrechtem Beobachtungsfenster mit 45° Neigung mit dem Vorderteil verwendet werden. Der Einbau von Lupen zur Vergrößerung des Sucherbildes ist ebenfalls möglich.
Gehäusefuß
Für das Gehäuse wurden zwei Fußausführungen vorgesehen. Beim Einbau einer Motorkamera oder bei Verwendung einer Pilotlampe wird ein Gehäusefuß zur Aufnahme von Batterien, bei Kameras mit Handaufzug wird der Normalfuß an das Gehäuse angebracht.

Groll Uwafi 2 UW – Filmkameragehäuse für Bauer Star XL

Technische Daten:
Gehäuseabmessungen: Länge 24 cm, Durchmesser 10 cm
Druckfestigkeit: 80 m Tauchtiefe geprüft
Material: Plexiglasrohr mit Aluminium, schwarz eloxiert
Gewicht: 1,7 kg über Wasser (einschl. Kamera)
Sucher: angebauter Großbild-Spezialsucher, Blendenanzeige u. Filmlaufkontrolle sind im Sucherfeld sichtbar
Fenster für Objektiv und Sucher: Kristallglas
Entfernungseinstellung: Fern- oder Nahbereich, ergänzt durch zwei unter Wasser schwenkbare Vorsatzlinsen:
  Unendlich:
  Vorsatzlinse I ca. 1,5 m
  Vorsatzlinse II ca. 15 cm
  Nahbereich – ca. 2,80 m
  Vorsatzlinse I ca. 70 cm
  Vorsatzlinse II ca. 7 cm
Auslöser: seitlicher Hebel
Schalter f. Filmleuchte: 16 Amp. nachrüstbar

Güge – Super 8 – UW – Filmgehäuse

Durch die berührungslosen Schalter (DT-OS 2 324 408), die mittels Magnet direkt durch die Gehäusewand geschaltet werden, ist es möglich ein absolut sicheres Gehäuse mit nur einer beweglichen Dichtstelle zu liefern.

Gehäuse: Seewasserbeständiges PVC-Hart-Gehäuse mit 2facher Präzisions-O-Ring-Dichtung, 80 Meter druckgeprüft
Maße: 280 mm Länge, 220 mm Breite, 330 mm Tiefe.
Gewicht: Komplett mit Kamera nur 9,2 kg – leichter Auftrieb.
Birnen: 2 × 100 Watt-Filmscheinwerfer – Brenndauer 2 × 25 Minuten.
Akkus: Wartungsfreie Nickel-Cadmium-Sinterzellen, Ladebuchsen außen.
Serienmäßig: bei Yashica – Elektro 8 LD6, Entfernungseinstellung und Zoomverstellung, sichtbares Filmzählwerk, Filmeinlegen von hinten ohne Ausbau der Kamera.

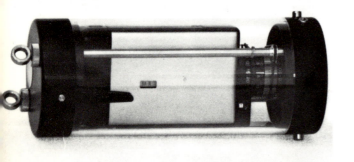

Hugyfot – Schweiz Hugy-Cine UW-Gehäuse

Das *Hugycine Atlantic* wird in vier Ausführungen geliefert, wobei das Grundgehäuse dasselbe bleibt, aber die Ausrüstung entsprechend der verschiedenen Super 8-Filmkameras different ist.

Das einfache Modell Atlantic I weist neben der üblichen Ausstattung mit Galilei-UW-Sucherokular, Meterzähler, Stabilisatorflügel, Handgriffen, Nylontragseil und Excenter-Schnellverschlüssen die Übertragungen für Entfernung, Zoom und Auslöser auf.

Das Modell Atlantic IV z. B. für die NIZO PROFESSIONAL weist zusätzlich die Übertragungen auf die Überblendung, Auf- Abblendung, Filterschalter, Zeitlupe und Bildfrequenz.

Alle HUGYCINE Gehäuse sind ausschließlich O-Ring-gedichtet und 100 m druckgeprüft. Unter Wasser sind sie praktisch schwerelos. Es sind Anticorodal-Formguß-Geräte, präzise bearbeitet mit feinstem Finish, individuell ausgerüstet und an die Kamera angepaßt.

Das Submarine 5 ist hauteng um die EUMIG mini 5 Super 8-Filmkamera gebaut. Das Gehäuse wird mit zwei Schrauben und Schlüsselstift verschlossen. Nebst der Normalausstattung mit Stabilisatorflügel, Tragschlaufe, Meterzählerfenster, UW-Sucherokular sind Auslöser, Entfernung und Motorzoom übertragen. Die EUMIG mini 5 weist für UW-Aufnahmen geeigneterweise einen 24er Gang auf und Weitwinkel-Macro-Einstellung.

Das Submarine 8 ist die kleinste Super 8-UW-Kamera. Das Gehäuse ist hauteng um die Elektro-8-Macro gebaut und wird mit zwei Insektschrauben verschlossen. Nebst der Normalausstattung mit Stabilisatorflügel, Tragschlaufe, Meterzählerfenster, UW-Sucherokular sind Auslöser, Entfernung und Zoom übertragen. Das SUBMARINE 8 bietet im ganzen Zoombereich von 9–30 mm eine Naheinstellmöglichkeit bis 30 cm. Als Extra ist das Frontglas auswechselbar gegen ein Preobjektiv, welches einen Aufnahmewinkel von 100° unter Wasser erbringt.

Ikelite UW-Gehäuse

Über den zahlreichen deutschen und auch europäischen UW-Gehäusen sollte man nicht die immer stärker auf den deutschen Markt drängenden amerikanischen Ikelite-Gehäuse vergessen. Die aus dem durchsichtigen Kunststoff Lexan gegossenen Gehäuse sind ungewöhnlich preiswert und bei einer Wandstärke von 7 mm bis 130 m Wassertiefe druckgeprüft. Durch die meist kastenartige Form der Gehäuse können die verschiedenen Durchführungen praktisch in jeder Position angebracht werden. Das kann man auch leicht selbst machen, da zum Einbau der Wellen nur ein entsprechendes Loch ins Gehäuse gebohrt werden muß. Die Abdichtung der Wellenbuchse erfolgt durch O-Ring und Sicherung durch Kontermuttern von innen. Die eigentliche bewegliche Welle ist mit sogenannten X-Ringen gedichtet – praktisch zwei hintereinanderliegende O-Ringe. Die Frontscheibe besteht bei allen Gehäusen aus optischem Plexiglas. Bei einigen Gehäusen kann die Frontscheibe gegen spezielle Adapter ausgetauscht werden, welche die Verwendung von Teleobjektiven und Domlinsen ermöglichen. Die Gehäuserückwand besteht aus dickerem Material. Sie wird mit Schnellverschlüssen und einem großen O-Ring gegen das Gehäuse abgedichtet.

UW-System Dr. Kief

F1 ist ein Gehäuse für S 8-Kameras im Miniformat wie etwa Agfa Mikroflex Sensor, Eumig Mini, Bolex Macrozoom, wurde aus M1 entwickelt. Es zeigt daher im Frontalschnitt die gleiche charakteristische Tropfenform und bietet damit maximalen Rauminhalt bei minimalen Außenmaßen. Anstatt der Frontscheibe kann das Gehäuse auch mit einem Tubus geliefert werden. Das Gehäuse bietet damit auch Kameras größeren Formates, etwa der Nizo-S-30, Platz. Im übrigen gilt auch für diese Gehäuse der Grundsatz von UW-System: Möglichst umfassende Universalität (Umbaufähigkeit in M1) bei gefälligem Design, kompromißloser Sicherheit, erprobter Handlichkeit und Preisgestaltung.

Technische Daten:

Gehäuse aus seewasserfestem AL-Guß, Einsatzgewinde aus V_2A. Die Teilung von Front- und Heckteil wurde so weit nach vorne verlegt, daß die meisten Kameras beim Filmwechsel im Gehäuse verbleiben können. Druckgeprüft auf 100 m Tauchtiefe.

Dichtung: Dichtflächen gefräst und feingeschlichtet, mit O-Ring-Nut. Präzisions-O-Ring, nahtlos gezogen.

Farbe: 2-Komponentenlackierung in Orange, Blendenringe schwarz abgesetzt.

Mech. Ausrüstung: Durchführungen aus V_2A-Stahl, mit doppelter O-Ring-Dichtung. Innenübertragung durch Mitnehmer und V_2A-Rundmaterial. Einschubplatte aus AL-Blech mit Excenterhalterung, 4 Einschubleisten in 2 Ebenen.

Verschlüsse: Schnellverschlüsse aus V_2A-Stahl, gegen unbeabsichtigtes Öffnen gesichert.

Opt. Ausrüstung: Front- und Heckscheibe aus Kristallspiegelglas. Frontscheibe versetzbar durch Verlängerungstubus, mit O-Ring-Dichtung und Schraubblende abgedichtet.

Das F3-Gehäuse von UW-System stellt einen neuen Gehäusetyp dar, der speziell für Super 8-Kameras mit stehendem, nicht abklappbarem Handgriff entwickelt wurde. Durch die Einformung von vier Einschubleisten in zwei Ebenen kann das Gehäuse nicht nur Kameras mit stehendem, sondern auch solche mit abklappbarem Handgriff aufnehmen.

Im letzteren Falle bietet das Gehäuse noch Platz für einen Pilotlampenakku. Obwohl es als Universalgehäuse entworfen wurde und demgemäß eine gewisse Größe aufweist, ist es handlich, formschön und relativ leicht. Durch die serienmäßige Einformung sehr großer Entfernungsbeobachtungs- und Filmerkfenster ist die Funktionskontrolle nahezu jeden Kameratyps gewährleistet. Ein sehr großes Okularfenster gestattet es, durch das Gehäuse hindurch, an der Kamera vorbei das Objekt zu beobachten und zu filmen.

Das Gehäuse verfügt über eine ausgewogene Wasserlage. In betriebsbereitem Zustand treibt es dank eines mächtigen Auftriebs langsam an die Wasseroberfläche.

Die Universalität des F3 wird noch unterstrichen durch seine Ausbaufähigkeit. Angeboten werden dazu ein aufschraubbarer Tubus für zusätzliche Weitwinkeloptik, Lampenhalterung, die sowohl unter als auch über das Gehäuse geschraubt werden können, Pilotlampen und UW-Filmleuchten. Griffe und Griffhalterungen können zum leichteren Transport etwa bei Flugreisen, abgeschraubt werden.

Technische Daten:

Gehäuse: Aus seewasserfester Aluminiumlegierung gegossen, druckgeprüft auf 100 m Tauchtiefe, sämtliche Einbauteile wie Durchführungen usw. aus V_2A-Stahl. Sämtliche Gewinde am Gehäuse, ausgenommen das Gewinde für die Frontblende bestehen aus Gewindeeinsätzen aus V_2A-Stahl.

Farbe: Orange. Sämtliche Blenden an Okular-, Filmerk- und Entfernungsbeobachtungsfenster, sowie der aufschraubbare Blendenring schwarz, schlagfest, kunststoffbeschichtet.

Abmessungen: Gesamtlänge 360 mm. Breite des Gehäusekörpers 155 mm. Breite des Gehäuses einschl. Griffhalterungen 340 mm. Innenlänge 280 mm. Innenbreite 120 mm.

Dichtungen: Nahtlos gezogene Präzisions-O-Ringe an Gehäusedichtfläche und Durchführungen, Flachdichtung am Okulareinpaß.

Durchführungen: Wellendurchführungen und Buchsen aus V_2A-Stahl mit doppelter O-Ring-Dichtung.

Verschlüsse: Schnellverschlüsse aus V_2A-Stahl mit Sicherung gegen unbeabsichtigtes Öffnen.

Griffe und Griffhalterungen: Anatomisch geformte Griffe und Griffhalterungen aus AL-Guß, abnehmbar und zerlegbar.

Optische Ausrüstung: Sämtliche Gläser aus Kristallspiegelglas, wahlweise getempertes Glas ausgewählter optischer Qualität.

Gewicht: 6,5 kg in betriebsbereitem Zustand

Zubehör:
1. Aufschraubbarer Tubus zur Aufnahme eines Weitwinkelvorsatzes.
2. Lampenhalterung zur wahlweisen Anbringung ober- oder unterhalb des Gehäusekörpers. Eine Lampenhalterung gestattet die gleichzeitige Befestigung von drei 250 Watt UW-Scheinwerfern.
3. Stabilisierungsflügel: 110 cm breit, 4 mm stark aus ALMg 3 Blech, klappbar mit V_2A-Scharnier, Trageösen und starker seewasserfester Perlonkordel, mit Schraubhalterungen zur Lampenbefestigung.
4. Pilotlampe.
5. UW-Leuchten.
6. Akkumulatorenbehälter
7. Seewasserfeste Perlonkordel serienmäßig.

Das Gehäuse wird auch als preisgünstiger Bausatz geliefert.

Gegenüberliegende Seite: Mit dem Fütterungstrick lassen sich auch sonst scheue Schwarmfische vor die Kamera bringen.

Marittima UW-Gehäuse MC 47 für:

Nizo S8E, S8L, S8T, S 36, S 40 und S 55
S 56, S 80, S 560 und S 480
MC 48 für S 800 und S 801
MC 59 für Nizo professional

Technische Daten:
Der Kamera angepaßtes UW-Gehäuse
Seewasserfeste Aluminiumlegierung
Hammerschlag-Effektlack orange
Zwei Handgriffe und Stabilisationsflügel beides abnehmbar
Bedienungsmöglichkeiten Auslöser, Entfernungs- und Zoomverstellung
Keine Übertragungsfehler der Entfernungs- und Zoomwerte, direkte Ablesung an der Kamera durch gesondertes Fenster.

Fenster für Filmzählwerke und Kamerasucher
Sämtliche Durchführungen mit O-Ring-Dichtung
Stativgewinde an der unteren Auflagefläche
Kamera ohne Änderung einsetzbar
Leichtes Einsetzen der Kamera
Druckgeprüft auf 120 m Wassertiefe
Zusatzeinrichtungen:
Rahmensucher für die verschiedenen Modelle – UW-Filmleuchten
MC 44
UW-Gehäuse für Nizo S 1, S 2, S 30, S 136, S 148, S 156, S 156 XL mit Weitwinkel-Vorsatz (Beroflex)

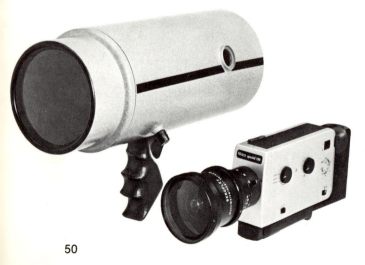

Farbfoto auf Seite 52: Auf seltene Situationen gilt es auch unter Wasser schnell zu reagieren. Hier schwimmt ein Kugelfisch zufällig über den Propeller eines gesunkenen Schiffes.

Farbfoto auf Seite 53: Gutes Beispiel für eine auch grafisch gesehene Mischlichteinstellung. Bunte Korallen und Fische heben sich bildwirksam vom blauen Hintergrund ab.

Sagebiel Hydro-Mar II – Bausatz 400

ein sehr stabiles Gehäuse für viele Filmkameras wie:
Bauer, Beaulieu, Canon, Cinemax-Macrozoom, Leicina, NIZO, Rollei, Yashica, Zeiss-Ikon u. a. m.
Der Bausatz besteht aus:

1 Vorderteil m. Scheibe und Dichtung
1 Rückteil (Maß »GL« nach Wunsch)
2 V_2A-Schnellspannverschlüsse
2 Handgriffe
1 HYDRO-STAR Wellendurchf. m. Hebel
1 HYDRO-STAR Wellendurchf. m. Knopf
1 Zahnrad 428, 80 mm ⌀ (o. n. Wunsch)
1 Kronrad 415, 50 mm ⌀
1 Scheibe für Filmzählwerk
1 Scheibe für Okulareinblick
1 Packung UHU-plus

Achtung! Bei Bestellung angeben:
OL = größte Objektivlänge
GL = größte Gehäuselänge der Kamera (ohne Objektiv)
351 Stabilisatorflügel
für Filmkameragehäuse. Diese Tragfläche ist ca. 70 cm lang, sehr stabil aus Leichtmetall gefertigt und für die Befestigung von bis zu zwei Filmleuchten 9400 und 9401 vorbereitet.

Sagebiel Hydro-Cine II – Selbstbausatz

für den Einbau vieler Schmalfilmkameras speziell auch für Kodak XL 33 und XL 55

Sagebiel Hydro-Cine III Selbstbausatz

wie Bausatz 332 – bis zu einer Kameragesamtlänge von 240 mm (bei längeren Kameras bitte unter Bausatz HYDRO-MAR 400 nachsehen)

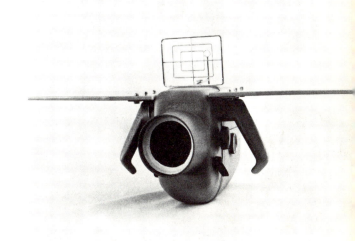

Tesche Kompakt Super 8-Gehäuse

Technische Daten:
Einbau aller Kameras in Flachbauweise möglich (Bolex, Yashica, Eumig, Nizo, Leicina, Agfa u. andere).
Material: Aluminium hart eloxiert und schlagfester Kunststoff
Durchführungen: Edelstahl 2fach O-Ring, wartungsarm
Sucher: Optischer Sucher zur direkten Kontrolle des Kamerareflexsuchers
Einstellungen: Entfernung – Zoom – Auslöser
Lackierung: Einbrennlackierung leuchtorange mit Scheinwerferkombination in Kleinstbauweise.

Tesche Mini-Sub für alle Super 8-Kameras in Flachbauweise. Übertragung von Entfernung, Auslöser und Durchsichtsucher. Kamera- und Filmwechsel durch Schnellverschlüsse. Scheinwerfertraverse zur Aufnahme von 2 × 100 Watt Halogenscheinwerfern. Zoomübertragung kann gegen Aufpreis zusätzlich eingebaut werden.

UNI-CINE

Das UNI-CINE-Gehäuse ist für Super 8- und Single-8-Kameras in Normalgröße ausgelegt und kann für folgende Kameratypen verwendet werden:

Bell & Howell Autoload 308 und 309
Bauer C 4; C 6; C 8;
Royal 6 E; Royal 10 E; 8 E Macro;
Bauer MZR 400; 600; 800;
Canon Auto-Zoom 318 M; 518; 814;
Elmo Super 106; 108; 110; 110 R;
Hanimex MPF 520; 530; 830; CPM 53;
Kodak Instamatic XL 33 und XL 55;
Minolta Autopack 8 D 4, D 6;
Nihon 8 Super Zoom
Sanko CME 330 – 1100; MF 303 – 606;
Yashica Super 40 K

Besonderheiten der UNI-CINE:
Die Rückwand des Gehäuses kann gegen eine Rückwand mit Verstellkonsole für Kleinbildkameras ausgetauscht werden!
Der Vorteil für den Benutzer besteht darin, daß er sein UNI-CINE-Gehäuse bei Bedarf nachträglich auf seine Fotokamera erweitern und ausbauen kann, ohne ein völlig neues Kameragehäuse anzuschaffen.
Beim UNIA-Baukastensystem sind Bedienungselemente nachträglich noch einbaubar, so daß Sie auch beim Wechsel Ihrer Kamera die UNI-CINE wieder verwenden können.
Handgriffe und Rahmensucher sind leicht abnehmbar und finden während des Transports im Innenraum des Gehäuses Platz.
Die Kamera wird auf die Verstellkonsole aufgesetzt, an 3 Fixierpunkten angelegt und mit der Stativschraube befestigt. Zahnräder und Einstellmechanismen werden auf den Objektivringen festgeklemmt und mit den entsprechenden Antriebselementen verbunden, ebenso der Auslö-

ser. Die Rückwand mit Konsole und der darauf montierten Kamera wird dann in das Gehäuse eingesetzt und mit Kreuzgriffen ohne Zuhilfenahme fremder Werkzeuge verschlossen. Der 2-Bereichs-Rahmensucher ist jederzeit vom Benutzer selbst nachjustierbar. Die Handgriffe lassen sich so verstellen, daß sie jeweils griffgünstig im Bereich der Entfernungs- und Zoomeinstellung liegen, ebenso der Auslöser.
Die Stabilisierungsflügel geben dem Gehäuse eine ruhige, sichere Führung.

Technische Daten:
Gehäuse aus seewasserbeständiger Alu-Legierung auf 60 m Tauchtiefe geprüft. Wellen aus seewasserbeständigem Werkstoff, geschliffen, mit Präzisions-O-Ringen in langen, stabilen Führungen abgedichtet. Oberfläche aus seewasserbeständigem Lack auf Spezialgrundierung. Frontscheibe aus Planglas.
Farbe: Königsblau oder Orange
        Handgriffe und Bedienungselemente: Schwarz
Innenmaße: ca. 250 × 135 × 195 mm
Zubehör komplett:
Verstellkonsole mit Stativschraube, Anschläge zur Lagebestimmung der Kamera, Auslöser, einstellbarer 2-Bereichs-Rahmensucher, Stabilisierungsflügel und Handgriffe, Fenster für Einbau-Suchlampe mit Zahnradsatz, jedoch ohne Anpassung der Optik.
Sonderzubehör: (auf Anfrage)
Zoom-Verstellung, Sucherlupe, Kontrollfenster für Filmzählwerk. Im Gehäuse eingebaute Suchlampe, Innenbeleuchtung zur Kontrolle der Anzeige und Einstellskalen, Gangschaltung, Spezialschalter für Suchlampe oder Scheinwerfer mit dem Auslöser gekoppelt.
Konstruktionsänderungen vorbehalten.

UNI-tor

Das UNI-tor-Gehäuse ist für Super 8- und Single-8-Kameras in Taschenformat ausgelegt und kann für folgende Kameratypen verwendet werden:
   Agfa-Microflex 100; 200; 300 Sensor;
   Bauer Star und Top-Star;
   Bolex 233 Compact S; Bolex 350;
   Macro Compact;
   Braun Motor-Zoom C 350 und 500 MZR;
   Canon AZ 318 M;
   Elmo 103; S 103 T; S 104 T;
   Eumig Mini ZR 2; ZR 3; ZR 5;
   Hanimex MPF 520 und 830; 530; 310;
   Kodak-Instamatic M 24; M 26; M 28; M 30;
   Rollei SL 86;
   Zeiss Ikon M 803 Electronic.

Besonderheiten des Uni-tor:
Das UNI-tor-Gehäuse hat keine Stopfbuchsen oder sonstige Bedienungselemente im zylindrischen Gehäuseteil. Alle Bedienungselemente führen durch die Rückwand des Gehäuses, so daß sie leicht an die Kamera angeschlossen werden können.
Dank der guten Zugänglichkeit der Kamera auf der Konsole sind alle Bedien- und Einstellfunktionen leicht zu überprüfen oder zu justieren. Ein weiterer Vorzug des UNI-tor-Gehäuses besteht darin, daß beim Wechsel auf eine andere Taschenkamera das Gehäuse weiter verwendet werden kann. Der dann evtl. erforderliche Anpassungsaufwand ist gering. Für den Transport im Reisegepäck sind Handgriffe und Stabilisierungsflügel sowie Sucher abnehmbar.
Der 2-Bereichs-Rahmensucher kann jederzeit vom Benutzer selbst nachjustiert werden. Die Entfernungs- und Zoomeinstellung liegt griffgerecht im Bereich des rechten Daumens; der Auslöser im Bereich des linken. Die Stabilisierungsflügel geben dem Gehäuse eine ruhige, sichere Führung.

Die Kamera wird auf der Verstellkonsole ausgerichtet und mit der Stativschraube befestigt. Danach werden die Positionshilfen gesetzt und der Auslöser angeschlossen. Bei der Verwendung der Blenden- und Zoomeinstellung werden die Übertragungsringe auf das Objektiv der Kamera gesetzt, mit den Bedienungselementen gekoppelt und deren Funktion überprüft. Dann wird die Rückwand mit der Konsole und der darauf montierten Kamera in das Gehäuse eingesetzt und mit dem Schnellverschluß verriegelt.

Technische Daten:
Gehäuse aus nahtlosem Präzisionsrohr, auf 60 m Tauchtiefe geprüft, Wellen aus seewasserbeständigem Werkstoff, geschliffen, mit Präzisions-O-Ringen in langen, stabilen Führungen abgedichtet. Oberfläche aus seewasserbeständigem Lack auf Spezialgrundierung.
Farbe: Rot
Handgriffe und Bedienungselemente: Schwarz
Frontring und Rückwand aus seewasserbeständigem Aluminium.
Frontscheibe aus Planglas.
Innenmaße: ca. 116 $\varnothing$ × 220 mm; andere Längen auf Anfrage.
Zubehör komplett:
Verstellkonsole mit Stativschraube, Anschläge zur Lagebestimmung der Kamera, Auslöser, einstellbarer 2-Bereichs-Rahmensucher und Stabilisierungsflügel, Antrieb für Entfernungseinstellung mit Zahnradsatz, jedoch ohne Anpassung.
Sonderzubehör: (auf Anfrage)
Zoom-Verstellung, Spezialschalter für Suchlampe oder Scheinwerfer mit dem Auslöser gekoppelt.
Konstruktionsänderungen vorbehalten.

Welxa UW-Gehäuse, Richard Oswald

Welxa UW-Gehäuse Nr. 7110
Bauer-Kameras, Beaulieu und Rollei

Technische Daten:
Gehäuse: Seewasserfeste Alu-Legierung Almg 5, Einbauteile V_2A Edelstahl-Kunststoff. Druckgeprüft auf 80 m Tauchtiefe.
Gewicht: 3,6 kg.
Maße: Länge 31 cm – Breite 32 cm – Höhe 21,5 cm.
Oberfläche: Polyamid-Kunststoffbeschichtung. Korallrot eingebrannter, porendichter Überzug. Extrem widerstandsfähig.
Wellen-Durchführungen: Buchse und Welle Edelstahl. 2fach durch Präzisions-O-Ringe abgedichtet.
Dichtung: Nahtlos gezogene Präzisions-O-Ringe. Gesicherte Schnellverschlüsse.
Optische Einrichtung: Markengläser höchster optischer Güte, farblos.
Sucher-System: Volles Reflexsucherbild.
Filmzählwerk: Kontrolle des Filmtransportes, von außen lesbar.
Stabilisierungsfläche: Bruchsicheres PVC.
Nahaufnahme: Im UW-Einsatz möglich. Mit Vorsatzlinse Nr. 3 und Peilstäbe exakte Entfernungseinstellung und genauer Bildausschnitt.
Bedienungselemente: Filmauslösehebel, Lichtschalter, schwenkbare Vorsatzlinse, Zoom. Für Royal-Typen auf Wunsch 54er Gang. Auf- und Abblenden, Überblenden mit Rückspulung, Entfernungseinstellung.

Kamera-Typen: Bauer C2, C20, C2A, C2B, C2M, C Royal 6/8/10fach, C4, C6, C8, C Royal 6E, 8E/10E/, C6XL und alle Macroausführungen, Beaulieu, Rollei SL82–85.

Farbfoto auf Seite 57: Auch in der rauhen Nordsee kann man filmen. Taucherische Perfektion allerdings ist Voraussetzung dafür.

Farbfotos auf Seite 60: Eine wahre Fundgrube an bunten und bizarren Motiven liefert die Tierwelt der tropischen Meere.

Welxa UW-Gehäuse Nr. 7220 (Nizo-Kameras)
Die technische Ausführung entspricht dem Gehäuse Nr. 7110: Alulegierung Almg 5, V_2A Durchführungen, O-Ring-Dichtungen, gesicherte Schnellverschlüsse, farblos geschliffene Markengläser, volles Reflexsucherbild, Oberfläche Polyamid-Beschichtung.
Bedienungselemente: Filmauslöser, Lichtschalter, schwenkbare Vorsatzlinse, Zoom, 54er Gang, Auf- u. Abblendung u. Überblendung. Filmzählfenster u. Peilstäbe für Nahaufnahmen, sowie die Anschlüsse für die Welxa-Halogen-Leuchte sind selbstverständlich vorhanden. Kamera-Typen: Nizo 480, 481, 560, 561, 800, 801 u. Professional mit kleiner Änderung am Gehäuse die S48, S48-2, S55, S56, S80 u. Nizo-Spezial.
Bei beiden Gehäusetypen ist der Einbau einer elektronischen Leckanzeige möglich.

UW-Gehäuse für 16- und 35-mm-Kameras

Aquaflex – UW-Gehäuse

für Cameflex Standard B 16 und 35 mm. Die Cameflex kann durch die jeweils verwendete Kassette, welche ein selbständig funktionierender Teil der Kamera ist, in eine 16 mm oder 35 mm-Kamera umgerüstet werden. Das Aquaflex-Gehäuse ist aus Aluminium und besteht aus Vorder- und Rückteil. Die Kamera verfügt über einen Spezialreflexsucher und kann mit Stabilisierungsflossen und Seitenflosse ausgerüstet werden. Das Aquaflexgehäuse ist von der Konzeption her nicht für große Wassertiefen ausgelegt. Über eine angebaute Preßluftflasche mit Regler aber wird der Druck im Gehäuseinneren um 150 g/m^2 über den umgebenden Wasserdruck gehalten. Ein Überdruckventil läßt beim Auftauchen die Luft entweichen. Gewicht des Gehäuses an Land ca. 36 kg.

Bolex UW-Gehäuse (altes Modell)

Bolex UW-Gehäuse (altes Modell) für Bolex H 8, H 16 und H 16 RX. Dieses aus Aluminium gegossene UW-Gehäuse mit Simmerringdichtung hat sich weltweit für die unterschiedlichsten Aufgaben bewährt. Die Kamera kann, einmal justiert, ohne Werkzeug zum Filmeinlegen aus- und eingebaut werden. Auslöser, Blende und Aufzugkurbel sind wasserdicht nach außen übertragbar. Rahmensucher mit Dorn sowie eine Kimme- und Korn-Visiereinrichtung sind die Suchersysteme. Die Tauchtiefe ist mit 100 m angegeben. Es können nur jeweils 5 m lange Szenen (bedingt durch Federwerk) aufgenommen werden. Eine Keilnut am Boden des Gehäuses ermöglicht die Befestigung von Akkuleuchten, Gewicht 16,7 kg.

Bolex UW-Gehäuse (neues Modell)

Bolex UW-Gehäuse (neues Modell) für die 16 mm Kameras BOLEX H 16 und H 16 EBM Electric mit Kern Objektiv Switar 1:1, 6/10 mm oder Macro-Switar 1:1, 1/26 mm.

Der zur Stromversorgung notwendige Akku wird ebenfalls im Gehäuse untergebracht. Bildausschnitt und Scharfeinstellung erfolgen parallaxenfrei über den Kamerareflexsucher. Das UW-Gehäuse ist sehr robust und bis zu einer Tauchtiefe von 100 m verwendbar. Mit Hilfe der patentierten Verschlußexcenter läßt sich das Gehäuse schnell und sicher verschließen. Dichtungsringe (O-Ringe) garantieren eine absolute Wasserundurchlässigkeit. Die äußeren und inneren Metallteile sind dauerhaft gegen Korrosion geschützt. Alle Bedienungselemente sind funktionsgerecht an dem nach den neuesten Erkenntnissen gebauten UW-Gehäusen angebracht und gewährleisten eine bequeme Handhabung. Zwei großdimensionierte Stabilisierungsflügel ermöglichen eine gleichmäßige und ruhige Kameraführung unter Wasser.

Das Gewicht des UW-Gehäuses beträgt 8,6 kg und wird im Wasser nahezu kompensiert. Belichtungsmesser kann auch unter Wasser benutzt werden.

Ewa-Marine – UW-Kamerataschen

Ewa-marine, unter dieser Bezeichnung fertigt und vertreibt die Firma Goedecke & Co. folgende UW-Gehäuse aus Weichplastik:

Filmkameras 16 mm
Beaulieu R 16 + Angenieux 17–68   UW-BRA
Beaulieu R 16 + Angenieux 12.5–75   UW-BRB
Beaulieu R 16 + Angenieux 12–120   UW-BRC

Läßt man genügend Luft in der Tasche, kann die Kamera beim Segeln, Schlauchboot- oder Kanufahren ruhig über Bord gehen, denn ein Absinken ist dann nicht möglich. Die Taschen sind aus starker durchsichtiger Plastikfolie mit verschraubbaren Profilschienen als Verschluß (geringes Gewicht, besonders wichtig für Ihre Urlaubsreise mit dem Flugzeug). Sie sind hermetisch dicht und können auch als Schutz gegen Staub und Sand bei Fahrten in Wüstengebieten eingesetzt werden.

Vor dem Objektiv und hinter dem Sucher sind drucksichere Planglasscheiben eingelassen. So kann mit Blick durch den Sucher die Kamera normal von außen bedient und ausgelöst werden. Entfernungs-, Blenden- und ggfs. Zoomeinstellung sind leicht zu betätigen. Zum Mitführen ist eine Umhängekordel befestigt. Tauchtiefe max. 10 m!

Material: PVC-Folie (temperaturbeständig bis +70°), Planglas in O-Ringen abgedichtet, Aluminium eloxiert, V_2A-Stahl rostfrei, Gewicht ca. 400 Gramm, sonst je nach Ausführung.

Deniz UW-Gehäuse

für 16 mm-Kameras. Die Beaulieu R 16 kann mit verschiedenen Objektiven vom 10 mm Weitwinkel bis zum 40 mm Macrokilar eingebaut werden. Mit einem speziellen Vorsatz können auch lange Zoomobjektive (12–120 mm) verwendet werden. Auch dieses DENIZ-Gehäuse kann mit Kunstlichtanlage geliefert werden. Ein separater Energieblock übernimmt die Stromversorgung der Scheinwerfer, die auch zusammen mit der Kamera eingeschaltet werden können. Für die Beaulieu R 16 mit 60 m Kassette wurde das G 200-Gehäuse erweitert. Bei der Ausführung G 200 D ist einer der beiden Scheinwerfer an einem Ausleger befestigt. Mit dieser Lichteinstellmöglichkeit können spezielle Beleuchtungsprobleme gelöst werden. Das Gehäuse für die separate Stromversorgung PU 300 bzw. PU 400 kann an Kameragehäuse oder woanders befestigt werden. PU 300 ist mit einer steckbaren Kabelverbindung, PU 400 mit einer festen Verbindung zum Gehäuse ausgestattet. Das Akkugehäuse kann mit folgenden Leistungen geliefert werden:

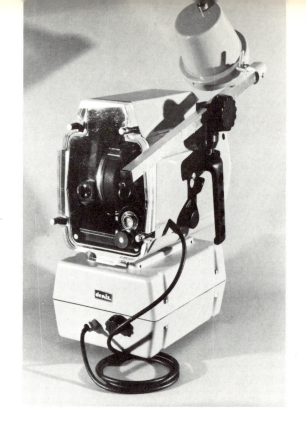

6 V/30 Ah	Halogenlampen 50–100 Watt
12 V/13,5 Ah	Halogenlampen 50–100 Watt
24 V/7,5 Ah	Halogenlampen 150–250 Watt
36 V/4,5 Ah	Halogenlampen 400 Watt

Das Gehäuse selbst besteht aus leichtem PUR-Kunststoff und ist seewasserbeständig.
DENIZ-Kamera-Scheinwerfer-Kombination mit separater Stromversorgung für die Arriflex 16 St. Bei dem Gehäuse handelt es sich um die Ausführung G 200 B. Das Oberteil wurde speziell auf die Arriflex zugeschnitten. Die Plexirückwand wurde aus Sicherheitsgründen gewählt. Neben der vollkommenen Übersicht über die Arbeitsweise der Kamera wird jedes Eindringen von Wasser sofort bemerkt.

Hugycine Nautilus UW-Gehäuse

Das Hugycine Nautilus UW-Gehäuse wird in vier Ausführungen für die 16 mm-Filmkameras BOLEX H 16 EBM und ELECTRIC sowie Beaulieu 16 Electric geliefert, wobei das Gehäuse in etwa dasselbe bleibt, jedoch die Ausstattung different ist. Die Hugycine Nautilus werden hergestellt für Kameras mit Objektiven von f = 10, 15, 20, 25, 26 mm und Zoomobjektiven, sowie auch für 60 m Filmmagazine. Die Gehäuse sind ausgestattet mit Excenter-Schnellverschlüssen, Meterzählerfenster, UW-Special-Sucherokularoptik, Stabilisierungsflügel, Stativgewinde, Aufhängevorrichtung, abnehmbaren Handgriffen und mit Übertragungen für elektrischen oder mechanischen Auslöser, Entfernung, Blende und Zoom.

Als Extras können Zubehör wie Refraktionsausgleich-Domlinse, Frontverlängerungsringe, Fernschaltung für Filmleuchten adaptiert und Übertragungen für Bildfrequenz, Filter, Schärfenknopf etc. ausgeführt werden.

Alle HUGYCINE NAUTILUS-Gehäuse sind ausschließlich O-Ring-gedichtet und 100 m druckgeprüft. Unter Wasser sind sie praktisch schwerelos. Es sind Anticorodal-Formguß-Geräte, präzise bearbeitet mit feinstem Finish, individuell ausgerüstet und an die Kameras angepaßt.

Marittima MR 40 UW-Gehäuse für 16 mm-Kamera

MR 40 UW-Gehäuse (ALU) für Schmalfilmkameras Beaulieu 10 Electronic nur Auslöser.

Technische Daten: Der Kamera angepaßtes UW-Gehäuse, seewasserfeste Aluminiumlegierung, Hammerschlag-Effektlack orange, zwei Handgriffe und Stabilisationsflügel, beides abnehmbar, Bedienungsmöglichkeiten Auslöser, Entfernungs-, Blenden und Zoomverstellung, Fenster für Zählwerke und Kamerasucher, sämtliche Durchführungen mit O-Ring-Dichtungen, Zentralverschluß mit O-Ring-Dichtung, Stativgewinde an der unteren Auflagefläche, Kamera ohne Änderung leicht einsetzbar, druckgeprüft auf 120 m Wassertiefe

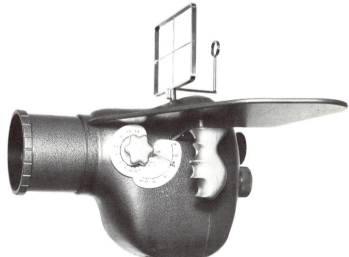

Zusatzeinrichtungen: Rahmensucher für die verschiedenen Objektive.

Durch Auswechseln des Fronttubus besteht Ausbaumöglichkeit für fast alle Zoomobjektive. Für die Verwendung von 60 m-Kassetten steht das Spezialgehäuse MR 41 zur Verfügung.

MR 41 wie MR 40 jedoch mit Blenden- und Entfernungsverstellung, Zoomverstellung vorbereitet, jedoch mit Aufbau für Verwendung von 60 m-Kassetten. Ergänzungssatz für Zoom-Objektive wie MR 40

MR 60 UW-Gehäuse (ALU) für Bolex-Kamera kompl. mit Aufzug, Blenden- und Entfernungsverstellung, Zoomverstellung vorbereitet
Rahmensucher f = 10
Rahmensucher f = 16

MR 100 UW-Gehäuse (ALU) für Filmkamera Arriflex 16 St incl. Batterieblock, kompl. mit Entfernungs- und Blendenverstellung.

In Vorbereitung: Ergänzungssatz für 120 m-Kassetten

Tesche 16 mm UW-Gehäuse

Technische Daten:
Aluminium Formguß (ganz eloxiert – rote Leuchtfarbe einbrennlackiert) – abnehmbare Formhandgriffe – O-Ring-gedichtet. Wellen 2fach, Entfernungseinstellung – Blendeneinstellung – Auslöser, 3-Punkt-Exzenterverschluß – fast alle Objektive verwendbar, durch besondere Konstruktion direkter Suchereinblick – Scheinwerfertraverse, Gewicht mit Kamera z. B. Bolex, 9 kg (für Bolex, Beaulieu, Canon). Für motorischen Antrieb zusätzlich kleinster Nickel-Cadmium-Batteriesatz, 50 Minuten Laufzeit (wiederaufladbar), Gehäuse unter Wasser 100 g Abtrieb.

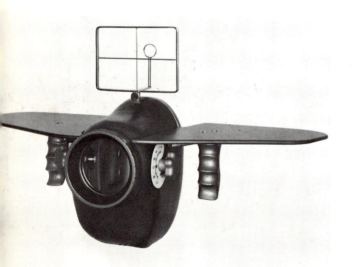
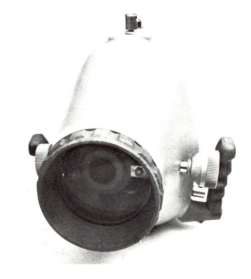

Unterwasserkrause – 16 mm-Gehäuse

für Arriflex 16 St mit 120 m-Kassette (Spezialkonstruktion des Autors). Stabiles Almg 5-Gehäuse mit Flachgummizentraldichtung und doppelten O-Ringen. Blenden- und Entfernungseinstellung, justierter Rahmensucher und 4fachvergrößerter Durchblicksucher, Auslöser, Meterkontrolle und Bodenkeilnut. Auf dem Foto mit zwei Akkuleuchten älterer Bauart kombiniert.

Unterwasserkrause – 35 mm-Gehäuse

für Arriflex 35 St mit 120 m Kassette und auswechselbarem Ultrascope-Vorsatz (Spezialkonstruktion des Autors). Stabiles Almg 5-Gehäuse mit doppelter Zentraldichtung und doppelten O-Ringen. Blenden- und Entfernungseinstellung, Filterschwenkeinrichtung, Auslöser mit Sicherung und Dauerlaufarretierung. 4fachvergrößerter Durchblicksucher, Meterkontrolle und Bodenkeilnut. Auf dem Foto mit 4 × 1000 Watt-Scheinwerferanlage und Spezialschalter 220 V kombiniert. Tauchtiefe bis 120 m.

UW-Gehäuse – selbst bauen?

Wer für seine Filmkamera ein wasserdichtes Gehäuse selbst basteln will, sollte schon über einige feinmechanische Kenntnisse und Fertigungsmöglichkeiten verfügen. Auch wenn diese Voraussetzungen gegeben sind, zeigt sich nachher häufig, daß die entstandenen Kosten in etwa dem Preis für ein industriell gefertigtes UW-Gehäuse entsprechen. Aber vielfach ist es die Freude am Basteln, die dem zukünftigen UW-Filmer die größte Befriedigung bringt. Schon bei der Grundkonzeption eines UW-Gehäuses müssen alle Einstellungen an der Kamera, die auf das Gehäuse übertragen werden sollen, genau durchdacht werden. Denn oft überschneiden sich Übertragungsbewegungen, oder sie sind mechanisch nur sehr kompliziert zu lösen. Nicht nur deshalb empfiehlt es sich, vor dem Bau des eigentlichen Gehäuses ein Holz- oder Pappmodell anzufertigen. So kann man am Modell in Originalgröße alle Einstellungen und Durchführungen einschließlich Sucher und Blitzkontakt austüfteln. Genauso wird übrigens bei der Konstruktion von fabrikgefertigten Gehäuseserien vorgegangen. Wie schon gesagt, der Selbstbau eines Gehäuses ist auch für den Fachmann nicht ganz einfach.

Schon wesentlich einfacher allerdings sieht ein Selbstbau aus, wenn man sich einen der zahlreichen UW-Gehäusebausätze bestellt, die vorgefertigte Gehäuserohlinge, Wellendurchführungen und das weitere, notwendige Zubehör enthalten. Meistens braucht man nur eine Bohrmaschine und etwas Werkzeug, um das Gehäuse für die Filmkamera selbst montieren zu können.

Übrigens – mein erstes UW-Gehäuse für eine Filmkamera war auch ein Eigenbau. Zylindrisch aus Messingblech und mit einem Stabilisierungsflügel aus Holz hatte ich gleich eine 16 mm-Kamera, es war eine uralte Siemens F II, eingebaut. Andere Tauchsportler bauten damals, vor mehr als 20 Jahren, auch Gehäuse aus Holz, Fußballblasen und sogar aus Dampfdruckkochtöpfen.

Filmformate

Mit der Einführung des Super 8-Formates (nutzbare Negativfläche 5,36 × 4,01 mm) Mitte der sechziger Jahre haben die Formate Normal 8 mm (bzw. doppel 8 mm) und vor allem 9,5 mm fast alle Bedeutung verloren. Der Amateur filmt überwiegend in diesem Format, die Industrie hat durch Massenfertigung, was Filme, Kameras, Projektoren und Zubehör betrifft, alle Weichen auch preislich gestellt. Das 16 mm-Format ist den Profis, besonders beim Fernsehen, aber auch anspruchsvollen und entsprechend betuchten Amateuren vorbehalten. Warum verwenden die vorgenannten nun das gegenüber dem Super 8-Format doch um ein Vielfaches teurere 16 mm-Format? Nun, die nutzbare Negativfläche ist ca. 3 × so groß, und entsprechend größer ist auch das Auflösungsvermögen des Filmmaterials.

Übrigens, wenn es nicht noch viel teurer wäre, würde auch das Fernsehen gerne viele Sendungen auf 35 mm-Material produzieren. So beschränkt man sich bei den Fernsehanstalten größtenteils auf das 16 mm-Format, besonders im aktuellen und dokumentarischen Bereich. Hauptsächlich für Produktionen, die auch im Kino gezeigt werden sollen, aber auch für kulturell wertvolle Themen, wie z. B. Fernsehspiele oder Opern wird das 35 mm-Format, fast ausschließlich in Farbe, eingesetzt.

Das Kino hingegen hat sich als Mindestformat die 35 mm erkoren. Durch Manipulieren der Formathöhe ergeben sich noch die sogenannten Breitwandformate 1:1,66 und 1:1,85. Echte Breitwandverfahren, die auf der Verwendung eines entsprechenden größeren Filmmaterials basieren, haben die Amerikaner ins Geschäft gebracht. Dazu gehören das Todd A-O-Verfahren genauso wie Panavision und Ultra Panavision. Hier die verschiedenen Formate und ihre technischen Daten:

Als Breitwand bezeichnet man Filmverfahren, die bei der Projektion ein Bildseitenverhältnis über

Filmformat bzw. Verfahren	Seitenverhältnis	Kamerafenster	Projektionsfenster
8 mm	1:1,33	3,6 x 4,8 mm	3,3 x 4,4 mm
9,5 mm	1:1,33	6,1 x 8,5 mm	5,8 x 8,2 mm
Super 8 mm	1:1,33	5,36 x 4,01 mm	
16 mm	1:1,38	10,36 x 7,5 mm	9,6 x 7,16 mm
35 mm	1:1,37	22,0 x 16,0 mm	20,9 x 15,2 mm
35 mm Breitwand	1:1,66	22,0 x 16,0 mm	20,9 x 12,6 mm
35 mm Breitwand	1:1,85	22,0 x 16,0 mm	20,9 x 11,3 mm
Cinemascope (Ultrascope)	1:2,35	22,05 x 18,68 mm	21,31 x 18,16 mm
Cinemascope – Lichtton 1 Kanal	1:2,55	23,8 x 18,67 mm	21,31 x 18,16 mm
Cinemascope – Magnetton 4 Kanal	1:2,55	23,8 x 18,67 mm	21,31 x 18,16 mm
35 mm Panavision	2:1 Anam.	18,66 x 23,79 mm	
35 mm Vistavision	1:1,85	37,72 x 25,17 mm	
35 mm Technirama Doppelbild	1:1,5 Anam.	37,99 x 25,19 mm	
Todd A O 70 mm	1:2,21	52,62 x 23,01 mm	
70 mm Panavision	1:2,21	52,62 x 23,01 mm	
Ultra Panavision	1:2,55	52,63 x 23,01 mm	

1:1,375 ergeben. Fortgeschrittene UW-Filmamateure mag das Thema des Filmens mit sog. Breitbildvorsätzen oder Anamorphoten interessieren. Verwendet wird dazu ein optisch entsprechend angelegtes Breitbildobjektiv oder ein vor ein normales Objektiv montierter Breitbildvorsatz. Infolge des komplizierten optischen Systems sind diese Anamorphoten ziemlich voluminös und passen in kaum eines der üblichen UW-Gehäuse. Deshalb wird man die Frontscheibe des Gehäuses durch einen angesetzten Flansch oder Tubus vorversetzen müssen, sofern man sich nicht gar dazu entschließt, ein spezielles Gehäuse für Filmkamera und Anamorphot zu bauen. Der Einbau von Anamorphoten, insbesondere von Breitbildvorsätzen, ist nicht ganz einfach. Beispielsweise sollten die Entfernungen am Grundobjektiv und am Vorsatz unter Wasser einstellbar sein. Arbeitet man allerdings nur mit einer festen Einstellung, wie das bei Weitwinkel-Objektiven üblich ist, so ist die Handhabung unter Wasser schon viel einfacher, zumal verschiedene Breitbildvorsätze über einen enormen Tiefenschärfenbereich verfügen, der von wenigen Zentimetern bis Unendlich reichen kann. Dabei ist aber die Verzerrungsgefahr von Motiven gegeben, die sehr nahe am Objektiv sind. Ein anamorphotisches Bild wird bei der Aufnahme oder beim Kopieren durch ein optisches System erzielt, das in Höhe und Breite verschiedene Abbildungsmaßstäbe aufweist. Die normalen Objektive besitzen in beiden Achsen gleiche Abbildungsmaßstäbe. Ein anamorphotisch aufgenommenes oder kopiertes Bild erfordert bei der Projektion wiederum einen Anamorphoten, dessen Abbildungsmaßstäbe in der Höhe bzw. Breite im umgekehrten Verhältnis zu denen der Aufnahme- oder Kopieranamorphoten stehen.

Super 8-Film

Super 8-Film Länge in m	Laufzeit bei 24 Bildern/s	entspricht 16mm-Film m	entspricht 35 mm-Film m
1	9,8s	1,80	4,49
2	19,7s	3,60	8,98
3	29,5s	5,40	13,46
4	39,4s	7,20	17,95
5	49,2s	9,00	22,43
10	1 min 38,4s	18,00	44,87
15	2 min 27,6s	27,00	67,31
30	4 min 55,2s	53,99	134,62
60	9 min 50,0s	107,98	269,24
120	19 min 40,9s	215,97	538,49
140	39 min 21,7s	431,93	1076,98
360	59 min 2,6s	647,90	1615,49
365,82	60 min	658,37	1641,60

Objektive

Viele Amateurkameras verfügen heute über ein Vario-Objektiv mit kontinuierlich veränderlicher Brennweite. Kameras mit fester Brennweite (Fixfocus) kommen jedenfalls im Super 8-Bereich immer seltener zum Einsatz. Ein Vario-Objektiv, auch Gummilinse oder Zoom genannt, ermöglicht durch Verschiebung zweier Linsensysteme gegeneinander Einstellungen vom extremen Telebereich bis zum Superweitwinkel. Beim Profifilm ist das Vario-Objektiv unter der Bezeichnung Transfokator, im Fachjargon kurz Trafo genannt, schon lange zu einem fast immer sinn- und maßvoll eingesetzten Gestaltungsmittel geworden. Hier ist man aber immer noch der Ansicht, daß die Qualität von Trafoaufnahmen nicht so gut ist, wie von Szenen, die mit Standardobjektiven, also festen Brennweiten hergestellt werden. Im Super 8-Format ist man nicht so pingelig und bietet dem anspruchsvollen Amateur schon Vario-Objektive mit dem Brennweitenverhältnis 1:10 an. Für unsere Zwecke ist bei einem Vario-Objektiv vor allem der Weitwinkelbereich von Wichtigkeit. Die Brennweite sollte in Weitwinkelstellung zwischen 6–10 mm liegen. Bei verschiedenen Kameratypen besteht die Möglichkeit, den Öffnungswinkel noch weiter zu vergrößern. Durch Vorschalten eines Weitwinkelvorsatzes, der die Brennweite bis auf ca. 4 mm reduzieren kann. Der Schärfentiefenbereich wird enorm groß, von wenigen Zentimetern bis Unendlich, aber Vorsicht, die Gefahr der Randvignettierung im Bereich der UW-Gehäusefrontscheibe ist mitunter gegeben. Auch führen Aufnahmen aus kurzer Distanz zu Verzerrungen.

Bis vor kurzem wurde unter Wasser fast ausschließlich mit Weitwinkel-Objektiven fester Brennweite gedreht und im 16 mm- und 35 mm-Format sogar noch heute. Denn unter Wasser ist der Kameramann sein eigenes Vario-Objektiv, einfach durch das Heran- oder Wegfahren zum oder vom Motiv mit Flossenschubkraft. Dabei ist er nicht auf eine gerade Strecke beschränkt, sondern kann das Motiv umkreisen, überfliegen und untertauchen, kurz, in den Möglichkeiten der dritten Dimension schwelgen. Leider kommen die Möglichkeiten, die absolute Schwerelosigkeit zu demonstrieren, bisher in Amateurfilmen viel zu wenig zum Ausdruck. Wasser ist eben ein anderes Element als Luft und hat deshalb auch andere Eigenschaften und Gesetze. Eines davon ist das Gesetz der Lichtbrechung, nachdem die im Luftbereich gültigen Entfernungen in der Wasserwelt nicht mehr stimmen: Unter Wasser erscheint alles näher und größer. Da aber das Auge und das Objektiv gleichermaßen getäuscht werden, kann man sich leicht auf diese Gegebenheit einstellen. In der Mathematik ist Pi, die Ludolfsche Zahl, ein Schlüssel für die verschiedensten Rechenaufgaben. Das Gegenstück dazu stellt für UW-Filmer und -Fotografen der Brechungsindex des Wassers = 1,33 dar, durch den die wahre geometrische Entfernung geteilt wird, wenn die an der Kamera einzustellende Entfernung errechnet werden muß. Das klingt vielleicht etwas kompliziert, berührt uns aber kaum, wenn wir ein Weitwinkel-Objektiv verwenden, das ja auch bei voller Blendenöffnung eine solche Schärfentiefe hat, daß der Brechungsindex des Wassers unbeachtet bleiben darf, während er bei Aufnahmen mit Normal- und Tele-Objektiven sowie im extremen

Nahbereich berücksichtigt werden muß. Dann kann es uns allerdings nur ein Mattscheibensucher oder Schnittbildentfernungsmesser, der die Scharfeinstellung erlaubt, ersparen, die Entfernung jedesmal zu schätzen oder nach Messung umzurechnen.

Aber zurück zum Vario-Objektiv, das dem geschickten Kameramann doch eine ganze Reihe von zusätzlichen Einstellungen ermöglicht. Manchmal ist der an der Riffkante patrouillierende Hai doch etwas weit weg – ein schwacher oder stärkerer Druck auf den Varioknopf, und er kann zum bildfüllenden Höhepunkt eines Filmes werden. Langsam größer werdend oder schneller, denn viele Kameras verfügen über 2 Geschwindigkeiten beim Zoomen mit dem Vario-Objektiv.

Obgleich der schwerelos unter Wasser filmende Kameramann, auch wenn er nur ein kleines Super 8-Gehäuse besitzt, längst nicht so zittrig dreht wie der Kollege an Land, so ist ab 25 mm Brennweite doch eine sichere Auflage – ich sage mit Absicht nicht Stativ – zu empfehlen. Denn wer will zusätzlich zur gesamten Tauchausrüstung auch noch ein womöglich schweres Stativ mitschleppen? So was konnte sich Walt Disney in seinem unvergessenen Jules Verne-Film »20000 Meilen unter dem Meer« mit einer Cinemascope-Kamera erlauben, aber wir sicher nicht!

Aber einen Haistock haben Sie doch in tropischen Gewässern bei sich? Warum nicht eine Möglichkeit zu schnellem Anflanschen des UW-Gehäuses vorsehen? Auch ein Einbeinstativ bringt schon eine Menge Ruhe in Fahrtaufnahmen mit dem Vario-Objektiv oder in Szenen mit längerer Brennweite. Solche Aufnahmen gelingen natürlich am besten, wenn die Belichtung durch das Vario-Objektiv mit Hilfe eines vollautomatischen CdS-Belichtungsmessers gesteuert wird.

Man kann wohl sagen, im gesamten Filmschaffen, Amateure eingeschlossen, hat das seinerzeit hochgelobte Superweitwinkel-Objektiv – auch Fischauge genannt, keine besondere Bedeutung erlangt. Lediglich für Gagszenen und in der Werbung findet es hin und wieder Verwendung. Nicht zuletzt deshalb, weil es etwas schwierig ist, diese supertotalen Einstellungen, die manchmal noch mit Randunschärfen und Vignettierungen behaftet sind, in den Ablauf normaler Aufnahmen einzuschneiden.

Besonderes Interesse findet beim Filmen unter Wasser auch die Herstellung von Nah- und Makroaufnahmen. Für die Anfertigung von Nahaufnahmen etwa im Bereich unter 50 cm zur Frontscheibe des UW-Gehäuses benutzt man am besten die für das entsprechende Kameramodell vorgesehene Vorsatzlinse. Diese Vorsatzlinse kann man natürlich vor dem Tauchgang auch vor das Objektiv der Kamera montieren. Aber nur dann, wenn man bei diesem Tauchgang auch ausschließlich Nahaufnahmen drehen will. Wenn man auch den plötzlich auftauchenden Stechrochen filmen will, muß man am UW-Gehäuse auch mit einer entsprechenden mechanischen Einrichtung das Wegschwenken der Vorsatzlinse ausführen können. Das größte Problem aber bei Nahaufnahmen ist die geringe Schärfentiefe, die auch durch extremes Abblenden nicht wesentlich zu steigern ist. Um unter Wasser diese geringe Schärfentiefe einigermaßen kontrollieren zu können, bedarf es einiger Vorbereitungen. Wer allerdings über einen Schnittbildentfernungsmesser oder eine Mattscheibe verfügt, die unter Wasser eine exakte Scharfeinstellung auch im Nahbereich ermöglicht, kann die nächsten Zeilen vergessen. Je nach Vorsatzlinse wird ein entsprechend langes Stück Zollstock direkt mit der Nullmarke unter Wasser vor die Frontscheibe des UW-Gehäuses gehalten und kurz gefilmt. Vorher muß natürlich auf dem Objektiv die zur Vorsatzlinse passende Entfernungseinstellung vorge-

nommen werden. Häufig gibt es da zwei Möglichkeiten:
Durch die Einstellung der kleinsten oder der größten Entfernung am Objektiv kann es zu Unterschieden in der Schärfentiefe kommen, die je nach Vorsatzlinse verschieden sind.
Nach der Entwicklung des Films kann man den Schärfentiefenbereich jeweils am Zollstock exakt ablesen. Natürlich lassen sich die Daten auch auf der Basis des Brechungsindexes 1,33 von Wasser rechnerisch ermitteln. Manchmal aber ist nicht ganz klar, ob der Nullpunkt in der Filmebene, am Objektiv oder an der Frontscheibe des UW-Gehäuses liegt. Deshalb geht hier Probieren über Studieren.
Nun wissen wir zwar, daß die Schärfentiefe bei Blende 8 z. B. von 18–21 cm reicht, aber für die Praxis unter Wasser nützt uns das wenig. Da kann man natürlich, wie früher auch bei der normalen UW-Fotografie üblich, einen fest montierten oder auch losen Meßstab mitführen. Aber welcher Fisch, besonders wenn er klein ist und flink, wartet schon, bis man ihn vermessen hat. Besser ist ein Plexiglasrahmen, der je nach Aufnahmeentfernung auf den Frontscheibentubus des UW-Gehäuses aufgesteckt werden kann. Die Maße des Plexiglasrahmens bekommt man, indem man z. B. die Kamerafenstermaße des Super 8-Formates von 5,36 × 4,01 mm entsprechend multipliziert. Natürlich muß der Rahmen so bemessen sein, daß er unter Wasser nicht im Bild ist. Dieser Plexiglassucher hat drei Vorteile. Da er durchsichtig ist, werden Fische kaum erschreckt. Alles was in der Ebene des Rahmens liegt, wird scharf abgebildet, und gleichzeitig begrenzt der Rahmen den Bildausschnitt. Der Kameramann kann also in aller Ruhe über die Kamera hinweg mit beiden Augen das Motiv beobachten und auch seitenrichtig die Kamera nachführen, wenn dies nötig wird. Fazit – problemloses Filmen im Nahbereich!
Selbstverständlich kann man mit manchen Weitwinkel-Objektiven bis auf 10 cm an ein Motiv heran, aber eine Verzerrung ist kaum zu vermeiden. Und formatfüllend wird z. B. der Zweig einer Edelkoralle so nie aufgenommen werden können; denn nicht die Aufnahmeentfernung sondern der Abbildungsmaßstab ist ausschlaggebend für die Abbildung auf dem Film. Ähnlich ist es bei der Verwendung von Tele-Objektiven. Aus einem Abstand von 2 m kann man das »lange Rohr« nicht mehr ruhig halten, von der geringen Schärfentiefe gar nicht zu reden. Die Makroaufnahme ist, wenn sie nicht superextrem betrieben wird, meistens eine Steigerung der Nahaufnahme. Allerdings benötigt man dafür gute und entsprechend teure Objektive. Für das Super 8-Format sollte man sich das Optivaron von Schneider mit einem Brennweitenbereich von 6–66 mm (für Leicina + Beaulieu) merken. Die Einstellmöglichkeit geht im vom Zoom getrennten Makrobereich bis zur Frontlinse des Objekts, so daß Fische, die mit dem Kopf gegen die Frontscheibe des UW-Gehäuses stoßen, noch scharf abgebildet werden.
Bei Nah- wie bei Makroaufnahmen sollte man stets um einen festen Kamerastandpunkt bemüht sein. Will man z. B. mit dem Zeitrafferverfahren längere Zeitintervalle überbrücken, so empfiehlt sich u. U. als Stativ ein fest in den Boden geschraubter Erdnagel, den man immer wieder verwenden kann.

Sucherprobleme

Während vor dem Siegeszug des Super 8-Formates auf den UW-Gehäusen die Rahmensucher dominierten, gehört es heute auch zum Komfort, über einen Durchblicksucher zu verfügen, der uns auch alle Parallaxenausgleichsprobleme erspart. Ohne entsprechende Umbauten oder Zusätze erweisen sich aber die meisten Durchblicksucher für den Einsatz unter Wasser als ungeeignet. Sie sind so konstruiert, daß das Auge relativ dicht an das Okular gepreßt werden muß, um auch die Bildbegrenzung kontrollieren zu können. Durch die aufgesetzte Tauchmaske und durch die Sucherscheibe im UW-Gehäuse ergeben sich aber Abstände vom Auge zum Original-Okular, die zwischen 3–10 cm liegen. Aus diesem Abstand heraus ist im günstigsten Fall nur noch ein kleines rundes Sucherbild zu erkennen, das weder für die Wahl des Bildausschnittes noch für die Scharfeinstellung zu gebrauchen ist. Gar nicht zu reden von der Belichtungs-, Filmvorrats- und Filterkontrolle, die bei vielen Kameras im Suchersystem untergebracht sind. Deshalb werden gute UW-Gehäuse heute mit sogenannten Galilei-Sucherokularen ausgerüstet, die auch unter Wasser die Kontrolle der verschiedenen Sucherfunktionen zusätzlich zur Parallaxenfreiheit ermöglichen. Einen Nachteil aber haben verschiedene UW-Gehäuse, die mit einem solchen Durchblicksuchersystem ausgerüstet sind: Die Motivumgebung unterliegt nicht mehr der Kontrolle des Kameramannes. Lediglich bei extrem flachen UW-Gehäusen kann man noch mit dem linken Auge die gesamte Motivsituation »erschielen«. Bei Kompaktgehäusen kann es besonders bei Fahrtaufnahmen zu unliebsamen Zusammenstößen mit Felsen, Korallen oder auch Tieren kommen. Dies gilt besonders auch für die relativ großen Profigehäuse des 16 und 35 mm-Formates. Deshalb ist der früher vielbenutzte Rahmensucher, möglichst mit Parallaxenausgleich für 2 Entfernungen, auch heute noch als zweites Suchersystem für schnelle Schüsse in aufregenden Situationen durchaus wünschenswert. Leider berücksichtigen z. Z. nur wenige Gehäusehersteller diesen Aspekt.

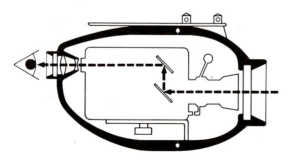

Die Zeichnung verdeutlicht die Funktionsweise einer Galilei-Sucheroptik wie sie z. B. in den Hugy-UW-Gehäusen eingebaut ist.

Filmmaterial

FORMAT NORMAL 8 und SUPER 8

Typenbezeichnung	Hersteller/Vertrieb	Lichtart	Filter	DIN	Kelvin	Art	Format	Bemerkungen
Agfachrome	Agfa-Gevaert	Kuli Tali	– Konvers. F.	17 –	3400	Colorumkehrfilm	Super 8	Ein Filmtyp, DIN-Werte durch KV-Filter bedingt
Orwochrome UT 15	Beroflex AG	Tali	–	15	5600	Colorumkehrfilm	doppel 8 Super 8 doppel S 8	
Orwochrome UK 17	Beroflex AG	Kuli Tali	– K 14	17	3200	Colorumkehrfilm	doppel 8 Super 8 doppel S 8	
Orwo UP 15	Beroflex AG	Tali	–	15		S/W Umkehrfilm	doppel 8 Super 8 doppel S 8	
Orwo UP 21	Beroflex AG	Kuli/Tali	–	21		S/W Umkehrfilm	doppel 8 Super 8 doppel S 8	
Orwo UP 27	Beroflex AG	Kuli/Tali		27		S/W Umkehrfilm	doppel 8 Super 8 doppel S 8	Für schlechte Lichtverhältnisse
Kodachrome 25	Kodak AG	Tali	–	15	5600–5900	Colorumkehrfilm	8 mm u. doppel S 8	
Kodachrome 40 Type A	Kodak AG	Kuli Tali	– Konvers. F. od. W 85	17 15	3400	Colorumkehrfilm	8 mm u.* Super 8 8 und Super 8	Ein Filmtyp, DIN-Werte d. KV-Filter bed.
Ektachrome 40 S 8 Type A	Kodak AG	Kuli	–	17	3400	Colorumkehrfilm	Super 8	Mit Talifilter 15 DIN (Kontrastvers.)
Enta 160 23° DIN			Konvers. F.	15				
Kodak Plus X	Kodak AG	Tali/Kuli	ohne	17		S/W Umkehrfilm	Super 8	
Kodak Tri X	Kodak AG	Tali/Kuli	ohne	24		S/W Umkehrfilm	Super 8	Gut f. schlechtes Wetter u. Zeitlupe
Peruchrome	Agfa-Gevaert	Tali Kuli	Konvers. F.	15 17		Colorumkehrfilm	Super 8	Mit Tonspur lieferbar
Brillant Super	Neckermann	Tali/Kuli		15/17		Colorumkehrfilm	Super 8	
Revuechrome	Foto Quelle	Tali Kuli	Konvers. F.	15 17	5500 3400	Colorumkehrfilm Colorumkehrfilm	Super 8 doppel 8	Mit Tonspur lieferbar
Turachrome	Turaphot GmbH	Tali/Kuli		17		Colorumkehrfilm	doppel 8 u. Super 8	
Tura S/W	Turaphot GmbH	Tali/Kuli		17		S/W Umkehrfilm	doppel 8 u. Super 8	

* Kodachrome: auch als Tonfilm für Tonfilmkameras lieferbar.

Die Materialisten zeigen, daß es neben dem zu über 90 % benutzten Farbmaterial auch noch S/W-Material gibt. Wo es also das Konzept des Filmes erfordert, können durchaus S/W-Szenen in einen Farbfilm eingeschnitten werden. Diese Technik wird häufig bei Rückblenden in die Vergangenheit genutzt.

Wenden wir uns wieder dem Farbfilm zu, so stoßen wir auf ein Problem, das dem Schmalfilmer, der noch nie unter Wasser gedreht hat, völlig fremd ist. Es entsteht aus der Filterwirkung des Wassers, ein Phänomen, mit dem sich auch der UW-Farbfotograf auseinandersetzen muß und das abermals deutlich macht, daß in der Wasserwelt andere Voraussetzungen herrschen als im Luftbereich. Während das Licht in der Luft vergleichsweise riesige Strecken durchlaufen kann, ohne seine Farbskala wesentlich zu verändern, löscht das ungleich dichtere Medium Wasser die Farben des Lichtspektrums nach und nach buchstäblich aus, und zwar so rasch, daß rot schon in 1 m Tiefe sowohl für unser Auge als auch für den Color-Film verschwindet. Orange in 2 m Tiefe, gelb in 16 m und grün in 24 m. Sogar ein leuchtend roter Seestern sieht in 5 m Tiefe schwärzlichbraun aus, und seine Umgebung wirkt blaugrün, grünblau oder graublau.

Hier etwas zur Lagerung des Filmmaterials bei extremen Umweltbedingungen:

Bei Außenaufnahmen, besonders in tropischen Gebieten, können zusätzliche Vorsichtsmaßnahmen notwendig werden. In einem größeren Ort lassen sich oft noch geeignete Aufbewahrungsmöglichkeiten finden, oder es kann Trockeneis beschafft werden, womit man einige Dosen füllt und diese zwischen die Filmdosen und Kassetten packt, um sie kühl zu halten. Ist man bei Außenaufnahmen unterwegs, sollte dafür gesorgt werden, daß die Filme nur so kurz wie möglich ungünstigen klimatischen Bedingungen ausgesetzt sind. Hierzu gehört, daß man die Filme vor Sonne und im Auto vor Hitze schützt, daß man sie nach Möglichkeit im Schatten und im offenen Zelt in der Zugluft hält, daß man die Kassette und die Kamera vor der heißen Sonne mit einem weißen Tuch verhängt und die nächtliche Abkühlung in den Tropen zur Kühlung nutzt. Auch hier sollte man nicht vergessen, daß die kühlen Filmdosen und -kassetten vor dem Einlegen des Films in die Kamera an die Arbeitstemperatur angeglichen werden müssen, um Kondenswasserbildung auf dem Film zu vermeiden.

Die Verpackung der Filme reicht normalerweise als Feuchtigkeitsschutz aus. Für die Arbeit in sehr feuchten, tropischen Gegenden muß man Filmdosen zusätzlich noch einige Male mit Lassoband umwickeln und sie in eine mit Zinkblech ausgeschlagene Kiste packen, in die man noch Trockenmittel gibt. Am besten eignet sich dazu Silikagel, das man in luftdurchlässige Stoffbeutel packt.

Diese Vorschriften gelten in noch stärkerem Maße für den belichteten Film. Grundsätzlich sollte er nach der Belichtung sofort wieder vor Wärme und Feuchtigkeit geschützt verpackt werden. Wenn man sich bemüht, alle gegebenen Möglichkeiten zum Schutz des Films auszunutzen, werden auch bei Dreharbeiten in den Tropen keine Schwierigkeiten auftreten. Im Gegensatz zur Hitze haben tiefe Temperaturen keinen schädlichen Einfluß auf die fotografische Qualität der Filme. Man kann im Gegenteil ein Nachlassen des latenten Bildes durch Aufbewahrung bei tiefer Temperatur aufhalten. Trockene, kalte Luft kann allerdings, wenn Filme unvorsichtig und zu rasch umgerollt wurden oder wenn die Kamera ungenügend elektrisch geerdet ist, mit zu Verblitzungen beitragen. Auch zu hohe Feuchtigkeit kann zu elektrischen Entladungserscheinungen auf dem Film führen. Unter solchen Umständen ist es ratsam, das Filmmaterial nicht unnötig früh aus den Filmdosen auszupacken und die geladenen Kas-

FORMAT 16 mm

Typenbezeichnung	Hersteller/Vertrieb	Lichtart	Filter	DIN	Kelvin	Art	Bemerkungen
Gevachrome S-Typ 7.00	Agfa-Gevaert	Kuli	–	20	3200	Umkehrfilm	Ein Filmtyp, DIN-Werte durch KV-Filter bedingt
		Tali	CTO 12 B	17			
Gevachrome -T 7.10	Agfa-Gevaert	Kuli	–	22*	3200	Umkehrfilm	Ein Filmtyp, DIN-Werte durch KV-Filter bedingt
		Tali	CTO 12 B	19*	3200		* bei forcierter Entwicklung können
Gevachrome D-T. 7.20	Agfa-Gevaert	Tali	–	22*	6000	Umkehrfilm	T 710/T 720 um bis
Gevacolor Negativ-T. 6.80	Agfa-Gevaert	Kuli	–	21	3200	Negativfilm	zu 6 DIN unterbe-
		Tali	CTO 8B oder W 85	19			lichtet werden
Orwo NP 55	Beroflex AG	Tali	–	20	–	S/W Negativfilm	auch als 70 mm und
		Kuli					35 mm lieferbar
Orwo NP 7	Beroflex AG	Tali	–	27	–	S/W Negativfilm	auch als 70 mm und
		Kuli					35 mm lieferbar
Orwo Color NC 3	Beroflex AG	Kuli	–	19	–	Color Negativfilm	auch als 70 mm und
		Tali	K 14	18			35 mm lieferbar
Fujicolor RT 400 Type 8425	CF Color-Film GmbH	Kuli	–	27	3200	Umkehrfilm	Ein Filmtyp, DIN-Werte durch KV-Filter bedingt
		Tali	W 85 B od. LBA -16	25			
Fujicolor RT 100 Type 8426	CF Color-Film GmbH	Kuli	–	21	3200	Umkehrfilm	Ein Filmtyp, DIN-Werte durch KV-Filter bedingt
Eastman Color Negativ II Film 7247	Kodak AG	Kuli	– W 85	21	3200	Negativfilm	Ein Filmtyp, DIN-Werte durch KV-Filter bedingt
II Film 7247	Kodak AG	Tali	W 85	19			
Ektachrome Commercial Film 7252	Kodak AG	Kuli	–	15	3200	Umkehrfilm	Ein Filmtyp, DIN-Werte durch KV-Filter bedingt
Film 7252		Tali	W 85	13		Umkehrfilm	
Ektachrome MS 7256	Kodak AG	Tali	–	19		Umkehrfilm	
Ektachrome EF 7241	Kodak AG	Tali	–	23		Umkehrfilm	
Ektachrome EF 7242	Kodak AG	Kuli	–	22	3200	Umkehrfilm	
Kodachrome 40	Kodak AG	Tali	W 85	15		Colorumkehrfilm	
	Kodak AG	Kuli	–	17	3400		Ein Filmtyp, DIN-Werte durch KV-Filter bedingt
Kodachrome 25	Kodak AG	Tali	–	15		Colorumkehrfilm	

setten bzw. Magazine nicht zu sehr den strengen klimatischen Bedingungen auszusetzen.

Die einzelnen Emulsionsschichten der Farbfilme verhalten sich hinsichtlich der Lagerfähigkeit ähnlich wie Schwarzweißfilme. Zu hohe Temperatur, vor allem in Verbindung mit zu hoher Feuchtigkeit, kann zur Änderung der Empfindlichkeit, des Kontrastes, des Schleiers und anderen Eigenschaften führen. Die richtige Lagerung ist daher für Farbfilme wichtiger als für Schwarzweißfilme.

Bei der üblichen Durchsucherei am Flughafen

FORMAT 35 mm COLOR und S/W

Typenbezeichnung	Hersteller/Vertrieb	Lichtart	Filter	DIN	Kelvin	Art	Bemerkungen
Gevacolor Negativ T. 6.80	Agfa-Gevaert	Kuli	–	21	3200	Colorumkehrfilm	
Gevacolor Negativ T. 6.80	Agfa-Gevaert	Tali	GTO 8 B oder W 85	19		Colorumkehrfilm	
Gevapan 30 1.66	Agfa-Gevaert	Tali		20		S/W Negativfilm	
		Kuli		19		S/W Negativfilm	
Gevapan 36 1.95	Agfa-Gevaert	Tali		25		S/W Negativfilm	
		Kuli		24		S/W Negativfilm	
Orwo Color Negative	Beroflex AG			20		Colorumkehrfilm	
Orwo NP 55	Beroflex AG	Tali		20		S/W Negativfilm	auch als 16 mm und 70er lieferbar
		Kuli					
Orwo NP 55	Beroflex AG	Tali		27		S/W Negativfilm	auch als 16 mm und 70er lieferbar
		Kuli					
Orwo Color NG 3	Beroflex AG	Kuli		19	3200	Color Negativfilm	auch als 16 mm und 70er lieferbar
		Tali	K 14	18			
310 3 M S/W Negativ-film (medium speed)	3 M Cinema GmbH	Tali		22		S/W Negativfilm	
		Kuli		21			
320 3 M S/W Negativ-film (high speed)	3 M Cinema GmbH	Tali		26		S/W Negativfilm	
		Kuli		25			
Eastman Color Negaative II Film 5247	Kodak AG	Kuli		21	3200	Color Negativfilm	
Eastman Color Negative II Film 5247	Kodak AG	Tali	W 85	19		Color Negativfilm	
Kodak Ektachrome MS Film 5256	Kodak AG	Tali	–	19		Colorumkehrfilm	
Eastman Plus X Negative Film 5231	Kodak AG	Tali		20		S/W Negativfilm	
Eastman Double X Negative Film 5222	Kodak AG	Kuli		24		S/W Negativfilm	
		Tali		25			
Eastman 4 x Negative Film 5224	Kodak AG	Kuli		27		S/W Negativfilm	
		Tali		28			

werden Gepäck und Reisende oft mittels verschiedener Verfahren durchleuchtet. Diese Strahlen können eine ungewollte Teilbelichtung des Filmmaterials bewirken. Nach der Entwicklung macht sich dies als Grauschleier oder Farbverfremdung bis hin zum satten Schwarz bemerkbar. Gegen diese Strahlungseinflüsse gibt es jetzt einen wirksamen und einfachen Schutz in Form einer mit Bleifolie ausgeschlagenen Kunststofftasche, auch »Film Shield« genannt. Zusätzlich sind die Strahlenschutztaschen mit Bariumsulfat präpariert. Das gleiche Material ist auch als Folienrolle unter der Bezeichnung »Filmwrap« erhältlich.

Belichtungsmesser

Eigentlich ist das Thema Belichtungsmesser für den Super 8-Film zweitrangig geworden. Die in den modernen Kameras eingebauten CdS-Belichtungsmesser haben das Hobby Schmalfilmen wesentlich problemloser werden lassen. So ein CdS-Belichtungsmesser macht diese Art der Lichtmessung durch das Aufnahmeobjektiv überhaupt erst möglich. CdS ist ein Halbleiter (Cadmiumsulfid), der seine elektrische Leitkraft im Verhältnis der empfangenen Lichtmenge steuert. Anders als die Selen-Zelle, besitzt der CdS-Messer einen sehr großen Meßumfang. Mit diesem in die Kamera fest eingebauten Belichtungsmesser ist aber nur die Messung des vom Motiv reflektierten Lichtes möglich. Wer auch Lichtmessungen unter Wasser vornehmen möchte, also vom Motiv zur Lichtquelle hin, benötigt einen separaten Belichtungsmesser. Zu dieser Gruppe gehören neben den UW-Fotografen u. a. auch die kleine Schar der 16 und 35 mm-Filmer. Nicht alle der im Handel befindlichen Belichtungsmesser sind auch für den UW-Einsatz geeignet. Im Laufe der Jahre aber hat sich z. B. der Sixtomat X 3 im Hugymeter-Gehäuse gut bewährt. Diese Kombination hat sich bei vielen Einsätzen als robust und genau erwiesen. Lediglich die vorstehenden Glaskanten der Einblickscheibe am Gehäuse sollte man durch Abkleben mit Kunststoffband gegen Beschädigung schützen.

Um den Meßvorgang zu vereinfachen, kann man sich für die verschiedenen Filmsorten bei differierenden DIN-Werten sogenannte Direktskalen anfertigen. Vorher aber stellt man die entsprechende DIN-Zahl am Drehknopf ein. Nun klebt man unter die Blendenskala des Sixtomaten einen

Streifen weißes Papier. Dann wird die Meßzelle so weit zugehalten, daß der Zeiger mit den beiden anderen Strichen, wie bei einer normalen Messung, einen gemeinsamen Schnittpunkt bildet. Diese Zeigerstellung wird mit einem Punkt fixiert und dann als Strich mit der ersten Blendenzahl verlängert. Grundlage für diese Vereinfachung des Meßvorganges muß natürlich eine bestimmte Ganggeschwindigkeit, z. B. 24 B/sec sein. Wenn alle Blendenwerte aufgezeichnet sind, kann mit der Zeigerstellung auf der neuen Blendenskala ohne zusätzliche Manipulation sofort die entsprechende Blende für z. B. 17-DIN-Film und 24/B sec abgelesen werden. Auf diese Art kann man sich auch mehrere Direktskalen für die verschiedensten DIN- und Geschwindigkeitswerte schaffen.

Wer allerdings das Beste vom Besten will, muß den Preis eines guten Lungenautomaten investieren, um in den Besitz des »Rolls Royce« unter den UW-Belichtungsmessern zu gelangen. Seconic Marinemeter II heißt diese »Lichteule« für Anspruchsvolle. Das verbesserte Modell L-164 B des Marinemeter II vom Seconic ist ein speziell für den UW-Einsatz konzipiertes Gerät aus verschiedenen Kunststoffen mit O-Ring gedichteten Einstellknöpfen. Durch das aus Plexiglas gefertigte Oberteil lassen sich Blendenwert, Verschluß- oder Ganggeschwindigkeit sowie Filmempfindlichkeit wahlweise in DIN oder ASA, auch in der angegebenen Maximaltiefe von 60 m, mühelos ablesen. Eingestellt wird die Filmempfindlichkeit durch den schwarzen Druckknopf an der Unterseite, der zu diesem Zweck herausgezogen wird. Nach dem Hereindrücken des Knopfes dient dieser wieder der Einstellung der Verschluß- oder Ganggeschwindigkeit.

Durch batterieelektrische Messung (CdS) bietet das Gerät ein Optimum an Meßgenauigkeit. Die Batteriekapazität (1,3 Volt Quecksilberbatterie) kann durch Drehen des roten Knopfes in Stellung Bc (Batteriekontrolle) überprüft werden.

Von Seconic gibt es als kleinen Bruder den Seconic Auto Lumi, der in das Plexiglasgehäuse von Nikon eingebaut werden kann. Die maximale Tauchtiefe ist mit 50 m angegeben.

Für den Bewi Piccolo gibt es ein einfaches aber preiswertes und zweckmäßiges UW-Gehäuse aus Hart-PVC und Plexiglas. Das Gehäuse wiegt um 100 g und kann bis 80 m Wassertiefe eingesetzt werden. Aus den USA kommen immer mehr UW-Gehäuse aus Lecan, einem Plastikglas, auch auf den Europäischen Markt. Diese im Gußverfahren hergestellten Gehäuse gibt es auch für verschiedene Belichtungsmesser wie z. B. den Gossen Super Pilot und den Luna Pro. Auf Grund einer Wandstärke von ca. 7 mm und entsprechend günstiger hydrostatischer Formgebung sind Wassertiefen um 100 m als maximale Tauchtiefe angegeben.

Die Belichtung

Bei der Bewertung des Filmlichts darf man nicht übersehen, daß das menschliche Auge für die Beurteilung von Helligkeitsdifferenzen ziemlich unzuverlässig ist. Auf Grund seiner Adaptionsfähigkeit sieht es Details in den Schatten heller und deutlicher als sie tatsächlich sind. Der Film besitzt diese Anpassungsfähigkeit nicht, registriert nur die Lichtmenge, die tatsächlich vom Motiv reflektiert wird. Deshalb braucht man einen Belichtungsmesser, der, wie schon erwähnt, in den meisten Amateur-Kameras automatisch arbeitend eingebaut ist. Solange die Lichtverhältnisse normal sind, d. h. im Meßbereich des eingebauten Belichtungsautomaten liegen, wird der Film auch beim zusätzlichen Einsatz von Akkuleuchten korrekt belichtet werden.

Allerdings kann es bei der Mischung aus Tages- und Kunstlicht passieren, daß z. B. im Mittelmeer bei einer Tiefe von 20 m nur noch das Akkulicht für die Belichtung wirksam bleibt. Das vom Kunstlicht angestrahlte Motiv wird zwar korrekt belichtet, aber das Hintergrundwasser wird tiefblau bis schwarz. Um diesen meist ungewollten Effekt zu verhindern und um zu guten Mischlichtaufnahmen zu kommen, sollte man an das Vordergrundmotiv nicht näher als 2 m herangehen. Sonst muß man die Kunstlichtquelle entsprechend dämpfen.

Genauso wie beim Filmen an Land kann man bei Lichtverhältnissen, die der Belichtungsautomat schon nicht mehr als zur Belichtung ausreichend registriert, manipulieren. Einmal durch Herabsetzen der Ganggeschwindigkeit bis auf 8/B sec. Dann kann man den Tageslichtfilter abschalten. Zu guter Letzt kann man die Entwicklungsanstalt um eine 2 Blenden ausgleichende Längerentwicklung bitten. Zusammengenommen kann man so bis zu 4 Blendenwerte gewinnen, ausgehend vom üblichen 17 DIN-Film. Natürlich kann man, wenn man unter Wasser mit schlechten Lichtverhältnissen rechnen muß, auch gleich einen 23 DIN-Film einlegen, z. B. den 160 G, der zudem noch den Vorteil hat, ohne KV-Filter auszukommen, da er auf Tages- wie auf Kunstlicht gleichermaßen eingestellt ist. Wer über keine Belichtungsautomatik verfügt, und das sind meistens Besitzer älterer Normal 8 bzw. Doppel 8-Kameras und »last not least« die 16 mm-Fans und die Profis, muß mit einem separaten Belichtungsmesser arbeiten. Da wir es beim UW-Filmen überwiegend mit Aufnahmen der jeweiligen Flora und Fauna zu tun haben, dominiert die Methode der Motivmessung. Es wird also vom Kamerastandpunkt her das vom Motiv reflektierte Licht gemessen und zur Grundlage der Blendenwahl gemacht. Ganz anders mißt man bei Spielfilmszenen, z. B. in einem Wrack, das mit starken UW-Flutern dem Handlungsablauf entsprechend ausgeleuchtet wird. Hier ist es oft nötig, vor der Aufnahme mit dem Belichtungsmesser herumzuschwimmen und die Beleuchtungsunterschiede zu berücksichtigen, entweder durch Wahl einer Kompromißblende, mit der die gesamte Einstellung abgedreht wird, oder durch eine Blendenkombination, die völlig synchron zum Handlungsablauf auch geblendet werden muß. Eine nicht ganz einfache Angelegenheit, besonders unter Wasser, aber dem beim Profifilm üblichen Schärfeziehen oder Trafofahren durchaus vergleichbar. Dank variierender Ganggeschwindigkeit kann man nicht nur, wie schon erwähnt, die Belichtungszeit des einzelnen Filmbildes verlängern oder verkürzen. Man kann auch unter Wasser gewisse Effekte erzielen. Hier die überwiegend an eine Kamera, zum Teil auch stufenlos einstellbaren Ganggeschwindigkeiten und ihre Effekte:

8 Bilder pro Sekunde (8 B/sec) entsprechen einer Belichtungszeit von 1/16 sec und ergeben eine gewisse Zeitraffung, die z. B. bei Tauchern in einer etwas zackigen Schwimmweise zum Ausdruck kommt. 18 B/sec sind der Normalgang für Amateurfilme, die unvertont bleiben sollen. 24

Mit dem Zeitraffer-Effekt kann man z. B. auch das Aufblühen einer Zylinderrose darstellen. Solche Szenen erfordern allerdings einigen Aufwand und eine einwandfrei funktionierende Technik.

B/S = 1/48 sec sind die richtige Ganggeschwindigkeit für Tonfilme. Das Fernsehen dreht nach eigener Norm sogar mit 25 B/S = 1/50 sec, um sich u. a. den professionellen Tonaufnahmegeräten mit 50 Hertz anzupassen. Die Einhaltung der Fernsehnorm 25 B/S ist aber nur bei lippensynchronen Pilottonaufnahmen wichtig. Auch im Super 8-Format ist eine Ganggeschwindigkeit von 24 B/S trotz erhöhtem Materialdurchlauf zu empfehlen. Kameraführung und motivbedingte Bewegungsabläufe werden wesentlich ruhiger bei der Projektion dargestellt. Die Frage des erhöhten Materialverbrauchs ist mit den auf dem Markt befindlichen 30 m-Kassetten für 5 Minuten-Filme im 24er Gang letztlich zur Geldfrage geworden. 32 B/S = 1/65 sec bewirkt schon eine leichte Zeitdehnung – gegenüber dem 16er Gang genau um die doppelte Zeit. 48 B/S und gar 64 B/S bezeichnet man als echte Zeitlupe. Hier wird innerhalb von einer Sekunde jede Bewegung in 48 bzw. 64 Einzelbilder zerlegt. Diese Zerlegung in derart viele Bilder pro Sekunde läßt auch schnelle Vorgänge wie das Abschießen einer Harpune oder die blitzschnelle Fluchtreaktion eines Hechtes in aller Deutlichkeit sichtbar werden. Auch für Studienfilme, in denen z. B. die Bewegungsabläufe von verschiedenen Flossentypen demonstriert werden sollen, ist die Anwendung des Zeitlupeneffektes zur Gewinnung neuer Erkenntnisse von Nutzen. Besondere Bedeutung aber kommt der Zeitlupe beim Spielfilmeinsatz zu. Wer hat nicht schon im Film oder Fernsehen Szenen bewundert, in denen der Gangster vom Hüter des Gesetzes mit Hilfe von Judo, Karate oder Kung Fu ballettartig aufs Kreuz gelegt wurde, die Zeitlupe macht's möglich. Auch unter Wasser können wir solche Effekte einsetzen. Aber vergessen wir nicht, die mit Zeitlupenaufnahmen verbundenen kurzen Belichtungszeiten erfordern entsprechend helles Filmlicht, meistens kombiniert mit entsprechend hochempfindlichem Filmmaterial.

Was der Super 8-Film relativ leicht bewirken kann, nämlich Zeitdehnung bis 64 B/S, erfordert beim Profifilm meist spezielle Kameras. Will man z. B. unter Wasser die Blaswirkung von Schweißelektroden darstellen, so muß man weit über die normale Zeitlupe hinausgehen. Hierzu verwendet man sogenannte Hochfrequenzkameras spezieller Konstruktion, die eine Zeitdehnung über 200 B/S zulassen. Durch den schnellen Transport wird dabei das Filmmaterial extrem beansprucht.

Wegen der kurzen Belichtungszeit verwendet man hochempfindliches Filmmaterial. Um einen einwandfreien Durchlauf zu erzielen, sind z. B. die für farbige Zeitdehneraufnahmen gut geeigneten Filmsorten wie Ektachrome Commercial, Ektachrome MS und Ektachrome EF an der Seite gewachst und auf Spezialspulen gewickelt.

Im Gegensatz zur Zeitlupe steht die Zeitraffung. Der Einsatz dieses Effektes, der z. B. das »Aufblühen« einer Seenelke eindrucksvoll zeigen kann, ist unter Wasser auf Grund der doch relativ kurzen Tauchzeiten kaum voll ausschöpfbar. Wer Basteltalent hat, kann natürlich auch diese Probleme meistern und einen automatisch arbeitenden oder ferngesteuerten Impulsgeber mit einem E-Blitz entsprechender Kapazität kombinieren und wasserdicht kapseln. Klar, daß solche Aufnahmen nur vom festverankerten Stativ aus gelingen. Als Stativ läßt sich auch hier ein sogenannter Erdnagel verwenden, der z. B. bei Sandgrund in den Boden eingedreht wird.

Von der Idee zum Drehbuch

Viele Amateurfilmer halten die Erstellung eines Drehbuches oder zumindest eines Drehplanes für überflüssige und nutzlose Arbeit. Aber auch wenn der sogenannte Urlaubsfilm nur im Kreis der eigenen Familie gezeigt werden soll, muß Langeweile bei den Zuschauern vermieden werden. Deshalb sollte sich jeder Filmer vor Drehbeginn wenigstens einen Drehplan erstellen. Zuerst ist da die Idee, einen Film über ein bestimmtes Thema, sei es der kommende Urlaub auf Gran Canaria, zu machen. Dann muß man sich über die einzelnen Handlungskomplexe und den Anteil von UW-Szenen klarwerden. Das Packen der Koffer und die Fahrt im PKW oder Zug zum Flugplatz muß man nicht unbedingt zeigen. Breit und umständlich angelegte Handlungsabläufe gehen auf Kosten von Tempo und Spannung. Wenn es sein muß, zeigen Sie in Großeinstellung das durch Regenpfützen fahrende Vorderrad Ihres Autos und gleich danach die Räder eines startenden Jets, dabei das Flugzeug im Steigflug mit der Gummilinse verfolgend. So haben Sie mit zwei Einstellungen die Flucht aus dem regnerischen Winter an sonnige Gestade deutlich gemacht. Auch am Urlaubsort gilt es bei jeder neuen Einstellung zu überlegen, wie das kaum sensationelle Geschehen dem Zuschauer möglichst klar und interessant dargeboten wird. Alles, was Ihnen dazu an Gags und Tricks einfällt, gehört in den Drehplan. Bei UW-Szenen kann es schwierig werden, den gesamten Ablauf vorher genau festzulegen. Doch nicht realisierbare Einstellungen werden gestrichen und durch Machbares ersetzt. So ein Drehplan kann aus DIN A 4-Seiten bestehen, die durch einen senkrechten Strich in zwei Hälften geteilt werden. Links notiert man, was geschehen soll, samt Hinweisen für die Kameraeinstellungen, rechts steht der Text für eventuelle Dialoge sowie Anmerkungen über Musik, Geräusche und Kommentar. Beim Profispielfilm, sei er fürs Kino oder fürs Fernsehen produziert, kommt man ohne ein richtiges Drehbuch nicht aus. Jede Kameraeinstellung ist mit einer fortlaufenden Nummer versehen. Diese Nummer wird zusammen mit einer weiteren Zahl, die über die Häufigkeit der Wiederholung Auskunft gibt, auf eine sogenannte Klappe geschrieben. Auch unter Wasser wird diese Klappe vor jeder Einstellung etwa 2 Sekunden lang gefilmt. Nur die beste Einstellung wird später kopiert und im Film verwendet. Alle anderen Szenen erhalten vom Scriptgirl den Vermerk »NK«, was nicht kopieren bedeutet. Die fortlaufende Numerierung der ca. 500 Einzelszenen eines Spielfilmes ist für den späteren Schnitt von eminenter Wichtigkeit. Sollte bei der UW-Filmarbeit einmal das Vordrehen der Klappe vergessen werden, so wird sie einfach auf den Kopf gestellt und nachgedreht. Dadurch weiß man später am Schneidetisch, daß die Klappe vor die gedrehte Einstellung gehört.
Als UW-Klappe kann eine Kindertafel dienen, auf der mit gewöhnlicher Kreide geschrieben wird. Nachfolgend ein Auszug aus dem Originaldrehbuch einer 30teiligen Serie:

Außen / Nacht – Unter Wasser

123 UNTER WASSER
Biggi (Double) hantiert im Strahl ihres Handscheinwerfers, natürlich im Taucheranzug, unter Wasser. Sie befestigt den Haken einer Eisenkette an einer großen Metallkiste, gibt ein Zeichen, die Kiste wird von oben hochgezogen. Dieses BILD ist mehrfach UNTERSCHNITTEN mit:

Musik/

124 AUF DEM SEE
Hier sind Conny, Alastair und Wegerich in einem größeren Boot, das eine Art Mast hat, an dem ein Flaschenzug befestigt ist. Die Männer betätigen den Flaschenzug, während Conny mit einem Fernglas die Ufer absucht.

125 UNTER WASSER
Biggi wartet. Die leere Kette wird wieder heruntergelassen. Biggi sucht sich eine weitere Kiste, prüft die Aufhängemöglichkeiten – da schwimmt von hinten lautlos ein Schatten heran: Földassy. Seine Hände greifen nach Biggis Hals, er will sie erwürgen:
Der Kampf auf Leben und Tod beginnt.
(Er ist unterschnitten mit kurzen Einstellungen aus Bild 124.)
Oben im Boot Alastair, Wegerich, vor allem aber Conny, die sich als einzige wirklich ausrechnen kann, was da unten passiert, in unerträglicher Spannung. Einmal macht Alastair einen seiner Versuche, eine ernste Situation »humorvoll« zu nehmen, er beginnt zu deklamieren:

ALASTAIR
Wer wagt es, Rittersmann oder Knapp, zu tauchen in diesen Schlund –

126
Aber da schreit ihn Conny unkontrolliert wild an:

CONNY
Halt die Schnauze, du Idiot!
MUSIK

127 UNTER WASSER
aber gelingt es Biggi, eines ihrer Arbeitsinstrumente in die Hand zu kriegen, einen Meißel o. ä. Sie will in verzweifelter Abwehr auf Földassy einstechen, der Graf weicht aus, der Meißel trifft seine Sauerstoffflasche, reißt ein Leck, Preßluft schießt heraus. Földassy schwimmt mit panisch unkoordinierten Bewegungen steil nach oben.

ca. 1,30 Min.

Sicher, das liest sich lustig, wie das Mädchen Biggi mit dem Meißel mal eben ein Loch in die Sauerstoffflasche schlägt und dann Preßluft herauskommt. Aber realisieren, und zwar in logischer Form, mußte das der UW-Kameramann und Regisseur, nämlich ich. Na ja, wir haben den bösen Grafen Földassy dann doch lieber mit einer Ladung Preßluft in die Luft gesprengt, was auf dem Bildschirm auch ganz gut ankam. Hier aber noch ein Beispiel für ein fachlich einwandfreies Drehbuch:

I. Malerwinkel am Königsee
AUSSEN – TAG

Der deutsche Agent v. Wertheim (Double) sitzt in einem Holzboot und angelt ca. 150 m vom Ufer entfernt. Im Hintergrund Holzblockhaus mit v. Wertheims spielenden Kindern und Gattin.	Knarren und Plätschern am Boot Im Hintergrund Kinderlachen und allgemeine Seeatmosphäre
UNTERWASSER Total Aus der Sichtgrenze schwimmen zwei Taucher mit Spezialausrüstung (Sauerstoff/ Kreislaufgeräte) auf die UW-Kamera zu.	UW-Atmo – leises Klappen von Glimmerventilen und Zischen
UNTERWASSER Angler und Boot von unten im Gegenlicht	
UNTERWASSER Die Taucher beschreiben einen Bogen um das Boot. v. Wertheim kontrolliert die Angelsehne und schaut auf den Haken	UW-Athmo Bootsgeräusche
UNTERWASSER Die Taucher verständigen sich mit Handzeichen und jagen zum Boot hinauf. v. Wertheim fährt von der Sitzbank hoch und verliert das Gleichgewicht.	dramatische Musik setzt ein entsprechende Geräusche und Musik
UW-Kamera mit aus dem Wasser Die Taucher schnellen sich bis zur Hälfte aus dem Wasser heraus und reißen v. Wertheim mit sich ins Wasser zurück.	Geräusche von Sturz und Kampf Musik
UNTERWASSER Ein kurzer, für v. Wertheim aussichtsloser Kampf läuft ab.	verzerrte Schreie unter Wasser mit UW-Mikro aufnehmen, Musik Musik stark
ÜBERWASSER Blicke v. Wertheims auf Ufer mit Frau und Kindern	

UNTERWASSER v. Wertheims Kräfte ermatten	Geräusche und Musik entsprechend
UNTERWASSER Einer der Taucher stößt v. Wertheims Leiche verächtlich von sich.	UW-Athmo und Zischen vom Bypass
ÜBERWASSER Agent X (Dirk Bogarde) hat den Mord von einem getarnten Motorboot aus mit dem Fernrohr verfolgt.	Seeathmo und Musik leise
UNTERWASSER Die Taucher richten einen Handkompaß ein und verschwinden in der Sichtgrenze Richtung getarntes Motorboot.	UW-Athmo und Musik
UNTERWASSER Aus der Tiefe fährt die UW-Kamera auf die treibende Leiche v. Wertheims zu und deckt dessen verzerrtes Gesicht mit der Optik völlig ab.	Nur Musik, die abklingt

Im Kinofilm »Die Schlange«, aus dem dieser rekonstruierte Auszug stammt, war nach Meinung vieler Zuschauer dieser Komplex einer der eindrucksvollsten des ganzen Filmes.
Außer Drehplan und Drehbuch gibt es noch andere Bezeichnungen für die schriftliche Fixierung von Filmthemen. Da ist z. B. das Exposé. Eine Bezeichnung, die das Zusammenfassen eines Filmstoffes oder Themas in wenigen Zeilen meint.

Unter Treatment versteht man den Handlungsentwurf eines Kino- oder Fernsehfilms. Das Treatment enthält die wesentlichen Bestandteile des späteren Drehbuches, ohne die Szenengestaltung im einzelnen zu präzisieren. Es gibt den Ablauf der Handlung skizzenhaft wieder, kann aber Hinweise auf Dialogformen enthalten und deutet an, wie die Handlung im Film umgesetzt werden soll. Treatments dienen zur Darstellung der Form, in welcher ein bestimmtes Thema, auch vom Dokumentarsektor, für Film- oder Fernsehen bearbeitet werden soll. Bei kurzen Werbefilmen, und hier besonders bei den sogenannten Werbespots, die meistens nur 30 Sekunden lang sind, findet zur Festlegung des genauen Ablaufes das Storyboard Verwendung. In chronologisch hintereinander gezeigten Fotos oder Zeichnungen wird der Ablauf eines Spots zusammen mit dem Originalton, der Musik oder dem Kommentar, häufig auch einer Mischung aus allem, auf die Zehntelsekunde genau festgelegt. Nach dieser Vorlage wird der Werbespot auch realisiert.

Aufnahmetechnik

Ehe wir mit dem Filmen unter Wasser beginnen, sind einige Vorbereitungen und Kontrollen durchzuführen, die uns später so in Fleisch und Blut übergehen werden, daß wir sie als Selbstverständlichkeit empfinden. Die Taucherausrüstung muß auf Funktionssicherheit überprüft werden, und alle Bedienungselemente der UW-Filmkamera und des Belichtungsmessers wollen kontrolliert sein. Dann kann der Spaß, oder die Arbeit, ganz wie man will, beginnen. Wichtig ist für den UW-Filmer, daß er unter Wasser völlig schwerelos ist. Der Idealzustand besteht, wenn man beim Ausatmen ganz langsam zu sinken beginnt und beim Einatmen in der Schwebe bleibt. Das erreicht man durch Austarieren mit Hilfe des Bleigürtels oder der Rettungsweste. Bei Benutzung eines Tauchgerätes weicht die Schwerelosigkeit gegen Ende des Tauchgangs einem leichten Auftrieb; denn die Luft in den Flaschen hatte ja auch ein gewisses Gewicht und ist nun ins Wasser veratmet worden. Diese genau austarierte Schwerelosigkeit ermöglicht eine besondere Art von Aufnahmen, den sog. Fahrstuhleffekt, der beim Berufsfilm an Land nur mit aufwendigen Kranwagen (Dollys) erzielt werden kann. So kann man sich z. B. langsam an einer Felswand entlang bis auf 15 m Tiefe absinken lassen und unterwegs alles filmen, was sich an Flora und Fauna als lohnendes Motiv anbietet. Dabei erweist sich, wozu eine Belichtungsautomatik und ein elektrischer Antrieb (haben alle Super 8-Kameras) gut sind. Ist diese Möglichkeit nicht gegeben, so muß man die Blendenwerte unter der Oberfläche und in 15 m Tiefe ermitteln, um dann während der Fahrt nach unten synchron von Hand aufzublenden, eine Aufgabe, die zu den schwierigsten Verfahren beim Filmen zählt. Das wichtigste ist aber eine völlig ruhige Kameraführung unter Wasser. Nichts ist für den Zuschauer störender als eine wackelnde, von Fisch zu Fisch springende Aufnahme. Das tut den Augen weh und dürfte Ihren Freunden verblüffend schnell alles Interesse an Ihrem Hobby nehmen. Die ruhige Kameraführung kann man durch Übung ziemlich rasch erlernen. Sie fällt bei einer großen Kamera leichter als bei einer kleinen. Doch während man eine großvolumige UW-Kamera, wie z. B. die 16-mm-Bolex in ihrem Gehäuse, fast immer mit beiden Händen führt, läßt sich dies bei einer kleineren auch gut mit einer Hand tun, vorausgesetzt, daß der Auslöser an der richtigen Seite sitzt bzw. das Filmen mit der Führungshand erlaubt. Die Methode des einhändigen Filmens hat den Vorteil, daß man die andere Hand zum Abstützen und Vor- und Zurückziehen frei hat. Das ist vor allem für den Anfänger sehr nützlich, weil, wie oben gesagt, kleinvolumige Kameras schwerer ruhig zu halten sind als große. Das an Land für die ruhige Kameraführung bewährte Stativ auch zum UW-Filmen einzusetzen, ist nicht zu empfehlen; denn fast nie findet man unter Wasser eine Fläche, auf der man ein Stativ schnell aufstellen könnte. Der Boden besteht meist aus Felsen, Sand oder Schlamm, und Fische warten nun mal nicht geduldig, bis man ein schweres Stativ in Stellung gebracht hat. Deshalb wollen wir zugunsten größerer Beweglichkeit der Kamera in der Regel ganz auf ein Stativ verzichten und lieber ein anderes Hilfsmittel benutzen, die Stabilisierungsstützen oder -flügel. Einige UW-Gehäuse sind schon von Haus aus damit ausgerüstet. Aber man kann sich solche Flügel auch nachträglich selbst an das Gehäuse bauen. Sie lassen sich aus Kunststoffplatten, Blech oder lackiertem Holz unschwer herstellen und dann links und rechts, wie Tragflächen an einem Flugzeug, an das Gehäuse montieren. Günstig ist es, wenn sie abmontierbar sind; beim Transport ist die UW-Kamera dann weniger sperrig. Auf einen dritten Stabilisierungsflügel, der wie die Rückenflosse eines Haies vom Gehäuse nach oben zeigt, sollte man verzichten. Er bringt keine wesentlichen Vorteile, macht aber den sog. Reißschwenk, eine interessante Einstellung, unmöglich. Der Reißschwenk wird vornehmlich dort eingesetzt, wo der Zuschauer unvermittelt mit einer neuen oder spannenden Situation konfrontiert werden soll. Man kann z. B. langsam mit der Kamera einen die UW-Landschaft beobachtenden Taucher verfolgen, dann plötzlich die Kamera auf das in seiner Nähe aus einer Felsspalte drohende Maul einer Muräne herumreißen. So läßt sich der Eindruck einer den Taucher erwartenden Gefahr schon durch entsprechende Kameraführung ausdrücken. Allerdings will das Verfolgen mit der Kamera, auch Fahrtaufnahme genannt, gelernt sein. Doch wenn man diese Technik beherrscht, kommen Aufnahmen zustande, wie sie mit keiner noch so raffinierten Gummilinse möglich sind. Wichtig ist, daß man den Körper dafür angemessen schult: Die Bewegungen des Flossenbeinschlages müssen in der Hüfte so angefangen und von den Armen so ausgeglichen werden, daß sie sich keinesfalls auf die von den Händen geführte UW-Kamera übertragen. Auch sollte man darauf achten, daß man mit der Kamera nicht zu dicht über UW-Landschaften fährt; sonst entsteht leicht der gleiche Eindruck, den man hat, wenn man aus einem fahrenden Auto dicht über den Kühler auf die Straße schaut: Alles ist infolge der Geschwindigkeit verschwommen, und bald tun einem die Augen weh. Genauso ergeht es bei der Projektion dann dem Zuschauer. Man muß sich beim UW-Filmen schon etwas Zeit lassen und auch Geduld haben. Das bedeutet aber wiederum nicht, daß man einmalige Situationen nicht ausnutzen sollte. Dann ist es vielmehr besser, ohne viel Umstände mit der Kamera draufzuhalten und dranzubleiben, als gar nichts auf den Film zu bekommen. Technisch nicht ganz einwandfreie, aber interessante Abläufe und Motive lassen sich später oft durch geschickten Schnitt, guten Text und entsprechende Musik retten.

Sehr wirkungsvoll sind Fahrtaufnahmen, die bei sehr klarem Wasser von einem Motorboot gezogenen UW-Gleiter aus gemacht werden. Die Kamera wird dazu auf den Gleiter montiert und auf Dauerlauf gestellt oder von Hand ausgelöst. In gleicher Weise kann auch ein sog. UW-Scooter (Aquazepp), der seine Antriebsenergie aus Batterien bezieht, benutzt werden. Im übrigen sollte man sich für alle Einstellungen die Regel zu eigen machen, jede davon mit einem etwa drei Sekunden dauernden Stand zu beginnen und zu beenden. Dadurch wird die spätere Schnittarbeit ungemein erleichtert. Gewiß gibt es 30 Minuten dauernde UW-Filme, die nur aus sechs bis acht langen Szenen bestehen und dennoch, weil sie wirklich Interessantes zeigen, nie langweilig wirken. Aber das sind Ausnahmen, die auch vom Motiv bzw. Thema abhängen.

Auf UW-Fotos sieht man hie und da zur Hälfte eine Überwasser- und zur anderen Hälfte die UW-Landschaft. Solche Aufnahmen lassen sich bei ganz ruhiger Wasseroberfläche auch mit der Filmkamera machen, wenn die technischen Voraussetzungen gegeben sind. Die Kamera muß völlig ruhig gehalten oder besser noch an einer in den Grund gerammten Stativstange befestigt werden. Um eine gute Halbüber-, Halbunterwasser-Aufnahme zu bekommen, sollte man eigentlich ein Objektiv mit möglichst großem Linsendurchmesser benutzen. Das ist besonders im 8 mm-Format fast unmöglich. Wir können uns aber mit einem selbstgebastelten Vorsatz behelfen. Dieser Vorsatz, ein pyramidenförmiger Kasten mit einer rechteckigen Glasscheibe als vorderem Abschluß, muß zwar wasserdicht, aber nicht druckfest sein, es sei denn, daß man schnittlos aus der Halbüber-, Halbunterwasser-Einstellung gleich auf UW-Szenen übergehen will. Während er sonst aus Sperrholz bestehen kann und mit Kitt und Lackfarbe abgedichtet wird, muß der Vorsatz für den letztgenannten Zweck stabil und aus Metall gefertigt werden, ähnlich wie ein Klarwasservorsatz, den man bei der UW-Fotografie für technische Aufnahmen in stark getrübten Gewässern verwendet; nur wird für den oben beschriebenen Zweck kein Wasser eingefüllt. Der Vorsatz hat die Aufgabe, das Wasser in einem größeren Abstand vom Aufnahmeobjektiv zu halten, weil dadurch die Trennlinie zwischen Über- und UW-Bereich kleiner und so diese ungewöhnliche Einstellung möglich wird.

Eine weitere Möglichkeit, einen UW-Film abwechslungsreich zu gestalten, ist die Einblendung von Gegenlichtaufnahmen. Wie ihr Name besagt, wird dabei gegen das Licht, also meist gegen die Sonne bzw. die Wasseroberfläche gefilmt. Gegenlichtstudien herzustellen ist nicht schwierig. Sie erfordern gewöhnlich, je nach Empfindlichkeit des verwendeten Filmmaterials, eine starke Abblendung, die in der Regel zwischen Blende 11 und 22 liegt. Einfach gegen die Wasseroberfläche zu filmen ergibt allerdings kaum etwas. Man muß vielmehr Motive finden, die als Umriß interessant wirken, da sie ja im Gegenlicht flächig und dunkel erscheinen. Schon ein Boot mit durch die Bilddecke laufender Ankerkette eignet sich als Gegenlichtstudie gut dazu, den Startplatz eines Tauchunternehmens für den Filmbetrachter sofort verständlich zu machen. Bietet sich jedoch die Möglichkeit, als Kaschierung den Eingang einer Höhle oder Grotte, das Bullauge eines Wracks oder ähnliches einzusetzen, so brauchen nur noch ein paar Fische oder Taucher durch das Bild zu schwimmen, damit eine erstklassige Einstellung zustande kommt. Aber auch die durch ein Loch in der Decke einer unterseeischen Höhle einfallende Sonne kann mit ihren hin- und hertanzenden Strahlen eine gewisse Stimmung wiedergeben und unterstreichen. Dreht man mit der UW-Kamera steil aufwärts gegen die Oberfläche, so sollte man versuchen, während des Filmens die Luft anzuhalten, damit keine Blasen ins Bild kommen, die die Illusion des alleinigen Dabeiseins beim Zuschauer zerstören würden. Noch wichtiger ist dieses Luftanhalten, wenn die Oberfläche sehr glatt und ruhig ist und Motive außerhalb des Wassers durch den Wasserspiegel gefilmt werden sollen, z. B. Bäume, Klippen, ein Angler auf einem Steg oder der Tauchkamerad im Schlauchboot. Die aufsteigenden Luftblasen würden die Wasseroberfläche kräuseln und für die Kamera undurchsichtig machen. Habe ich viele solcher Einstellungen zu drehen, so verwende ich blasenfreie Sauerstoff-Kreislaufgeräte dafür. Braucht man für bestimmte Szenen eine Nachtstimmung oder den Eindruck großer Wassertiefe, so läßt sich das mit verschiedenen Mitteln recht einfach erreichen. Schon durch Unterbelichten des Umkehrfilms um einen bis drei Blendenwerte wird die gewünschte Wirkung erzielt. Besser ist beim S/W-Film das Vorschalten eines mittleren Rotfilters, was allerdings bei manchen Motiven eine Zusatzbeleuchtung mit Kunstlicht bedingt. Der Rotfilter deckt bei diesem Verfahren das Tageslicht ab, und das Kunstlicht hebt den Vordergrund genügend hervor.

Die Flora und Fauna der UW-Welt mit ihrer enormen Farben- und Formenvielfalt wirkungsvoll im Film zu erfassen, ist eines der großen Anliegen des UW-Filmens. Die Erfahrung hat gezeigt, daß

man, um den besten Eindruck dieser Formen und Farben zu vermitteln, UW-Szenerien nach Möglichkeit nicht von oben her, d. h. zum Grund hin, aufnehmen sollte. Schon von Natur aus karge Korallen- oder Felsformationen mit spärlichem Bewuchs wirken, wenn sie direkt von oben gefilmt werden, noch flacher und kontrastloser. Eine bedeutend anschaulichere Darstellung ergibt sich, wenn man die UW-Kamera so führt, daß sich Felsen und Pflanzen gegen den Hintergrund des freien Wassers gut abheben. Deshalb sollte man eher leicht schräg vom Grund aufwärts filmen, oder doch mindestens mit der Kamera in der Motivhöhe bleiben. Bei Fahrtaufnahmen ist vorteilhafter, nicht geradewegs auf eine Felswand loszuschwimmen, sondern an ihr entlang zu ziehen. Dadurch wird der Beschauer während der Fahrt mit immer neuen UW-Szenerien bekanntgemacht, so daß die Einstellung, statt langweilig zu werden, spannend bleibt.

Für UW-Fotografen besteht beim Übergang zum UW-Filmen die Gefahr, immer wieder einen Fehler zu machen, den der Fachmann beim Betrachten ihres gedrehten Filmmaterials gleich erkennt: Sie vergessen den Grundsatz »Filmen ist Bewegung« und sehen das zu filmende Motiv fotografisch in einzelnen Bildern. Dann reiht sich Standbild an Standbild, während die Möglichkeiten, eine bewegliche Kamera zu demonstrieren, ungenutzt bleiben. Wem diese Gefahr bewußt ist, der wird sie auch zu vermeiden wissen.

Als ausgesprochen projektionswirksam erweist sich stets der schnittlose Übergang von Über- auf Unterwasser-Aufnahmen und umgekehrt. Dazu muß die Frontscheibe der UW-Kamera absolut sauber und trocken sein, da jeder daran hängende Wassertropfen zu Verzerrungen und Unschärfen führt. Deshalb muß die Scheibe, wenn solch eine Einstellung verwackelt oder aus irgendeinem Grunde nicht gelungen ist, vor der Wiederholung völlig trockengerieben werden. Das tut

man am besten zunächst mit einem Handtuch, das die meiste Nässe aufnimmt, worauf mit einem Ledertuch nachpoliert wird. Wer zu dieser Prozedur keine Lust oder Zeit hat, spuckt vor dieser Einstellung einfach einmal kräftig auf die Frontscheibe der Kamera, verreibt den Speichel und spült kurz im Wasser ab. Auch mit diesem Trick läuft das Wasser schlierenfrei ab.

Für den eigentlichen Schwenk vom Überwasser- auf den UW-Bereich sucht man sich eine geeignete Stelle aus. Am günstigsten ist eine schlammfreie Grundfläche in etwa brusttiefem Wasser, wo die Flossen des Kameramannes keine Ablagerungen aufwirbeln können. Bei Kameras ohne Belichtungsautomatik muß vor Beginn der Einstellung die Blende über und unter Wasser ermittelt werden. Ergibt sich über Wasser Blende 11 und unter Wasser Blende 5,6, so nimmt man am einfachsten den Mittelwert mit Blende 8. Will man es aber ganz genau machen, was allerdings schon einige Routine im Gebrauch von Tauchausrüstung und UW-Kamera voraussetzt, so kann auch hier, wie für den Fahrstuhleffekt beschrieben, die Blende synchron zum gesamten Schwenk von 11 auf 5,6 gezogen werden. Diese, die Aufnahme erschwerenden Komplikationen fallen natürlich fort, wenn die verwendete Kamera mit Belichtungsautomatik ausgestattet ist. Nachdem alle Vorbereitungen getroffen sind, steht der Kameramann an der gewählten Stelle bis zur Brust im Wasser, das Mundstück des Schnorchels oder des Tauchgerätes bereits im Mund. Die Kamera wird auf das ausgesuchte Motiv am Ufer eingerichtet, und dann wird gedreht: Man hält mindestens sechs Sekunden lang (mitzählen) auf das Landmotiv, um dann, ohne zu rucken oder zu wackeln, ganz allmählich zum Wasser hinabzuschwenken und gleichzeitig nach und nach in die Hocke zu gehen. Langsam durchbricht die Kamera die Wasseroberfläche, und nun

Schnittlose Übergänge von Über- auf Unterwasser sind, wenn sie gut gemacht sind, stets eindrucksvoll und lassen sich auch gut zur Verbindung von Handlungskomplexen einsetzen.

Gegenüberliegende Seite: Ausnahmen bestätigen die Regel: Diese Aufnahme bezieht ihre Wirkung aus der Sicht von oben. Die Steinkugel fanden wir bei archäologischen Arbeiten um Zypern.

gleitet man unter Wasser ruhig auf ein UW-Motiv zu.

Wie man bald feststellen wird, ist diese Einstellung nicht ganz einfach auszuführen. Um Filmmaterial zu sparen, empfiehlt es sich deshalb, besonders die Phase des Übergangs aus der Hocke zur Schwimmbewegung für die Fahrtaufnahme ein paarmal zu probieren.

Natürlich läßt sich dieser Übergang auch in um-

gekehrter Reihenfolge, also vom UW- auf den Überwasserbereich, herstellen. Dazu muß aber die Frontscheibe der UW-Kamera vorher so präpariert werden, daß das Wasser nach dem Auftauchen unverzüglich abläuft und keine Schlieren und Tropfen bildet. Speichel auf der Scheibe zu verreiben und wieder abzuspülen oder ein das Wasser entspannendes Waschmittel aufzutragen und ebenfalls wieder abzuspülen, sind zwei Möglichkeiten, um nach dem Auftauchen aus dem Wasser sofort zu einem klaren Bild zu kommen.

Soviel Mühe diese schnittlosen Übergangs-Einstellungen machen, so eindrucksvoll wirken sie als Gag später auf den Zuschauer.

Während beim Filmen an Land die verschiedenen Kameraeinstellungen als Totale, Halbtotale, Halb-Nahaufnahme, Nahaufnahme, Großaufnahme und Ganzgroßaufnahme ziemlich klar definiert werden können, sind die Grenzen unter Wasser nur schwer exakt zu ziehen und eher fließend. Denn unter Wasser haben wir die einzigartige Situation der absoluten Schwerelosigkeit, und die müssen wir nutzen. Intensiv nutzen, denn kein

Kleines Drama im großen Meer. Was hat den Fisch veranlaßt, ins Netz zu gehen, das wenige Zentimeter weiter endet. Foto: Jürgen Siegmund.

Auch Nahaufnahmen wie hier von einem Seeskorpion aus der Ostsee können Höhepunkte in einem UW-Film sein. Foto: Jürgen Siegmund.

Kameramann kann an Land die Kamerabewegungen nachvollziehen, die unter Wasser möglich sind. An dem Beispiel eines Tauchers, der eine Schirmkoralle untersucht, seien ein paar Möglichkeiten angedeutet. Aus der Sichtgrenze des Wassers kommt die UW-Kamera auf den Taucher von vorne zugefahren, steigt hoch und umkreist den Taucher auf gleicher Höhe von links nach rechts oder umgekehrt, fährt für eine Großaufnahme dicht an die Koralle heran, verharrt 3–6 Sekunden und fährt langsam zurück in die Halbnahposition, um seitlich Taucher und Koralle zu zeigen, die sich fast plastisch vom Hintergrund des freien Wassers abheben. Dann schwingt sich die Kamera hoch, überfliegt das Motiv und dreht bei der Schlußeinstellung genau in die aufsteigenden Luftblasen hinein, so daß ein natürlicher Szenenübergang entsteht. Das Ganze ist als durchgedrehte Szene gedacht. Natürlich kann man die Aufgabe auch, wie an Land üblich, in Totale, Halbtotale, Nah- und Großaufnahme zerhacken, aber der herrliche Fluß ist hin. Das Miterleben der Schwerelosigkeit durch den Zuschauer ist bei Auflösung der Szene in konventioneller Manier nicht so gegeben, wie es bei Ausschöpfung der Kamerabeweglichkeit unter Wasser möglich wäre. Deshalb überlegen Sie bei jeder Einstellung, ob und wie Sie die Möglichkeiten, die das Phänomen der Schwerelosigkeit dem filmenden Taucher bietet, einsetzen und ausnutzen können. Ich habe noch gut die ersten Filme des amerikanischen UW-Fotografen Peter Stakepoole in der Erinnerung. Auch die Filmkamera hielt er traumhaft ruhig, aber er sah die Motive als Fotograf, statisch und mit unbeweglicher Kamera. UW-Fotografieren aber hat mit UW-Filmen nichts zu tun, außer daß in beiden Apparaten Film belichtet wird. Das Foto bezieht seine Wirkung durch den Bildaufbau, durch Vorder-, Mittel- und Hintergrund, durch den Bildausschnitt, durch die Farbkomposition und nicht zuletzt durch das Motiv. Um dies zu beurteilen, stehen dem UW-Fotografen zusätzlich zur Kontrolle der rein fototechnischen Details wie Blende, Zeit, Entfernung und Blitz manchmal nur Bruchteile von Sekunden zur Verfügung. Denn die weitaus meisten UW-Fotos sind nun einmal Schnappschüsse. Das Dia wird als Einzelbild betrachtet, wobei zuerst die einfachen, geschlossenen und kontrastreichen Formen und Farben wahrgenommen werden. Erst in zweiter Linie erfolgt eine Differenzierung auch des Gesamteindrucks auf unser Auge. Der Film lebt von der Bewegung, von ständig wechselnden Aktionen und Motiven.

Motive, Dekorationen, Kulissen

Die UW-Welt der Gewässer verfügt über eine solche Vielfalt von Motiven, deren Formen- und Farbenreichtum auch den verwöhnten Filmer immer wieder fasziniert. Nicht nur die tropischen Gewässer meine ich, wo man das bunte Leben am Korallenriff einfach mit »Draufhalten« der Kamera in vielfältigen Formen einfangen kann. Auch die spröden Bergseen, die herbe Ostsee oder gar die rauhe Nordsee haben einen unverwechselbaren Charakter und einen eigenen Charme. Ins Wasser gestürzte Tannen, von Schleimalgen wie mit jahrhundertealten Spinnweben umsponnen, strahlen eine scheinbar ewig während Ruhe aus, die von Mozartscher Musik, gar auf dem Spinett gespielt, noch weiter ins Sphärische gesteigert werden kann.

Hauptmotiv jedoch ist und bleibt die Flora und Fauna der Gewässer. Welche Ästhetik der Bewegungen strahlen z. B. Fische wie Rochen, Muränen, Haie oder auch so prosaische Speisefische wie Scholle und Aal aus. Hier bietet sich förmlich Ballettartiges, musikalisch entsprechend ernst oder lustig pointiert, an. Oder welcher Taucher könnte sich der Faszination eines Wracks entziehen, das 10 Jahre oder länger auf dem Grunde des Meeres ruht? So ein echtes Wrack ist eine Kulisse, die sich in ihrer Originalität in keinem Schwimmbad nachbauen läßt. Das sah auch Regisseur Dr. Braun ein, als ich für ihn den UW-Komplex einer Folge der Zirkusserie »Salto Mortale« realisieren sollte. So reiste ich mit 2 Assistenten und der ganzen Ausrüstung im Wagen nach Korfu. Dort liegt das Wrack eines 5000 t-Frachters in 37 m Tiefe. Zwischen den bizarr bewachsenen Aufbauten und an Deck spielt eine

Szene, in deren Verlauf ein gescheiterter Trapezartist (Helmut Lange) sich als Darsteller unter Wasser versucht. Aber er verunglückt und wird in letzter Minute vom UW-Kameramann mittels Rettungsweste zur Oberfläche transportiert. Natürlich wurde Helmut Lange ebenso wie der UW-Kameramann von meinen Assistenten gedoubelt. Ich selbst bediente die große 35 mm-Kamera und führte Regie bei diesem UW-Komplex, dessen Hintergrund ein echtes altes Wrack bildete.

Nicht immer hat man aber ein geeignetes echtes Wrack zur Hand. So erging es mir bei den Vorbereitungen zum Kinofilm »Haie an Bord«, der um Sardinien herum gedreht wurde. Gebraucht wurde ein kleiner Kutter, der durch eine Maschinenexplosion auf Grund gegangen war. In einem Fischerdorf fanden wir am Strand das Vorderteil eines alten Fischerbootes. Mit Kranwagen und LKW wurde das wichtige Requisit zum Hafen von Porto Cervo gekarrt und dort ins Wasser gelassen. Mit dem Schlauchboot ging der Transport dann weiter zum Drehort um die Ecke, den ich vorher schon ausgesucht hatte. Meine Assistenten brauchten einen ganzen Tag und eine Menge Felsbrocken als Ballast, bevor unser Wrack filmgerecht in die UW-Landschaft eingefügt war. Mittlerweile haben wir eine Menge Erfahrung in diesen Dingen.

Bei Nizza haben wir einmal ein ganzes Flugzeug versenkt und nach dem Abdrehen der UW-Szenen wieder geborgen und an den Schrotthändler, der es geliefert hatte, zurückverkauft. Was tut man nicht alles, um Produktionskosten zu sparen. Manchmal gerät man aber auch an Produzenten, die alles besser wissen. Für den Spielfilm »Ein toter Taucher nimmt kein Gold«, nach einem Schmöker von Konsalik, sollten diverse Aufnahmen in einem Wrack aus dem 17. Jahrhundert gedreht werden. Das Ganze fand auf Wunsch des Co-Produzenten im Bauch eines alten Fischkutters statt, der abseits an einer alten Pier im Hafenbecken von Kapstadt lag. Wochenlang hatte man in den ehemaligen Fischräumen schon herumgezimmert, und wenn man durch die enge Luke stieg, sollte einem das kalte Grausen über den Rücken laufen. Das tat es bei mir auch, als ich sah, wie schlecht hier mit Plastikgerippen, einigen Möbeln vom Sperrmüll und Imitationen von alten Rüstungen das Innere eines spanischen Goldschiffes nachempfunden worden war. Der inzwischen eingetroffene Hauptproduzent Hartwig traf dann auch gleich den Kern der Sache: »Det sieht aus wie 'ne Küche aus Berlin-Wedding.« Einige Dinge wurden geändert, und dann rauschte ein dicker Strahl Leitungswasser aus dem Hydranten ins Goldwrack. Am Morgen gab es betretene Gesichter bei den Produzenten, aus dem klaren Leitungswasser war eine braune Suppe mit Fischresten und Sägespänen geworden. Mehrmals wurde Wasser aus- und eingepumpt, dann konnten wir endlich drehen. Aber – dem Verleih war später das ganze Dekor und Gestühl nicht mehr attraktiv genug. Das spanische Goldwrack sollte noch einmal gedreht werden, in Deutschland und in einer Schwimmhalle. Ein Filmarchitekt traf ein und baute mit Fachleuten vom Theater ein traumhaftes Wrack aus Spanplatten und Holzleisten zusammen. »Ob man die Teile nicht lieber einzeln und unter Wasser und mit Bleigewichten und so?« fragte ich und wurde nicht einmal beachtet. Am nächsten Morgen um 10 Uhr genossen meine Mitarbeiter und ich ein erhebendes Schauspiel. Am Beckenrand stehend, die Finger am Schalter des Kranes, in dem das 12 × 8 m große spanische Wrack hing, erlebte unser Filmarchitekt Neues. Auf halbe Wassertiefe abgesenkt, besinnen sich Spanplatten und Holzleisten ihres Auftriebs. Langsam und mit filmgerechtem Gurgeln schweben antike Schiffsplanken, Türen, Ballen und Plastikknochen in buntem Wirrwarr zur Oberfläche. Fünf Stunden brauchen 6 Taucher, um die schönen Kulissen mit Hilfe von Bleibarren, Nägeln und Stricken wieder am Beckengrund zu verankern. In 2 Stunden hatte ich alle Einstellungen abgedreht. Sollte der Film »Ein toter Taucher nimmt kein Gold« noch einmal irgendwo gezeigt werden, so hoffe ich, daß ich Ihnen keine Illusionen genommen habe.

Einmal wurde ein komplettes Maleratelier unter Wasser gedreht. Im Fernsehspiel »Jonas – oder der Künstler bei der Arbeit« spielte Walter Giller einen etwas versponnenen Maler, der in Traumvisionen zu einer UW-Party ins Atelier einlädt. Alle Dekorationen waren aus wasserfestem Material und durch ein Stahlgerüst gesichert. Telefon, Blumenvasen und Bilder wurden von uns nachträglich installiert, ebenso Stühle mit Perlonfäden auf Bildmitte fixiert. Eine ungewöhnliche Atmosphäre entstand, in der sich Komparsen und Schauspielerinnen wie Elke Aberle, die als Partygäste agierten, unter Wasser in anerkennenswerter Ungezwungenheit bewegten. Zwei meiner Taucher standen natürlich immer als Sicherung mit kompletter Ausrüstung bereit zum Eingreifen. Pech hatten wir in Spanien, als ich im Golf von Rosas für eine Folge der TV-Serie »Die Tintenfische« ein Amphorenscherbenfeld aufbauen ließ. Die Scherben hatte ich mir mit viel Überredungskunst von meinem Freund Foerster Laures aus Barcelona geborgt. Scheinbar waren wir bei den Vorarbeiten aber beobachtet worden, denn am nächsten Morgen fehlten diverse Scherben, u. a. auch neue Krüge, die wir einen Tag vorher in der Töpferstadt La Bisbal gekauft hatten. So in der Klemme, kauften wir von einem Fischer für gute Peseten neue, echte Scherben. Von der Stückzahl her vollständig, schaffte der Produzent auch alles wieder nach Barcelona zu Foerster Laures. Dieser war schwer zu besänftigen, denn als Archäologe hatte er sofort erkannt, daß es sich teilweise um völlig andere Amphorenscherben handelte. Man sieht, beim Filmen unter Wasser ist einiges zu bedenken.

Requisiten

Auch der Amateurfilmer wird sich sicher hin und wieder um Requisiten für den UW-Film kümmern müssen. Und sei es nur, daß er eine besonders fotogene Tauchmaske für seinen weiblichen UW-Star aussucht. Die Italiener produzieren da besonders schicke Modelle, die vor allem die Augenpartie gut zur Geltung kommen lassen. Zur Unterscheidung von Gut und Böse empfiehlt sich unter Wasser auch die Verwendung verschiedenfarbiger Tauchanzüge. In der Serie »Die Tintenfische« habe ich die beiden Unterwasserdetektive Pit und Tomy mit silbern gespritzten Neoprenanzügen ausgerüstet. Für Notfälle hatten Sie auch eine Spezialwaffe griffbereit am Tauchgerät, einen normalen Sodasyphon mit Eosin und doppelten Kohlensäurepatronen gefüllt. Dies gab ihnen die Möglichkeit, sich in kitzligen Situationen einzunebeln, daher auch der Name: »Tintenfische«. Doppelte Kohlensäurepatronen mußten sein, da der umgebende Wasserdruck etwas von der Sprühkraft schluckt, die aber so wieder angeglichen wird. So einen Syphon kann man auch gut zum Verspritzen von Blutersatz (Fuchsin) bei der Gestaltung von Unfällen verwenden. Kürzlich hat sich dieser Trick wieder bewährt, als ich in der »Derrick«-Folge »Der Mann aus Portofino« Lotte Hass eine tödliche Beinverletzung durch eine Schiffsschraube »andrehen« mußte. Mit Hilfe von dünnen Filetsteaks, Spezialkleber und ein paar Tuben roter Ölfarbe zauberte die Maskenbildnerin Beinwunden, die an grausiger Realität nichts zu wünschen übrig ließen.

Wer in seinem Drehbuch neben Originaldrehorten auch verschiedene Requisiten benötigt, sollte sich rechtzeitig zu Hause über Art, Funktion, Farben und Beschaffenheit Gedanken machen. Was man bei uns in jedem Kaufhaus bekommt, ist auf Mallorca oder im Sudan meist schon eine Rarität. Will man z. B. die dunkelhaarige Freundin zur bildwirksamen blonden Nixe werden lassen, so kann man ruhig eine entsprechende Perücke aus blondem Kunsthaar einsetzen. Viel wichtiger als die Qualität der Perücke (wer mehr Aufwand treiben kann, nimmt eben eine zum Typ passende aus echtem Haar) ist die richtige Befestigung auf dem Kopf der Taucherin. Will man mitten in der Dreharbeit keine bösen Überraschungen erleben, so muß die Zweitfrisur an Land sorgfältig festgesteckt werden, so daß ein Verrutschen auch in der heißesten Aktion vermieden wird. Das Halteband der Tauchmaske sollte als Befestigungsmöglichkeit nicht ungenutzt bleiben. Im Extremfall, bei Springen ins Wasser z. B., habe ich die Perückenränder sogar ankleben lassen. Mit Aceton läßt sich später fast alles wieder lösen. Wie man

Tauchakteure für Film- und Fotoaufnahmen aus der breiten Masse der »Auchtaucher« wirksam und einprägsam heraushebt, hat Cousteau in unzähligen Filmen anschaulich demonstriert. Seine in Kunststoffschalen gekapselten Preßluftgeräte haben, kombiniert mit Lampenhelm und streifigem Neopreneanzug, einen neuen Typ von Taucher kreiert. Vor Cousteau hatte allerdings Walt Disney in seinem Film »20 000 Meilen unter dem Meer« Ähnliches gezeigt. Auch seine über den Meeresgrund stapfende Nautilusbesatzung war mit auf altertümlich getrimmten, normalen Preßlufttauchgeräten ausgerüstet. Bei solchen Filmaufnahmen mit modifizierten oder unüblichen Tauchgeräten und Ausrüstungen sollte man den Sicherheitsaspekt nicht vernachlässigen. Für jeden solchen Darsteller sollte mindestens ein Sicherheitstaucher mit Rettungsweste hinter dem Kameramann bereitstehen.

Bei einem Messerkampf, den mein früherer Assistent Peter A. Reiserer mit Sauerstoffkreislaufgerät (Lt. Lundt) gegen einen Preßlufttaucher ausfechten mußte, wurde ich selbst zum Sicherheitstaucher. Gegen Ende der Hauptszene sackte Reiserer zum Grund ab, wie auch vorher besprochen. Als er dann aber auf mein Handzeichen nicht mehr reagierte, brachte ich ihn schnellstens ans nahe Ufer, wo er nach kurzer Zeit wieder zu sich kam. Im Eifer des Kampfes hatte er übersehen, daß sein Sauerstoffvorrat verbraucht war, und erlitt als Folge einer CO_2-Vergiftung urplötzlich eine Bewußtlosigkeit.

Will man Dramatik durch Zeitnot darstellen, so empfiehlt es sich, Tiefenmesser, Dekompressiometer oder Finimeter so zu präparieren, daß man die »große Tiefe«, die »hohe Stickstoffsättigung« oder die knappe »Restluft« für die Großaufnahmen dieser Instrumente unter Wasser einstellen kann. Zu diesem Zweck muß man die Geräte in der Regel öffnen, wodurch sie häufig unbrauchbar werden für ihre normale Aufgabe. Behelfen

kann man sich durch wasserfestes Aufkleben einer entsprechend der Aktion gestalteten zweiten Skala mit entsprechender Zeigerstellung. Auch poröse Faltenschläuche sollte man nicht wegwerfen. Zum Durchschneiden beim dramatischen Taucherkampf um die Schatzkiste sind sie immer noch gut. Natürlich läßt der Regisseur nur den Ausatemschlauch durchtrennen, so garantiert das Ventilmundstück auch dem Verlierer noch genügend Atemluft, um nach Ende der Dreharbeiten seine Gage selbst in Empfang nehmen zu können. Obgleich bei UW-Filmern und -Fotografen von Harpunen nicht mehr gesprochen wird, kann es nötig sein, solch ein Mordinstrument einsetzen zu müssen, weil der Filmstoff es erfordert. Der Umgang mit Gasdruck-, Federdruck- oder Gummistrangharpunen ist gefährlich, und niemals sollte eine gespannte Harpune, auch nicht im gesicherten Zustand, auf einen Menschen gerichtet werden. Alle Harpunen haben einen unterschiedlichen Streuwinkel, und Effektschüsse in Richtung Kamera sollten nur mit Fernauslöser gemacht werden. Das gleiche gilt für den Einsatz von sogenannten »Powerheads«, auf den Pfeil montierte Aufsätze, die mit wasserdicht gekapselten »Sau- oder Rehpfosten«-Patronen bestückt sind.

Wer z. B. mit toten oder nachgemachten Fischen eine besondere Reaktion bewirken will, muß darauf achten, daß der Fisch sich auch wie im Leben bewegen kann. Für eine Dokumentation über das Haiangeln hatte ich schon alle Aufnahmen auf Helgoland abgedreht, bis auf den kämpfenden Hai an der Angel – den Höhepunkt des Films. Erst Wochen später wurde einer gefangen und für mich in die Kühltruhe gelegt. Wieder aufgetaut und von einem kräftigen Angler vor meiner UW-Kamera hin- und hergerissen, wurde er zum Höhepunkt des Films – kein Zuschauer hat je etwas gemerkt.

Ist das Filmthema aber lustig und humorvoll angelegt, so kann man sich gut mit stilisierten Requisiten behelfen. So trug eine aus Holz gefertigte Muräne, die immer wieder den Helden in den Hintern biß, wesentlich zum Gelingen des Filmes »Minibond« meines Freundes Horst Laskowsky (Lasko) aus Berlin bei.

Klein-U-Boote sind schon Requisiten, die wohl der normale Amateur kaum wird einsetzen können. So was läßt sich auch mit etwas Basteltalent viel billiger im Aquarium abdrehen. Beim Profifilm habe ich aber mehrfach mit solchen schwimmenden »Särgen« arbeiten müssen. Bei der Folge »Alarm auf dem See« der 13teiligen TV-Serie »Die Tintenfische« spielte ein kleines U-Boot die Hauptrolle. Das U-Boot wird zwei Kindern zum Verhängnis, die damit abtauchen und sich in einem bayrischen See unter Baumstämmen verheddern. Für diesen Film brauchten wir eine Halbtotaleinstellung, in der man exakt sieht, wie die Kinder, ein 6jähriges Mädchen und ein 11jähriger Junge, die Plexiglaskuppel von innen verriegeln und mit dem U-Boot untertauchen. Nur für diese eine Einstellung bauten wir am Ende eines Bootssteges aus Stahl und Holz eine spezielle Senk- und Hebeanlage für das U-Boot. Um das Risiko abzudecken, daß die Kinder die Plexiglaskuppel nicht wieder selbst entriegeln konnten, stand ein Spezialtrupp mit entsprechendem Werkzeug bereit, mußte aber nicht eingreifen.

Tricks und Gags

Es ist längst allgemein bekannt, daß nirgendwo soviel getrickst, gedoubelt, getürkt und mit doppeltem Boden gearbeitet wird wie beim Film. Und so ist es absolut nicht verwunderlich, daß sich auch der UW-Film, wo immer es nötig ist, der vielseitigen Möglichkeiten von Tricks und Gags bedient. Und zwar als absolut legales Mittel, um Aktionen zu zeigen, die sonst nur sehr teuer, unter Lebensgefahr oder überhaupt nicht darzustellen sind. Aktuelles Beispiel ist die Verfilmung des Romans von Peter Benchley »Der weiße Hai« (Jaws). Wie schwierig es ist, die über 7 m lange »Freßmaschine« der Gattung Carcharodon Carcharias vor die UW-Kamera zu bekommen, hatte schon vor einigen Jahren der Amerikaner Peter Gimbel erfahren müssen. Fast ein Jahr lang hatte er mit seinem Team die Meere abgegrast, bevor es ihm gelang, den echten Killerhai in dem Dokumentarfilm »Blaues Wasser – weißer Tod« auf die Leinwand zu bringen. Obgleich die von Benchley erdachte und von Regisseur Spielberg ins Bild gesetzte Bestie Hai nur eine 150 000 Dollar teure, mechanisch gesteuerte Attrappe in 3 Versionen ist, verfehlt sie ihren schockierenden Eindruck auf den ahnungslosen Kinogänger ohne Hintergrundinformation nicht. Aber anders als mit einer genau steuerbaren Imitation ist es auch kaum möglich, solche auf Wirkung kalkulierten Reaktionen in die Kamera zu bekommen. Gar nicht so lange nach Kriegsende, in den frühen 50er Jahren, beschäftigte sich der damals noch sehr gesunde deutsche Spielfilm mit einigen Themen, die auch UW-Einstellungen erforderlich machten. Nun hatten die Amerikaner zu diesem Zeitpunkt schon eine stattliche Reihe von Dokumentation- und Spielfilmen gedreht und verfügten über ein beachtliches »know how« auf diesem Spezialfilmsektor. Aber das ließen sie sich auch bezahlen und waren darum für deutsche Produzenten doch ein paar Gagennummern zu groß.

So kam der Münchner Sporttaucher Klaus Wissel ins Filmgeschäft. Wissel, der vielseitig und von schneller Auffassungsgabe war, hatte sich schon mit einigen hervorragenden UW-Dokumentarfilmen aus den bayrischen Bergseen und den Donaualtwassern einen Namen gemacht. Ihm gelangen mit einer 16 mm-UW-Bolex auch im Atelierbecken Aufnahmen, die den Spielfilm »Zwischen Zeit und Ewigkeit« auch für die Sporttaucher interessant machten. Leider, muß man heute wohl sagen, drehte man damals solche UW-Szenen vorwiegend im Atelierbecken ab. Und als »tierischen« Darsteller verwendete man einen Zackenbarsch aus Gummi. Das fiel natürlich auch dem Laien sofort auf. Heute ist es kein Problem, einen echten Zackenbarsch aus der Hand zu füttern. Die Karriere des hochtalentierten Klaus Wissel endete übrigens tragisch. Er verunglückte 1957 auf der Xarifa-Expedition von Hans Hass im Roten Meer tödlich. Aber der deutsche Film hatte noch einige Stoffe mit UW-Szenen auf dem Produktionsprogramm. Gemeinsam mit Wissel hatte sich auch der Hamburger Ingenieur und Fachjournalist Peter Müller mit dem UW-Filmen befaßt. Er realisierte in kurzer Zeit die UW-Komplexe für die Spielfilme »Nacht fiel über Gotenhafen«, »Haie und kleine Fische« und »Der Mann im Strom« mit dem unvergessenen Hans Albers in der Hauptrolle. Obgleich die UW-Kamera damals von einem schweren Stativ aus bedient wurde

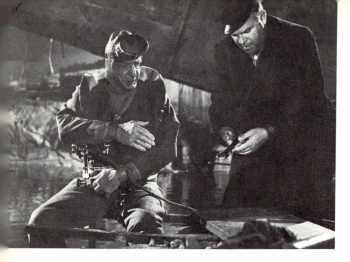

und die Möglichkeiten einer dreidimensionalen Kameraführung nicht einmal angedeutet wurden, gelangen Peter Müller in »Haie und kleine Fische« eindrucksvolle Szenen, die auch von versierten U-Bootfahrern als beklemmend empfunden wurden. Aber auch damals arbeitete man schon mit Tricks und Gags. Hier ein von Peter Müller beschriebenes Beispiel:

Für den Film »Haie und kleine Fische« wurde ein U-Boot-Notausstieg aus vierzig Meter Tiefe verlangt. Die UW-Beleuchtung war bereits ausreichend, und bei völlig abgedunkeltem Atelier blieben wir von den verräterischen Sonnenkringeln verschont. Wie aber soll einer nach dem anderen von der Besatzung aus dem Turmluk an der Führungsleine zügig nach oben aus dem Bild verschwinden, wenn über dem Bildfeld nur noch vierzig Zentimeter Wasser stehen? Hier half der »Paternostertrick«. Dicht über der Wasseroberfläche hing ein Griffkreuz an einem Seil, daß über

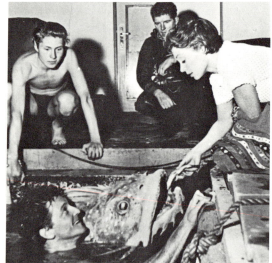

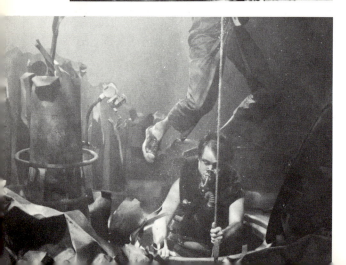

Links oben. In dem Film »Mann im Strom« nach dem Roman von Siegfried Lenz spielte Hans Albers einen alternden Berufstaucher. Sein junger Gegenspieler war Helmut Schmid, mit dem ich später eine Fernsehserie drehte.

Mitte. Das wohl hoffnungsvollste Talent im Deutschen Tauchsport, der Münchner Klaus Wissel, realisierte mit einer 16 mm Bolex die ersten UW-Szenen in dem Spielfilm »Zwischen Zeit und Ewigkeit« mit Lilli Palmer und Carlos Thompson. Klaus Wissel (im Hintergrund) verunglückte 1957 beim Tauchen im Roten Meer tödlich.

Links unten. Szenenbild aus dem Film »Haie und kleine Fische«. Fotos: Peter Müller.

eine Rolle seitlich zu einem Elektrokarren führte. Sobald die Hände des ersten Aufsteigers die Wasseroberfläche durchstießen, packten sie das Griffkreuz – der Elektrokarren zog an und hievte den Mann langsam in die Höhe, bis seine Füße aus dem Blickfeld der UW-Kamera verschwunden waren. Kräftige Fäuste rissen ihn auf eine Arbeitsbühne, von deren Ende er wieder ins Wasser sprang und unter den Turm tauchte, um als Nr. 3 erneut zu erscheinen, während Nr. 2 vom Elektrokarren auf die gleiche Weise herausgeholt wurde. So konnten zwei Mann in dreimaligem Umlauf ohne Filmschnitt sechs Aussteiger darstellen, ehe der Schauspieler Wolfgang Preiss als letzter Mann seinen Part zu bringen hatte, bei dem er sich in den Trümmern verhakt, den Tauchretter zerreißt und ertrinkt.

Inzwischen haben sich UW-Szenen dieser und ähnlicher Art mehr und mehr ins Freiwasser verlagert. Nicht zuletzt, weil die Umgebung doch echter wirkt als im Atelierbecken, aber auch aus Kostengründen.

Vor einiger Zeit mußte ich mich bei den UW-Szenen für den Kinofilm »Ein toter Taucher nimmt kein Gold«, die vor Mauritius gedreht wurden, mit dem Thema Haiaufnahmen im Spielfilm befassen. Obgleich ich die Problematik mehrmals darlegte, war der Produzent nicht von »echten« Haiaufnahmen abzubringen. Um es kurz zu machen, wir bekamen keine Haie zu Gesicht, und wenn wir welche gesehen hätten, dann schwimmen sie nun mal nicht so herum, wie das Drehbuch es möchte. Darum mußte ich einen Trick anwenden, um die gewünschten »gefährlichen« Haiszenen in den Kasten zu bekommen. Eine Prämie wurde ausgesetzt, und schon am nächsten Tag verfügten wir über einen kapitalen Hammerhai – 3 m lang und 150 kg schwer. Diesen Hai ließ ich am Drehort unter Wasser zwischen Haikäfig und Goldwrack ablegen. Nun wurde der tote Hai von meinem Assistenten mit Angelsehne so unter ein leichtes Plastikfloß gehängt, daß er etwas über dem Grund schwebte und schon aus 2 m Entfernung ziemlich lebendig aussah. Während ein Taucher an der Oberfläche das Plastikfloß schob und dirigierte, zog ein zweiter Taucher mit einer Perlonschnur den Hai in die von mir gewünschten Positionen. Da das Knorpelskelett des Hais sehr elastisch ist, hatte man tatsächlich den Eindruck, daß der Fisch mit dem Schwanz schlägt. So kamen wir zu brauchbaren Haiaufnahmen mit Tauchern, die von Laien auch nicht als Trick erkannt wurden, zumal diese Szenen noch mit kurzen Einstellungen kleinerer, aber lebender Haie unterschnitten waren. In demselben Film sollte auch noch ein Kampf zwischen einem großen Kraken und einem Taucher gezeigt werden. Obgleich ich für Gummikraken nichts übrig habe und wir nicht im entferntesten solchen Aufwand treiben konnten wie Walt Disney mit seinen Riesenkraken in dem Film »20 000 Meilen unter dem Meer«, reizte mich diese Aufgabe. Zudem hatte sich der Requisiteur wirklich Mühe gegeben und drei große, ungemein echte Krakenarme gebastelt. Während die Großaufnahmen von einem kleinen echten Oktopus im Aquarium von Durban gedreht wurden, mühte ich mich unter Wasser mit den Totalen und Halbtotalen herum. So ließ ich aus einer Korallenhöhle heraus die von zwei Tauchern bewegten Krakenarme nach dem ahnungslos vorbeischwimmenden Hauptdarsteller greifen. Im Umschnitt bin ich mit der Kamera selbst der Krake und lasse den Taucher kämpfen und die nach ihm greifenden Riesententakel abwehren. In der Schlußphase spritzen wir noch schwarze Flüssigkeit aus einem Syphon an der Kamera vorbei, die Impression eines riesigen Kraken, mit entsprechenden Geräuschen unterlegt und mit Großaufnahmen aus dem Aquarium durchsetzt, wurde so spannend und durchaus vertretbar dargestellt.

Nun ist es beim Profifilm so, daß die unterschiedlichsten Probleme an einen herangetragen wer-

So gefährlich der Riesenkrake auch im Film aussieht – so harmlos ist er an Land. Die von einem geschickten Requisiteur angefertigten Tentakel wurden unter Wasser von einem Assistenten bewegt.

Fotos rechte Seite: Eine Rauferei unter Wasser wird inszeniert. Da alle Bewegungen durch Wasser gebremst werden, dreht man besser im 16er oder gar 12er Gang.

den und so oder so realisiert werden müssen. Das Drehbuch oder das Filmkonzept verlangt einfach, daß ein bestimmter Komplex, der in meinem Fall nun einmal unter Wasser spielt, für möglichst wenig Geld realisiert wird. So benötigte Regisseur Guhtke für den Vor- und Nachspann der Stevensonschen Märchenoper »Der Flaschenteufel« neben verschiedenen anderen UW-Einstellungen etwas Spezielles. »Ich stell mir das so vor, Herr Krause, auf dem Meeresgrund liegt seit -zig Jahren eine von Muscheln und Seepocken bewachsene Flasche. Ich hab' da an so einen alten 50 l-Demion gedacht, wissen Sie. Die Flasche liegt ganz ruhig auf dem Grund, und plötzlich – ich brauch' das übrigens als Untergrund für den Schrifttitel beim Vor- und Nachspann – leuchtet in der Flasche, die schon ewig auf dem Grund des Meeres liegt, ein rotes Feuer auf. Das rote Feuer wird heller und langsam löst sich die Flasche torkelnd vom Grund, schwebt zur Oberfläche und treibt, von unten im Gegenlicht gesehen, auf dem Wasser. Dann treibt sie an Land, wird gefunden, pipapo usw. Für den Nachspann brauch' ich das Ganze dann noch einmal, aber umgekehrt. Die Flasche kommt von der Oberfläche mit dem roten Feuer, versteht sich, sackt auf den Meeresgrund, und das Feuer verlöscht.«

Na, wie würden Sie diese Aufgabe anpacken? Ich hab' es so gemacht: Da der Produktionsetat wie immer beschränkt war, kam als Meer nur die Ostsee in Frage. Leider war die UW-Sicht so schlecht, daß wir mit unserem Schlauchboot erst nach längerer Fahrt am Strand von Eckernförde einigermaßen klares Wasser fanden. In der Brandung bekam unser 50 l-Glas-Demion, der übrigens vom Requisiteur sehr schön auf alt getrimmt worden war, ein Loch von ca. 15 cm Durchmesser. Also wieder nach Hause, in der Werkstatt das Loch mit Folie verkleben und ein neuer Anlauf. Diesmal wollte ich von Sicht und Brandung unabhängig sein und fuhr zum Olympiahafen in

Schilksee. Zwischen schönen alten Findlingen drehte mein Assistent einen kräftigen Erdnagel in den Grund. Die Flasche wurde von einer Perlonschnur, die durch die Öse des Erdnagels lief, von einem Mitarbeiter, der über uns auf dem Steg stand, gehalten. So drehte ich die erste Einstellung der geheimnisvollen Flasche ab. Dann warf mein Assistent eine rotbrennende Spezialfackel in den Hals der Flasche. Durch die Gase der verbrennenden Chemikalien bekam die Falsche Auftrieb und schwebte, vom Perlonfaden leicht gebremst, zur Oberfläche, im Gegenlicht, versteht sich. Auch der Nachspann gelang uns ähnlich gut, und der Regisseur war begeistert.

Während man bei Spielfilmen doch sehr stark vom Drehbuch in der Gestaltung bestimmter Szenen bestimmt wird, läßt die Dokumentation dem Filmer wesentlich mehr Spielraum für Ideen und Gags. Dieser Spielraum sollte besonders von den Amateuren viel intensiver genutzt werden. Ein kleines Beispiel: Für eine Dokumentation im Rahmen meiner TV-Serie »Die Unterwasserreporter berichten« wollte ich zeigen, wie ein Freitaucher in 12 m Tiefe einen Fisch harpuniert, der sich in eine Höhle geflüchtet hatte. Hier die filmische Auflösung des Geschehens in Kurzform:

Freitaucher kommt von der Oberfläche mit der gespannten Harpune in Vorhalte auf die Kamera zu. Die Kamera folgt dem Taucher, der in eine Höhle hineinschaut. Umschnitt: Kamera sieht aus der Höhle heraus, mit Felsen links und rechts als Silhouette, den Taucher von vorn. Umschnitt: Aus der Sicht des Tauchers: Mehrere mittelgroße Fische schwimmen in der Höhle hin und her. Umschnitt: Taucher hebt Harpune, zielt und drückt ab. Taucher löst sich von der Höhle und zieht die Schnur mit dem Pfeil heraus, am Pfeil zappeln zwei Fische, ein Meisterschuß! Jäger taucht mit seiner Beute auf. Der Trick: Bevor der Taucher in der letzten langen Einstellung zielt, wurden zwei Fische auf den Pfeil der gespannten Harpune ge-

steckt. So wird der starke Eindruck erweckt, als sei dem Jäger wirklich ein Meisterschuß – zwei Fische auf einmal – gelungen. Um dem Freitaucher genügend Zeit für diese letzte lange Einstellung zu geben, wurde neben der Höhle ein Tauchgerät deponiert. Aus dieser »Tankstelle« holte sich der Freitaucher zwischen den einzelnen Aufnahmen die Atemluft. Man sieht, mit etwas Regie – sprich Nachdenken – läßt sich vieles im Film darstellen, was sonst sehr schwierig zu realisieren wäre.

Aber noch ein paar Beispiele. Manchmal kommt es vor, daß das Drehbuch bei einem Kampf Taucher gegen Taucher nicht das obligatorische Durchschneiden des Luftschlauches vorsieht, sondern der Gegner wird mit einem glatten Harpunenschuß erledigt. Nun hat man nicht immer einen echten Taucher zur Verfügung, der sich von so einer Harpune, und sei es auch nur ins Bein, schießen läßt. Dann muß man wieder einen Trick anwenden. Je echter so ein Schuß in Brust oder Rücken wirken soll, desto exakter muß die Einstellung geplant und vorbereitet werden. Hier eine Möglichkeit, die im Film sehr echt wirkt. Der zu ermordende Taucher wird etwas von links seitlich aufgenommen. Je nachdem ob der Schuß in die Brust oder den Rücken erfolgen soll, klemmt sich das Opfer eine Metallhülse unter die von der Kamera abgewandte Seite, von der Preßluftflasche noch leicht kaschiert. In dieser Hülse steckt der Harpunenpfeil mit ungesicherter Doppelflügelspitze so, wie es filmisch am wirksamsten ist. Am Ende des Pfeiles ist am Läufer eine Perlonschnur befestigt, die aber nicht mit im Bild erscheint. Soll es sich um einen Schuß mit einer regulären Harpune handeln, so kann die Schnur auch im Bild zu sehen sein. Sonst muß der Zuschauer annehmen, die Harpune sei speziell für einen Mord – also ohne Schnur zum Pfeil – hergerichtet worden. Jetzt wird die Kamera so eingerichtet, daß der Oberkörper des Tauchers und der Pfeil, letzterer wie gesagt mit oder ohne die Schnur, im Bild sind. Das Schnurende wird an einem Besenstiel befestigt, den ein Assistent in der Hand hält. Auf ein verabredetes Zeichen, das der Kameramann gibt, reißt der Assi den Pfeil aus der Metallhülse unter Achsel des Opfers. Sofort nach Verlassen der Hülse klappt die vorher gesicherte Doppelflügelspitze des Pfeiles auf, wird sichtbar und verschwindet aus dem Bild. Diese Aktion muß aber auch vom Opfer mit einer entsprechenden Reaktion, z. B. einem plötzlichen Aufbäumen, unterstützt werden. Nach der Entwicklung klebt man diese Einstellung einfach verkehrt herum mit den anderen Einstellungen in den Film ein. Besser ist es aber, da natürlich alles wahnsinnig schnell passiert, die Szene, wie heute bei ähnlichen Aufnahmen in Spielfilmen durchaus üblich, in Zeitlupe zu drehen. Einen kleinen Haken hat diese Methode allerdings, die Szene muß mit der umgedrehten, also auf dem Kopf stehenden UW-Kamera gedreht werden. Das so aufgenommene Filmstück wird beim beidseitig perforierten 16 mm- oder 35 mm-Format einfach umgekehrt wieder eingeklebt. Bei einseitig perforiertem Film, also bei den 8 mm-Formaten, muß das Filmstück gewendet werden, damit die Perforation wieder durchläuft. Durch die schichtverkehrte Einklebung ergibt sich eine leichte Unschärfe, die aber unbedeutend ist. Schrift sollte aber möglichst nicht im Bild sein, da sie sonst seitenverkehrt projiziert wird. Wem das alles zu kompliziert ist, der kann die kopfstehende Kamera, das Umdrehen und Wenden des Filmstückes vergessen, wenn er die eventuell sogar in Zeitlupe gedrehte Szene von einer Kopieranstalt auf der sogenannten »optischen Bank« entsprechend umkopieren läßt. Dann gibt es auch keine Probleme mit der wechselnden Filmschicht, und der Trick ist perfekt. Führt man die Handlung konsequent fort, so müßte jetzt ein Umschnitt auf den Harpunenmörder gezeigt werden. Die nächste

Einstellung zeigt wieder das Opfer, das mit letzter Kraft versucht, den Pfeil aus der Brust zu reißen – doch vergeblich – Blut quillt aus der Wunde. Diese Einstellung ist einfach. Ein abgesägter Harpunenpfeil wird auf einen dünnen Blechstreifen gelötet und mit einem Gürtel um den Körper des Opfers befestigt. Für's Blut sorgt das Opfer selbst, indem es Blutersatz (Fuchsin) aus der Hand quellen läßt. Bei dieser Einstellung placiert man das Loch im Tauchanzug in die Nähe einer Brustwarze, damit der bei der getürkten Schußeinstellung vielleicht noch skeptische Zuschauer jetzt restlos überzeugt ist, wobei ihm natürlich die Überlegung freisteht: »Wie haben Die das gemacht?«

Eine Explosion unter Wasser läßt sich da schon leichter darstellen. Mit einer plötzlich aufgedrehten Preßluftflasche, deren Druckluft über einen stabilen Schlauch in einen mit Schlamm und kleinen Steinen gefüllten Eimer geleitet wird, kann man schon eine ziemliche Explosion simulieren. Besonders wenn man möglichst nah mit der UW-Kamera an das Motiv herangeht und schnell auf eine richtige Detonation über Wasser umschneidet.

Sollten Sie in Ihrem Abenteuerfilm einmal eine Schatzkiste zeigen wollen, so lassen sich Goldmünzen, Edelsteine und Geschmeide auch preisgünstig beschaffen. Als Geld kann man billige alte Münzen gemischt mit blanken Schokoladentalern verwenden. Edelsteine lassen sich mit den viereckigen Splittern einer zertrümmerten Autoscheibe darstellen, und beim Geschmeide muß man eben auf Talmi und Modeschmuck zurückgreifen. Wundern Sie sich nicht, wieviel man von

Auch das Einnebeln hat nichts gebracht. Also Maske runter, und der Gangster wird endlich überwältigt. Standfotos aus der Serie »Die Tintenfische«.

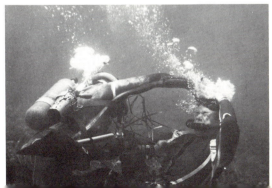

dem Zeug braucht, um so eine alte Schatzkiste zu füllen.

Obgleich im Spektrum der menschlichen Wahrnehmungsformen das Hören dem Sehen untergeordnet ist, sind beide gleich wichtig im Film zur homogenen Einheit verbunden. Deshalb ist es unerhört wichtig, daß alle diese Tricks, auch die Ihnen selbst einfallenden, mit starken Geräuschen unterlegt werden. Da aber beim Publikum eine bestimmte Erwartungshaltung vorhanden ist, die sich in ihrer Art primär an gemachten Erfahrungen orientiert, sollte man sich bei der Herstellung und Zuordnung von Geräuschen zum Bild danach richten. Jeder weiß, daß ein echter Faustschlag ganz anders klingt, als die in Wildwestfilmen gezeigten Schläge. Selbst ein mittelmäßiger Trick kann von einem starken Geräusch, synchron zum Bild angelegt, seine volle Wirkung noch bekommen.

Bei gewissen Filmthemen kommt man um Aquarium-Aufnahmen nicht herum. Die meisten UW-Filmer lehnen sie für Aufnahmen aus der UW-Tier- und Pflanzenwelt ab, vor allem aus der Befürchtung heraus, daß dann gute und seltene Freiwasser-Szenen von Laien leichthin als Aquarium-Aufnahmen abgetan werden könnten. Indessen kann jedermann unschwer feststellen, ob ihm z. B. im Spielfilm eine im Aquarium entstandene Aufnahme als echte UW-Szene vorgesetzt wird. Man beachte zunächst die Kameraführung: Steht die Kamera ruhig und dreht sie bei guter Szenen-Ausleuchtung nur aus ein oder zwei Perspektiven, so handelt es sich um eine Aquarium-Aufnahme, bei der die Kamera fest auf einem Stativ stand und nur durch eine oder zwei Scheiben gedreht wurde. Doch auch eine sehr bewegliche Kamera ist noch keine Garantie für Freiwasser-Aufnahmen; denn es kann sich um eine UW-Kamera handeln, die in einem der großen Schauaquarien eingesetzt wurde, wie es sie in Florida und Durban gibt. Das ist der Fall, wenn ständig die verschiedensten Tiere wie Haie, Engelsfische, Rochen, Schildkröten usw. durchs Bild schwimmen. Uns wird das Aquarium aber vor allem als Bühne für Modelltricks interessieren. Wo anders soll man z. B. ein U-Boot, ein abgestürztes Flugzeug oder ein Schiffswrack von vorne bis hinten scharf aufs Bild bringen? Mit wasserfestem Material liegt hier für den findigen Bastler und technisch Begabten ein weites Feld.

Tiere als Darsteller

Ist die UW-Filmarbeit mit menschlichen Darstellern mitunter schon problematisch, mit normalen Akteuren der UW-Welt, sprich Fischen, kann es noch schwieriger werden. Dabei ist es eine äußerst reizvolle Aufgabe, die Flora und Fauna der UW-Welt mit ihrer Vielfalt an Formen und Farben im Film wirkungsvoll darzustellen. Für das Filmen der UW-Tierwelt und insbesondere von Fischen kann man sich gewisse Erfahrungen zunutze machen. Vor allem an Küsten, die immer noch von UW-Jägern frequentiert werden, sind die Fische sehr scheu, schwer vor die Kamera zu bekommen und zudem noch ständig fluchtbereit. Schon eine unbedachte Bewegung der Flossen läßt sie davonflitzen oder sich in Höhlen verstecken. Deshalb sieht man in vielen Filmen, besonders aus dem Mittelmeer, häufig Fische von hinten, flüchtend. Dies ist nun leider die ungünstigste Perspektive, aus der man Schwarm- aber auch Einzelfische aufnehmen kann, außer die Flucht ist dramaturgisch motiviert. Besser ist es, Fische von der Seite oder von vorn aufzunehmen. Das ist häufig leichter gesagt als getan. Doch mit zäher Geduld, List und einem offenen Auge für das Verhalten der verschiedenen Arten kommt man oft ans Ziel. Da man der alten Tauchregel »Tauche nie allein« ja doch meistens folgt, kann man z. B. den Begleiter als UW-Cowboy oder besser gesagt als Fischtreiber einsetzen. Seine Aufgabe ist es, den Fisch oder Schwarm, der gefilmt werden soll, in Richtung Kamera oder an ihr vorbei zu treiben. So was kann man natürlich nur dann machen, wenn beide, Kameramann und Treiber, mit Preßlufttauchgeräten ausgerüstet sind. Denn die meisten Fische, und hier besonders die großen Exemplare, neigen zum Ausbrechen in größere Tiefen, in die ein Freitaucher ihnen kaum folgen, geschweige denn Filmen kann. Bei der Kamerajagd auf Fische muß man jede hastige Bewegung vermeiden, die die Tiere nur erschrecken und zu noch schnellerer Flucht antreiben würden. Mit langsamen, aber kräftigen Flossenschlägen, Geduld und Ausdauer kommt man noch am besten auf Filmdistanz. Für Nahaufnahmen empfiehlt sich der weltweit bekannte Fütterungstrick. Fast jeder Fisch hat seinen Leckerbissen, dessen Anblick er nur selten widerstehen kann. In der Ostsee sind es z. B. geöffnete Miesmuscheln, die Klippenbarsche dazu bringen, dem Taucher aus der Hand zu fressen. Im Mittelmeer erfüllt ein aufgebrochener Seeigel den gleichen Zweck und erlaubt dem UW-Kameramann, die verschiedensten Fische in aller Ruhe bei ihrem Festmahl zu filmen. Aber nicht nur die kleineren Exemplare, auch durchaus kapitale Burschen der Gattung Zackenbarsch, Drückerfisch, Brasse, Stachelmakrele, Barakuda und Oktopus lassen sich mit dem unterschiedlichsten Futter verwöhnen. Interessant war für mich, daß sich sogar die vielleicht zu unrecht als aggressiv und giftig verschrieenen Muränen durch systematisches Füttern zähmen lassen. Im Atlantik vor Fuerteventura tauche ich mit Junhsung, dem Leiter der dortigen Tauchbasis, zu einem parallel zum Ufer verlaufenden 18 m tiefen Riff hinab. Überall ringeln sich pechschwarze Muränen mit weißen Knopfaugen auf dem sandsteinartigen porösen Grund. Wenige Meter weiter, auf einer kleinen sandigen Lichtung, erwarten drei von ihnen den Herrn und Meister. Wie hungrige Hofhunde kommen sie schlän-

gelnd auf Junhsung zugeschossen. Lechzend nach Nahrung, die Junhsung in Form von Tintenfischen, Putenmägen oder auch Brotresten im Plastikbeutel mitführt.

Natürlich vermuten sie in dem Mittauchenden auch einen potentiellen Futterbringer, und so komme ich in den zweifelhaften Genuß, zum ersten Male zu spüren, wie eine der Muränen mit ihrem kalten, schleimigen Körper über meinen Nacken und das Gesicht streicht, um es sich dann für kurze Zeit im Blasenschwall meiner Ausatemluft auf meiner Schulter bequem zu machen. Es ist doch ein etwas unangenehmes Gefühl, wenn man nicht sehen kann, was hinter einem passiert. Ähnliches war mir allerdings schon vor Jahren im Mittelmeer passiert, als ein 12pfündiger Oktopus stetig aber unaufhaltsam vom Arm in meinen Nacken kroch.

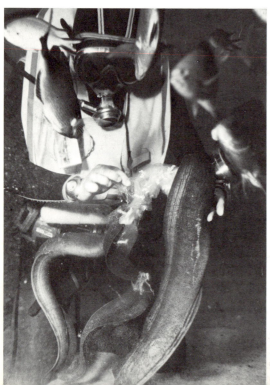

Obgleich Junhsung etwas besorgt scheint und mir bedeutet höher zu gehen, konzentriere ich mich auf meine Kamera. Später erfahre ich, daß gerade diese kleine Muräne besonders renitent ist und andere Taucher schon in Ohren und Lippen gebissen hat. Junhsung hat inzwischen seinen Plastikbeutel geleert und die letzten Putenmägen verteilt, nicht ohne von einem der zahlreichen und ebenfalls an so leichter Beute interessierten Fische in den Finger gebissen zu werden. Inzwischen ist Junhsung nicht untätig gewesen und hat einen 2 m langen Congeraal so abgerichtet, daß er ihm im freien Wasser aus der Hand frißt. Auch bei scheinbarer Zutraulichkeit sollte man immer etwas Vorsicht im Umgang mit Meeresbewohnern walten lassen. In den geschilderten Fällen genügt es, einigermaßen kräftige Handschuhe beim Füttern zu verwenden. Äußerste Vorsicht ist allerdings beim Umgang mit wirklichen Giftfischen wie Rotfeuer- oder Steinfisch am Platze. Auch das scheinbar passive Verhalten dieser Arten sollte nicht zum Leichtsinn verleiten, denn die Berührung kann tödlich sein, da in den seltensten

Fällen das entsprechende Serum sofort greifbar sein wird. Ein Grund, warum der Handel mit diesen Arten in Deutschland verboten ist. Schauaquarien, die solche Fische zeigen, sind verpflichtet, immer Serum bereitzuhalten.

Zu den tierischen Darstellern, die in der Gunst der UW-Filmer an erster Stelle rangieren, gehören, so paradox es für den nicht tauchenden Laien klingen mag, die Haie! Schön – Barakudas, Mantas, Schildkröten, Dugongs, Thunfische, Zackenbarsche, Zitterrochen, Muränen und Langusten sind Motive, die man nicht unbedingt jeden Tag vor die Linse bekommt. Aber was ist der Urlaubsfilm aus tropischen Gewässern ohne einige zünftige Haipassagen. Aber zu dem durch viele Tauchergespräche geisternden Thema »Haie« ist hier einiges zu sagen. Wenn man im Roten Meer zu zweit taucht, kann man die Begegnung mit dem wohl faszinierendsten Meereslebewesen normalerweise garantieren. Sofort nach dem Abtauchen auf etwa 20 m Tiefe tauchen meistens die eleganten Körper von mehreren Haien aus der blauen Anonymität der Sichtgrenze auf und nähern sich dem an die Riffwand gepreßten Taucher häufig bis auf einen Meter. Das gibt die Filmaufnahmen, die nicht jeder hat. Bei Begegnungen mit Haien in entlegenen Gebieten des Roten Meeres sollte man aber einige Spielregeln beachten. Das Mitführen eines Haistocks ist zu empfehlen, auch wenn er nur der psychologischen Aufrüstung des Trägers dient. Will man Haie aus der Nähe sehen, sollte die Tauchgruppe nicht mehr als 3 Personen umfassen. Im Umgang mit Haien noch Unerfahrene, besonders Taucherinnen, sollten sich langsam an die Haie gewöhnen. Auch bei Scheinangriffen kein Fluchtreaktion zeigen. Haie können Angst spüren, sagt man. Möglichst für Rückendeckung sorgen, wie Höhlen Nischen, Riffe oder Wracks. Die Ansicht, Haie kommen nicht ins flache Wasser, z. B. auf die Riffplatte, ist irrig. Ein Freund beobachtete einen zwei Meter langen Hai,

der dicht an meinen Beinen vorbeizog, als ich einmal nach unserem Boot Ausschau hielt. Wenn sich bei zwei Tauchern die Haiversammlung auf über fünf Exemplare erhöht, sollte man sich, wenn man die gewünschten Aufnahmen im Kasten hat, zum »Aussteigen« klarmachen, d. h. mit genügend Luft in den Flaschen langsam, ohne Hast im Schutze des Riffs zur Riffplatte aufsteigen und zum Boot zurückschwimmen. Das gleiche gilt, wenn die Haie nervös erscheinen, das Maul öffnen und schließen oder Schüttelbewegungen mit dem Kopf machen. Wird in dieser Situation ein Fisch harpuniert, so ist mit einem sofortigen Angriff, zumindest auf den harpunierten Fisch zu rechnen. Wenn man diesen kleinen Knigge für den Umgang mit Haien beherzigt, kann die Begegnung mit dem König der Meere immer aufs neue zum Höhepunkt eines Tauchgangs im Roten Meer werden. Meines Erachtens aber weitaus befriedigender und nützlicher als die Kamerajagd auf Haie ist für den engagierten UW-Filmer, mehr über die Verhaltensweisen der tierischen Darsteller im UW-Bereich zu erfahren. Hier öffnet sich besonders für den informierenden Dokumentarfilm ein unermeßlich weites Feld mit überwiegend neuen und weitgehend unbekannten Situationen. Wie so etwas gemacht wird, hat der Verhaltensforscher am Max Planck Institut, Dr. H. W. Fricke, mit verschiedenen Filmen aus tropischen Gewässern gezeigt. Mit z. T. einfachsten Mitteln versteht es Fricke, vom Taucher sonst kaum wahrgenommene Eigenarten der Fischwelt sichtbar und allgemein verständlich darzustellen. So zeigt er z. B. in einem Streifen, wie der große Drückerfisch (Balistes fuscus) sich den stachelbesetzten Diadem-Seeigel (Diadema setosum) erbeutet. Mit seinem Maul bläst er einen starken Wasserstrahl seitlich auf seine Beute. Der Seeigel verliert den Halt und kippt um, seine weniger geschützte Unterseite wird frei. Hier sind die Stacheln kürzer, so daß der Drückerfisch mit seinen kräftigen Zähnen den Körper des Seeigels aufbeißen kann. In kürzester Zeit wird das Körperinnere aufgefressen. Nur die Stacheln bleiben als Reste am Grund liegen.

Solche Themen erfordern natürlich unendlich viel Geduld, denn nicht immer lassen sich die Fische von der UW-Kamera so ungestört beobachten. Der bekannte Schweizer Taucher Dr. Hermann Heberlein benötigte für seinen Film über eine zahme Muräne, der er den Namen »Daniela« gab, ganze drei Jahre. Bevor sein Film fertig war, wurde das zahme Tier leider von einem italienischen UW-Jäger abgeschossen.

Gelten die Haie als unberechenbar und gefährlich, so sind die Delphine das genaue Gegenteil. Was man mit dressierten Delphinen alles machen kann, ist wohl recht eindringlich in der Endlosserie »Flipper« gezeigt worden. Auch ich hatte Gelegenheit, im Rahmen eines Fernsehfilmes mit Delphinen zu arbeiten. Im Duisburger Delphinarium freundeten wir uns mit drei Exemplaren schnell an. Wenn mein Assistent mit dem Futterkorb ins Wasser sprang, waren die intelligenten Tiere, denen man fast menschliche Eigenschaften nachsagt, außer Rand und Band. Um über Wasser durch einen in 3 m Höhe angebrachten Ring zu springen, benötigten sie unter Wasser lediglich 5–6 m Anlauf. Da die freundlichen Tiere spielerisch nach allem schnappen was sich im Wasser befindet, mußte ich beim Fotografieren äußerst sorgfältig mit den verbrauchten Blitzbirnen umgehen, auf die sie es besonders abgesehen hatten. Später erfuhr ich aus der Zeitung, daß einer der lustigen Gesellen von Besuchern mit Tennisbällen und Steinen gefüttert worden war. Der Delphin hat diese Unvernunft mit dem Leben bezahlen müssen.

Die relativ handlichen Super 8-UW-Kameras erlauben auch einhändiges Filmen. Die andere Hand hat man zum Abstützen oder Heranziehen ans Motiv frei. Da in manchen Gewässern Verletzungsgefahr besteht, sind u. U. Handschuhe zu empfehlen. Foto: Gerhard Binanzer.

Fotos linke Seite: Das Verhalten von Sportfischen wie Aal und Hecht nach dem Biß ist nicht nur für Angler interessant. So dürfte z. B. der Aal, der sich mit dem Schwanz am Reet festhält, wohl nur ganz selten gefilmt worden sein.

Aufnahmen mit Wasser

UW-Filmkameras – so bezeichnet man die Kombination aus normaler Filmkamera und UW-Gehäuse – sind grundsätzlich für die Herstellung von UW-Filmen konzipiert. Das ändert aber nichts an der Tatsache, daß sich solch eine UW-Kamera auch ideal für alle Grenzsituationen, die irgendwie mit Flüssigkeiten zu tun haben, einsetzen läßt.

So kann man am Strand in der Brandungszone herrlich das ganze spritzende Badevolk aufnehmen. Man kann bei Regen und Schnee drehen und unter der Dusche. Unter Springbrunnen, Wasserfällen und beim Naßspritzen im Sommer mit dem Gartenschlauch kann man mit der wasserdicht gekapselten UW-Kamera neue, bisher kaum gezeigte, Aktionen einfangen. Man kann bei Löscheinsätzen der Feuerwehr dabeisein und auch die alten Slapp-Sticks wiederholen und sich mit Torten und Puddings bewerfen oder sich mit dem Heimsyphon, Sektflaschen usw. naßspritzen.

Das Überfahrenlassen des Kameramannes von einem Wasserskiläufer ergibt zwar Einstellungen, die aus dem Rahmen des üblichen fallen, ist aber nicht ganz ungefährlich. Deshalb nur versierte Skihasen, die ihre Skier rechtzeitig spreizen, engagieren. Auf den Fotos filme ich den Deutschen Meister Michael Glas auf dem Starnberger See.

Rechte Seite: Nicht nur unter Wasser – auch am Wasser läßt sich die UW-Kamera wirkungsvoll einsetzen. Foto: Gerhard Binanzer.

Besonders wirkungsvoll ist der Einsatz der UW-Kamera im Rahmen der verschiedensten Wassersportarten. Beim Segeln z. B. kann man brisante Aufnahmen drehen, wenn der Kameramann bis zur Brust im Wasser steht und die Segelboote mit der beim Trimmen schon fast im Wasser liegenden Besatzung auf ihn zujagen. Natürlich muß man aufpassen, daß man nicht gerammt wird. Auch das Wiederaufrichten einer gekenterten Jolle, aus der Halbüber- Halbunterwasser-Perspektive ist recht dramatisch. In der Schlußeinstellung kann man beim Lenzen das Wasser direkt auf die Kamera spritzen lassen. Auch vom neuesten Wassersport, dem Windsurfen, kann man ungewöhnliche Einstellungen bekommen, wenn man die UW-Kamera hinten aufs Brett oder vor den Bauch des Windsurfers montiert. Der Stehsegler muß allerdings das Ein- und Ausschalten der Kamera bei den interessanten Situationen selbst besorgen können.

Und dann noch die Möglichkeiten beim Wasserski! Starts und Stürze aus der Fischsperspektive sowie Kiel und Schraube sind Einstellungen die bisher kaum in Wasserskifilmen zu sehen waren. Hat man dann noch etwas Mut und ist der Wasserskiläufer ein alter Hase, so können mit der UW-Filmkamera geradezu sensationelle Aufnahmen eingefangen werden. Man sucht sich eine brusttiefe Stelle im Wasser aus und lauert dort mit der Kamera im Anschlag auf den Freund, den alten Wasserskihasen. Während das Zugboot in etwa 3 m Entfernung vom Kameramann aus dem Bild braust, fährt der Freund direkt auf ihn zu. Klar, daß die Kamera schon längst läuft. Kurz vor der Kamera, je nachdem wie weit der Mut beider Beteiligter reicht, spreizt der Wasserskiläufer die Beine, und die Skier sausen links und rechts am Kameramann vorbei, der sogleich einen Reißschwenk um 180° macht und den Freund von hinten weiterdreht. Das gibt Szenen, um die man von anderen Filmamateuren beneidet wird.

Tonaufnahmen

Wie wichtig der Ton bei fast jeder Art von Film ist, kann am besten der ermessen, der beim Filmschnitt merkt, daß ihm eine Menge Töne fehlen. Im menschlichen Leben ist, genau wie im Film, der optische Eindruck am wichtigsten. Nicht ohne Grund verwenden wir häufig die Floskel: »Ich habe es mit eigenen Augen gesehen«. Gleich an zweiter Stelle aber liegt die akustische Wahrnehmung. Das Hören ist dem Sehen zwar untergeordnet, aber beide Wahrnehmungsarten sind in der Regel eng miteinander verbunden. In der Praxis heißt das, zwischen beiden Wahrnehmungsarten besteht ein Zusammenhang. Wenn wir eine Aktion gesehen haben, z. B. einen auf die Kamera zujagenden Wasserskiläufer, so ist mit dem Bild in der Erinnerung auch das Geräusch von spritzendem Wasser und einem lauter werdenden Außenbordmotor verbunden. Im Gegensatz zum Auge reagiert das Ohr, was die Erregung von Aufmerksamkeit betrifft, genau umgekehrt. Die Wahrnehmung akustischer Informationen erzeugt beim Hörer eine gewisse Erwartungshaltung. Fast immer wird ein Hörerlebnis blitzschnell mit einem visuellen Eindruck gekoppelt. Wenn man z. B. ein bestimmtes Zischen hört, verbindet man dieses Geräusch sicher mit dem Aufdrehen einer Druckgasflasche. Schon bei den Dreharbeiten, um welche Art von Film es sich auch immer handeln mag, sollte man die entsprechenden Töne aufnehmen. Rein technisch benötigt man dafür, wenn wir 220 V Netzanschluß als nicht gegeben voraussetzen, ein batteriebetriebenes Aufnahmegerät. Nun gibt es für den modernen Super 8-Filmer heute längst die Tonfilmkamera. Und solange wir an Land drehen, hat sie auch einige Vorteile. Für unsere UW-Einstellungen aber brauchen wir ein separates Tonaufnahmegerät und ein wasserdichtes Mikrofon. Der Profi verwendet technisch perfekte und teure Tonmaschinen wie MK 6, Nagra oder Uher. Der Amateur hat die Auswahl zwischen einer großen Anzahl von Kassettenrecordern mit Batterie und Netzbetrieb. Grundsätzlich kann man sagen, je besser das

Mit Geduld und einem entsprechend sensiblen UW-Mikrofon kann man auch die Sprache der Fische, hier ein Seehase, aufnehmen.

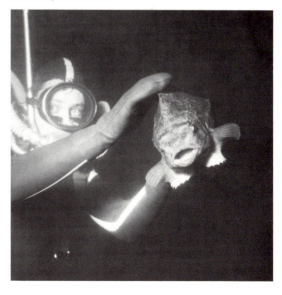

Aufnahmegerät, desto besser die Tonqualität. Wobei allerdings die Art des Mikrofons eine wichtige Rolle spielt. Um unter Wasser Tonaufnahmen machen zu können, muß das Mikro wasserdicht gekapselt werden. So baute man schöne Gehäuse für Mikros aus Metall und Kunststoff. Einen Nachteil hatten sie fast alle, die Sensibilität des Mikros war dahin. So wendete ich für UW-Tonaufnahmen wieder einen Trick an. Über mein empfindliches Sennheiser Kugelkopfmikro zog ich einfach eines von diesen hauchdünnen Dingern, die der Schweizer so treffend mit »Verhütli« umschreibt. Am Mikrokabel wird es sorgfältig mit wasserfestem Scotchband umwickelt. Zur Sicherheit noch ein zweites darüber, so entsteht eine Labyrinthdichtung, die noch niemals Wasser durchgelassen hat. Selbst Profitonmeister sind immer wieder verblüfft von dieser einfachen Lösung. So wasserdicht gekapselt lassen sich mit dem UW-Mikro erstklassige Tonaufnahmen bis in 5 m Tiefe aufnehmen.

Wer UW-Geräusche ohne jeden Hintergrund braucht, sollte nicht versuchen diese in einem Hafen aufzunehmen. Da herrscht unter Wasser ein solcher Lärm, daß man lieber in ein ruhiges Binnengewässer ausweicht.

Neben dem Bedarf an möglichst echten Geräuschen kann es, besonders beim UW-Spielfilm nötig sein, Sprache, z. B. für Dialoge, verwenden zu müssen. Fast immer rüstet man dann die agierenden Taucher mit Vollsichtmasken aus, mit deren Hilfe unter Verwendung von Telefonen oder Sprechfunk auch eine Kommunikation möglich wäre. Ich sagte wäre, denn in der Regel verzichtet man auf Originaltöne über diese verzerrenden und störanfälligen Sprechmaschinen. In der Praxis werden die nötigen Dialoge im Tonstudio nachsynchronisiert. Dabei braucht man sich um die normalerweise sorgsam beachtete Lippensynchronität keine Sorgen zu machen, denn der Mund des sprechenden Tauchers ist fast nie zu sehen. Nur dann, wenn die Lippenbewegungen zu sehen sind, müßte der Taucher wirklich den gewünschten Text sprechen, um eine exakte Nachsynchronisierung zu gewährleisten. Das wäre z. B. bei der Dräger-Vollsichtmaske und beim neuen GFK-Helm des DM 200 der Fall. Nun gibt es aber auch Geräusche wie z. B. das rostige Knarren einer alten Wracktür, die man beim besten Willen nicht original aufnehmen kann. Entweder liegt das Wrack zu tief, oder die Tür knarrt gar nicht. Solche Geräusche kann man auch zu Hause mit etwas Phantasie wirkungsvoll nachempfinden.

Kunstlicht unter Wasser

Der Einsatz von Kunstlicht unter Wasser ist meines Erachtens die Krönung des vielfältigen und hochinteressanten Hobbys UW-Filmen. Es gibt allerdings einige wenige Verfechter einer anderen Theorie. Sie meinen, man solle nur das zeigen, was der Taucher wirklich sieht, nämlich die in blaues Dämmerlicht gehüllte UW-Landschaft. Das muß aber nicht auch unsere Ansicht sein. Ohne den Einsatz von Kunstlicht sind dem UW-Filmen Grenzen gesetzt, die zu überschreiten sich mit Hilfe der modernen Lichttechnik für alle UW-Filmer, seien es Amateure oder Profis, unbedingt lohnt. Schon im flacheren Wasser gibt es unter Felsspalten und Höhlen, Überhängen und Tangwäldern manch reizvolles Motiv, das ohne Kunstlicht filmisch nicht genutzt werden kann. Eine weitere von künstlichem Licht abhängende Möglichkeit zu ungewöhnlichen Filmen zu kommen, ist die von Fotografen bereits häufig betriebene nächtliche Kamerajagd. Denn im Schutze der Dunkelheit sind viele Tiere auf Nahrungssuche unterwegs und erfahrungsgemäß weit weniger scheu als bei Tag; dies allerdings zum Teil, weil der künstliche Lichtschein von ihnen nicht als Störung bzw. als Gefahrensignal empfunden wird, sondern oft sogar anlockend wirkt.

Bei Verwendung von Farbfilm ohne Kunstlicht sind die Grenzen noch enger gezogen. Dabei ist der farbliche Aspekt, auch als gestalterisches Mittel gerade für die UW-Filmerei wegen der sich anbietenden reichen Farbskala der UW-Flora und -Fauna ungemein interessant. Hier kommt aber außer den auch für Schwarzweiß-Material geltenden Momenten und mit weit einschneidender Wirkung das Phänomen der Spektralabsorption im Wasser zur Geltung. Das Wasser filtert die Farben des Lichtspektrums nacheinander ziemlich rasch aus, beginnend mit den Farben des langwelligen Spektralbereichs (Rot, Orange), die schon in 1 bzw. 2 m Tiefe absorbiert sind, während jene des Spektralbereichs mittlerer Wellenlänge (Gelb, Grün) noch bis 16 bzw. 24 m Tiefe reichen. Maßgebend dafür, welche Farbtöne für den Farbfilm noch erfaßbar bleiben, ist der Weg, den das Licht, ob Sonnen- oder Kunstlicht, im Wasser bis zum Motiv und von diesem bis zur Kamera zurücklegen muß, der sog. Lichtweg, auf dessen gesamter Strecke sich die Spektralabsorption auswirkt. Deshalb sind Farbaufnahmen, wenn sie die Originalfarben noch einigermaßen erkennbar wiedergeben sollen, nur bis zu einem Lichtweg von wenigen Metern möglich, ganz egal, welches Color-Fabrikat verwendet wird (wobei für unsere Zwecke auch bei Kunstlicht stets Tageslicht-Film infrage kommt, ausgenommen die Aufnahmeentfernungen unter 1 m, sofern nur noch Kunstlicht die Belichtung bestimmt. In diesem Fall empfehle ich auch Kunstlichtfilm).

Theoretisch wäre es zwar denkbar, bis zur entsprechenden Lichtintensitäts-Grenze durch Vorschalten von verschiedenen Farbkorrekturfiltern die Farbabsorption durch das Wasser auszugleichen. Doch in der Praxis ist dieser Weg nicht gangbar, da, abgesehen von den sich durch jede Ausfilterung ergebenden Farbverfälschungen, der Korrekturfaktor von Meter zu Meter Wassertiefe differiert, also verschiedene Filter in solcher Zahl bedingen würde, daß ein bei einer UW-Filmkamera kaum zu lösendes technisches Problem entstünde. Die Benutzung des zur alten Bolex-UW-Kamera erhältlichen Jajet-Filters z. B. bewirkt lediglich eine leichte Unterdrückung des Blaustichs bei Farbfilm und eine kaum wahrnehmbare Kontraststeigerung bei Schwarzweißfilm.

Viel aussichtsreicher und ergiebiger sind künstliche Lichtquellen. Nachfolgend finden Sie eine ganze Anzahl der z. Z. auf dem Markt befindlichen Akkuleuchten, mit allen erforderlichen technischen Daten abgebildet.

Wer einmal eine graublaue UW-Landschaft des Mittelmeeres im Schein einer Kunstlichtanlage zur mit betörender Intensität leuchtenden Farbpalette hat aufglühen sehen, wird schwerlich wieder von dem Wunsch loskommen, die geschaute Pracht so rasch wie möglich auf den Farbfilm zu bannen. Farbfilmen mit Kunstlicht ist wahrlich ein höchst interessantes Sondergebiet des UW-Filmens und zudem heute noch am Anfang einer vielleicht sensationellen Entwicklung. Denn kein Forscher hat bisher den Sinn dieser sattbunten Farben in der graublauen Dämmerung der Meerestiefe restlos abzuklären vermocht.

Zur Aufnahmetechnik mit Kunstlicht ist folgendes zu sagen: Da die Einsatzzeit der autonomen Anlagen meist stark begrenzt ist, empfiehlt sich die zusätzliche Mitnahme einer UW-Handlampe. Solch eine Lampe genügt völlig zur Farbbeurteilung der verschiedenen Motive, und die kostbare Energie der Film-Lichtanlage wird geschont. Der Scheinwerfer der Lichtquelle sollte mindestens im Winkel von 45° zur optischen Achse des Objektivs der UW-Kamera stehen, was allerdings nicht immer möglich ist. Dadurch ergibt sich im Gegensatz zur frontalen Beleuchtung eine größere Kontrastwirkung. Gerade bei Farbszenen möchte man natürlich neben Nah- und Großaufnahmen auch möglichst viele Szenen total drehen. Da aber die Lichtleistung jeder Kunstlicht-Anlage bei größeren Aufnahme-Entfernungen

In Tunesien verwandte ich noch für die UW-Aufnahmen zum mehrfach prämierten Dokumentarfilm »Cap Africa« freiflutende 1000 Watt-Lampen, die von der Oberfläche aus mit 220 Volt gespeist wurden.

Rechte Seite: Filmarbeit mit Kunstlicht im Roten Meer an den Propellern der »Umbria«.

rasch abnimmt, ist es ratsam, den Reflektor möglichst nahe an das Motiv heranzubringen.

Ist eine Verlängerung der Lampenhalterung zu schwer, zu unpraktisch oder aus anderen Gründen nicht möglich, so wird der Tauchkamerad den Chefbeleuchter spielen müssen, um den Lichtweg zu verkürzen und dadurch der Gefahr einer zu starken Farbabsorption vorzubeugen. Genaue Absprache an Land oder eine praxisgerecht festgelegte Zeichensprache ersparen dann Zeit und Ärger bei der UW-Filmarbeit.

Filmarbeit mit externen 2000 Watt-Flutern (rechts im Bild) in der Halle mit Kampfschwimmern beim Training.

Die große 35-mm-Kamera im Einsatz an einem Wrack vor Sardinien. Unter Wasser ist der 80-kg-Koloß vollkommen schwerelos.

Rechte Seite: Fahrtaufnahme im Wrack der »Umbria« hinter einem Barakuda respektabler Größe her.

Wem die Anschaffung einer Akkuleuchte zu kostspielig oder unangemessen erscheint, weil er nur ein paar kurze Szenen drehen möchte, die etwas von der farbigen UW-Landschaft andeuten, der kann sich auch mit einfacheren Lösungen behelfen. Eine oder mehrere UW-Handlampen können, eventuell mit Überspannung betrieben und geschickt eingesetzt, schon einiges von der unterseeischen Farbenpracht erkennbar machen. Und ebenso wie man an Land z. B. Blumen mit einem gewöhnlichen Taschenspiegel aufhellen kann, so lassen sich mit einer Silberblende auch im flachen Wasser dunkle Stellen oder unbewegte Motive in Spalten und Nischen aufhellen. Als Blende kann ein 50 × 50 cm großes Sperrholzstück verwendet werden, das mit mattem Silberpapier beklebt und dann mit farblosem Lack überzogen wurde. Auch auf die Möglichkeit einer Effektbeleuchtung mit UW-Fackeln sei hingewiesen. Rot brennende Fackeln dieser Art habe ich beispielsweise bei Tauchgängen in Höhlen für Aufnahmen mit Farbfilm erfolgreich und wirkungsvoll einsetzen können. UW-Fackeln sind allerdings mit Vorsicht zu handhaben, weil ihre speziellen Chemikalien ziemlich hohe Temperaturen ergeben und eine einmal angezündete Fackel nur mit Sand zu löschen ist.

Für den Einsatz in der beruflichen Taucherei gibt es ein kunststoffummanteltes Spezialschneidkabel, durch welches Sauerstoff mit einem Druck von 8–14 Atü geleitet wird. Einmal entzündet, brennt dieses Schneidkabel mit heller Flamme ab und eignet sich u. U. auch als Effektbeleuchtung.

Natürlich muß in der Nähe des Tauchers für einen entsprechend großen Sauerstoffvorrat gesorgt werden.

Da wir gerade bei der Berufstaucherei sind: Auch der Lichtbogen beim elektrischen Schweißen oder Schneiden eignet sich unter Wasser als Effektbeleuchtung.

Wer auf einen Teil seiner Bewegungsfreiheit unter Wasser verzichten will, kann sich den benötigten elektrischen Strom über ein entsprechend dimensioniertes Kabel von Land oder vom Begleitboot holen. Wie schwierig es aber ist, externe kabelversorgte Scheinwerfer für UW-Filmszenen zu koordinieren, mußte schon vor Jahren Hans Hass erfahren, als ihm seine großen Mole-Richardson-Scheinwerfer mit der Strömung davontrieben. Ich verwende für berufliche Zwecke eine kompakte, aber noch handliche, mit mehreren freiflutenden UW-Scheinwerfern á 1500 Watt bestückte Kunstlichtanlage, die mit der UW-Kamera verbunden, von einem Stromaggregat an Bord gespeist wird. Mit einem Spezialschalter kann der Stromkreis auch unter Wasser jederzeit unterbrochen werden. Bei dieser UW-Lichtanlage ist aber mindestens ein Assistent erforderlich, der für eine zügige Kabelführung verantwortlich ist. Auch zwei oder drei gekoppelte und im Schlauchboot stationierte Autobatterien ergeben, kombiniert mit dem richtigen Scheinwerfer, eine brauchbare UW-Kunstlichtanlage, die auch Filmlicht über längere Zeiträume liefern kann. Natürlich müssen Batterien, Kabel und Birnen im richtigen Verhält-

nis zueinander stehen, wobei man sich am besten von einem erfahrenen Elektriker beraten läßt.

Wenn es das Motiv zuläßt, z. B. bei Spielszenen im Inneren eines Wracks, setze ich meistens meine selbstentwickelten UW-Freifluter á 1000 und 2000 Watt ein. Die Fluter können auf eigenem Stativ oder in der Dekoration befestigt, eingesetzt werden. Nur so ist man in der Lage, auch unter Wasser eine gewisse Lichtgestaltung zu betreiben. Weil es im Inneren eines Wracks ziemlich dunkel ist bleibt dem Filmer gar nichts anderes übrig, als Licht zu machen, auch wenn dieses Licht in keiner Weise vom Drehort her motiviert ist. Trotzdem wird man bemüht sein, das Licht so sparsam einzusetzen, daß der Charakter geheimnisvoller Dunkelheit herausgearbeitet wird.

Für den Filmamateur wird es besonders bei Dokumentationen von Vorteil sein, das Licht direkt mit der Kamera zu führen. Einige Konstruktionen aus Akkuleuchten und UW-Kamera verfügen über den zusätzlichen Komfort eines Mehrphasenschalters. In Phase eins wird nur eine Lampe zur Motivbeurteilung eingeschaltet. In Phase zwei, der Auslöser wird etwas weiter gedrückt, flammt das volle Filmlicht der Anlage auf. Phase drei, der Auslöser ist bis zum Anschlag gedrückt, setzt den Motor der Kamera in Bewegung, es wird gefilmt. Die Kombination von Akkuleuchten und UW-Kamera hat den Vorteil, daß das Licht immer dort ist, wohin die Kamera zielt. Diese Schnellschußkombination ist unentbehrlich für Aufnahmen von z. B. unruhigen und schnell schwimmenden Fischen. Für bestimmte Stimmungen aber und für Gegenlichtaufnahmen muß die Akkuleuchte von einem Mittaucher separat geführt werden. Eine genaue Absprache, wann und wann nicht gedreht werden soll, ist unbedingt erforderlich. Ein einfacher Trick, um auch die externe Akkuleuchte ziemlich synchron zu schalten, ist die Vereinbarung: »Du machst Deine Leuchte dann an, wenn meine Akkuleuchte an der UW-Kamera brennt«.

Akkuleuchten

Bopp – Power – Spot – das Flutlicht aus dem Handgelenk

Druckfestes Alugehäuse aus seewasserbeständiger Legierung. 2-Komponenten-Kunststofflakkierung – signalorange. Bruchsichere Plexiglasfrontscheibe. Alle Teile mit Präzisions-O-Ringen abgedichtet. Bequemer Traggriff. An jedes UW-Gehäuse leicht ansetzbar. Ladesteckdose. Spezialreflektor. Alu hochglanzpoliert. Extrem groß, daher kaum Streulicht. Leicht ersetzbare Halogenbirne (auch überall im Ausland erhältlich). Als »flood« und »spot«-Strahler lieferbar. *Wichtig:* Gasdicht getrennter Akkuteil. Einhandbedienung. Ein-Aus-Schnappschalter mit Morseschaltung. Durchmesser 155 mm, 300 mm lang, Gewicht ca. 4,5 kg / im Wasser leichter Auftrieb. Als Energiequelle haben wir auch hier »dryfit«-Akkus verwendet, die am besten mit den von uns angebotenen Ladegeräten vollautomatisch geladen werden.

Ein-Aus-Schalter kann wahlweise links, rechts oder oben geliefert werden (Einhandbedienung).

Bopp »pocket-spot«

Druckfestes Alugehäuse bis 100 m
Bruchfeste Plexiglasfrontscheibe, Einhandbedienung
Ein-Aus-Schnappschalter mit Morsestellung
Tragschlaufe fürs Handgelenk
Auch hier haben wir wieder dryfit-Akkus verwendet.
Aufgeladen wird dieses Gerät mit den von uns angebotenen Ladegeräten.
»pocket-spot« wird in folgenden 3 Größen geliefert:
I. $\varnothing$ 70 mm × 200 mm/1,1 kg – 12 V/20 W/1 Ah
II. $\varnothing$ 70 mm × 300 mm/1,7 kg – 12 V/20 W/2 Ah
III. $\varnothing$ 70 mm × 270 mm/1,2 kg – 12 V/20 W/1 Ah
Gewicht im Wasser ca. 0,2 kg (I)
0,9 kg (II)
unsinkbar (III)

Linke Seite: Im Gegenlicht der Akkuleuchte fotografiert werden Weichkorallen zum bizarr gemusterten Tüllgebilde. Foto: Gerhard Binanzer.

Cima BL 250 D/UW – Film-Scheinwerfer

Lampengehäuse: seewasserfeste Leichtmetall-Legierung, alle Einbauteile aus rostfreiem Material, Tauchtiefe 80 m
Farbe: Lampenkörper Spezial-Leuchtfarbe orange, unter Wasser fluoreszierend, restliche Teile schwarz eloxiert
Abmessungen: Länge 520 mm, ⌀ 150 mm, Gewicht 8700 g
Dichtungen: nahtlos gezogene Präzisions-O-Ringe
Durchführungen: Simmering
Haltegriff: beliebig verstellbar mit M 6-Gewinde zur Befestigung von Zusatzgeräten
Scheinwerfer: druck- und hitzebeständig (700°), Spezialscheinwerferglas und Diffusorscheibe
Lampe: wahlweise Halogen 24 V/250 W oder 24 V/150 W
Stromversorgung: fest eingebaut, SONNENSCHEIN-dry-fit-Akkus 24 V/4,5 Ah, wartungsfrei, wiederaufladbar
Betriebsdauer: 250 W = ca. 9 Minuten, 150 W = ca. 16 Minuten

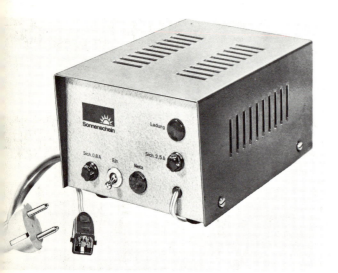

Ladegerät für Cima BL 250 D/UW

Typ: Ulimatic 24 V/0,8 Ah, vollautomatisch elektron. Strombegrenzung
Umschalter: 110/220 V Wechselstrom
Trafo: Prim. 110/220 V 50 Hz 29,5 VA
Kontroll-Leuchten: leuchtet rot bei Ladevorgang
Ladezeit: ca. 12 bis 15 Std.
Abmessungen: L 150 mm, B 90 mm, H 70 mm
Gewicht: 1100 g

Typ: Ulimatic 24 V/2,5 Ah, vollautomatisch
Umschalter: 110/220 V Wechselstrom
Kontroll-Leuchte: für Netz und Ladung getrennt
Ladezeit: ca. 12 Stunden
Abmessungen: L 220 mm, B 155 mm, H 110 mm
Gewicht: 3500 g

Deniz Akkugehäuse PU 300 / PU 400

für Kamera-Scheinwerfer-Kombinationen ohne interne Akkus z. B. 16 mm-Gehäuse.
Zur Erweiterung von Kombinationen mit internem Akku bezüglich Leistung und Brenndauer.
Als Strompaket mit hoher Leistungsdichte für Scheinwerfer in 6/12/24 und 36 V-Ausführung.
Hohe Stromkapazität bei geringem Gewicht durch Verwendung neuer Gehäusewerkstoffe.
Auch Fremdfabrikate können mit dem »deniz«-Akku und -Scheinwerfersystem erweitert werden.
Das Akkugehäuse kann mit 2 verschiedenen Akkusätzen geliefert werden, die durch entsprechende Schaltung den gewünschten Halogenlampen angeglichen werden können.

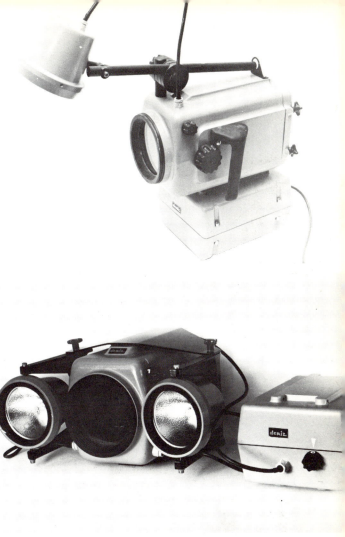

1 Scheinwerfer Leistung in Watt	Akku intern E 050	2 x 6 V/ 4,5 Ah E 060	Akku extern PC 012/4	4 x 6 V/ 7,5 Ah PC 024/4
50 4,2 A bei 12 V	ca. 30 Min.	ca. 30 Min.	ca. 3 Std.	–
100 8,3 A	ca. 12 Min.	ca. 12 Min.	ca. 70 Min.	–
150 6,25 A bei 24 V	–	–	–	ca. 30 Min.
250 10,4 A	–	–	–	ca. 20 Min.
2 Scheinwerfer				
50 und 100 12,5 A	ca. 10 Min.	ca. 10 Min.	ca. 50 Min.	–
150 und 250 16,7 A	–	–	–	ca. 10 Min.

Anwendung:
Mit Hilfe einer Schnellwechselplatte kann das Akkugehäuse direkt am Kameragehäuse bzw. am Tauchgerät oder am Bleigürtel befestigt werden. Bei abwechselnder Verwendung interner bzw. externer Akkus ist es sinnvoll, entweder beide Scheinwerfer mit gleicher Spannung (12 V) (Vorteil: längere Brenndauer) oder einen der beiden Scheinwerfer mit den internen Akkus (12 V), den anderen mit dem externen Akku (24/36 V) (Vorteil: höhere Lichtleistung max. 400 Watt) zu bestreiten.

Technische Daten:
Werkstoff: PUR-Kunststoff
Tauchtiefe: 70 Meter
Gewicht: ca. 2 kg
Akkusatz Nr. PC 024/4 5,9 kg
Akkusatz Nr. PC 036/3 5,9 kg
Gesamtgew. unter Wasser ca. 400 g

Ausführung:
Modell Nr. PU 400 Hauptschalter EIN-AUS Anschlußkabel mit dem Kameragehäuse fest verbunden.
Modell Nr. PU 300 Hauptschalter EIN-AUS Anschlußkabel mit dem Kameragehäuse steckbar verbunden. Die Steckverbindung kann unter Wasser gesteckt und gelöst werden.

Deniz Handscheinwerfer HSP 635
HSW 600

Technische Daten:

Gehäuse:	PUR-Kunststoff geprüfte Tauchtiefe 70 Meter	⌀ 140 mm Länge: 240 mm Höhe: 170 mm Gewicht: 2,5 kg
Lampe:	HSP 635 Halogen-Punktstrahler 6 V/35 Watt HSP 625 Sealed-beam-Lampe 6 V, umschaltbar 12 W/25 W HSP 630 Sealed-beam Breitstrahler 6V/30 Watt	
Reichweite:	HSP 635 ca. 300 Meter	Ladegerät: 6 V/800 mA
Akku:	dryfit-PC-Akku 6 V/6 Ah ständige Einsatzbereitschaft mittels Zweitakku	
Brenndauer:	HSP 635 ca. 30 Minuten	

Groll Uwalux 2, UW-Halogenleuchte 12 V/100 W mit 1 m Kabel

Technische Daten:
Gehäuse: Aluminium, schwarz eloxiert
Abmessungen: Länge ohne Kabelstutzen 79 mm, größter Durchmesser 60 mm
Gewicht: ca. 300 g (über Wasser)
Lampe: Halogen-Kaltlichtspiegellampe Osram Nr. 64627 oder Philips Nr. 6834
Scheibe: Jenaer Glas 10 mm, mit Schraubring gehalten
Dichtungen: Präzisions-O-Ringe
Kabeleintritt: Verschraubung mit konischer Preßdichtung
Druckfestigkeit: 80 m Tauchtiefe geprüft
Betriebsart: Unter Wasser Dauerbetrieb, über Wasser: 2 Minuten, danach abkühlen
Leuchtwinkel: Unter Wasser ca. 35°
über Wasser ca. 48°
Farbtemperatur: 3100° K
Austausch d. Lampe: Durch Abschrauben des hinteren Deckels kann die Lampe gegen oben angegebene oder ähnliche ausgetauscht werden.
UWALUX 3 Ausführung wie UWALUX 2, jedoch mit 40 m Kabel

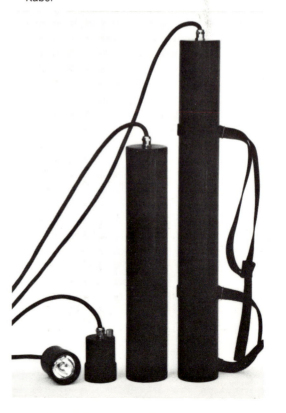

Akkuleuchten Güge L1

Die Elektronik verhindert Tiefenentladungen.

Technische Daten:
Gehäuse: Seewasserbeständiges PVC-Hart-Formgehäuse mit 2facher Präzisions-O-Ring-Dichtung. Farbe gelb-orange.
Maße: Länge 410 mm
　　　Durchmesser 110/130 mm
Gewicht: Über Wasser ca. 4,0 kg
　　　Unter Wasser ca. 0,3 kg
Birnen: 6 Volt – 100 Watt
　　　Spezial-Breitstrahlreflektor (zum Filmen geeignet) und 6 Volt – 100 Watt Punktstrahler
Akkus: Wartungsfreie Nickel-Cadmium-Sinterzellen (Deutsches Markenfabrikat)
Brenndauer: ca. 40 Minuten
Schalter: Im Handgriff, Einhandbedienung absolut explosionssicher
Serienmäßig: mit elektronischer Batteriekontrolle zur Schonung der Batterie und Birne

Akkuleuchten Güge L 4 – L 8 – Die Superschlanken

Technische Daten:

Gehäuse:	Seewasserbeständiges PVC-Hart-Gehäuse mit Präzisions-O-Ring-Dichtung 80 m durckgeprüft, Farbe gelb-orange				
	L 4	L 5	L 6	L 7	L 8
Birnen:	10 W	30 W	30 W	50 W	50/70 W
Brenndauer:	90 Min.	ca. 45 Min.			60/40 Min.
Gewicht:	1,1 kg	1,3 kg	1,4 kg	2,2 kg	2,9 kg
Maße in mm:	⌀ 60– 260 lg.		⌀ 75– 360 lg.		⌀ 75– 420 lg.
Akkus:	Wartungsfreie Nickel-Cadmium-Sinterzellen (Deutsches Markenfabrikat) Elektronische Batteriekontrolle (Außer güge L 4)				
Schalter:	Im Handgriff, Einhandbedienung (bzw. L 4 und L 5 hinten im Deckel) absolut explosionssicher				
gegen Mehrpreis:	L 5 und L 6 mit Überspannung (7,25 Volt) lieferbar, bringt helleres Licht				

Akkuleuchten Güge L 2 + L 3

Technische Daten:

Gehäuse:	Seewasserbeständiges PVC-Hart-Gehäuse mit Präzisions-O-Ring-Dichtung. 80 m druckgeprüft, Farbe gelb-orange.	
	L 2	L 3
Birnen:	6 V–100 Watt	6 V–30 Watt-Breitstrahler
	6 V–100 Watt	6 V–30 Watt-Punktstrahler
Brenndauer:	ca. 40 Min.	ca. 45 Minuten
Gewicht:	ca. 3,3 kg	ca. 1,5 kg
Maße:	280 mm Länge	200 mm Länge
	⌀ 110 mm	⌀ 110 mm
Akkus:	Wartungsfreie Nickel-Cadmium-Sinterzellen (deutsches Markenfabrikat) Elektronische Batteriekontrolle	
Schalter:	Im Handgriff, Einhandbedienung absolut explosionssicher	
gegen Mehrpreis:	L 3 mit Überspannung (7,25 Volt) lieferbar, bringt helleres Licht	

Güge L 9 und L 10
Energie auf dem Rücken

Diese beiden Kombinationen eignen sich zum nachträglichen Ergänzen sämtlicher UW-Filmgehäuse und sind gleichzeitig als starke Handscheinwerfer einzusetzen.

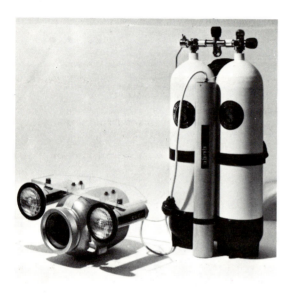

Technische Daten:

Gehäuse:	Seewasserbeständiges PVC-Hartgehäuse mit Präzisions-O-Ring-Dichtung. 80 m druckgeprüft. Farbe gelb-orange
	L 9 / L 10
Birnen:	6 V–100 Watt Punkt- oder Breitstrahler / 6 V–100 Watt Punkt- oder Breitstrahler
Brenndauer:	ca. 25 Minuten / 2 x ca. 25 Minuten
Gewicht:	ca. 1,9 kg / ca. 3,4 kg
Maße des Behälters:	⌀ 75 x 340 mm Länge / ⌀ 75–600 mm Länge
Akkus:	Leuchte wie güge-L 4 mit Gewinde M 10. Wartungsfreie Nickel-Cadmium-Sinterzellen (Deutsches Markenfabrikat)
Schalter:	Drehschalter hinten im Deckel der Leuchte. Wasserdichte Schnellkupplung.

Heco-Lux I
Netzunabhängiger Unterwasser-Aufnahmescheinwerfer

Die komplette Ausrüstung besteht aus 2 Handleuchten LUX I mit je einer Halogenlampe 24 V/250 W, 2 Verbindungskabeln mit wasserdichten Schraubverbindungen, Akkutrommel mit neigungssicheren Bleiakkus und Zweikreisladegerät für 110/220 V Wechselstrom. Die Leuchtdauer beträgt 50 Minuten.

Lampengehäuse: seewasserfeste Leichtmetall-Legierung, alle Einbauteile aus rostfreiem Material. Druckgeprüft auf 120 m Tauchtiefe.
Farbe: Einbrennlackierung hammerschlag-goldfarbig, Armaturen schwarz-eloxal
Abmessungen: Gesamtlänge 285 mm
 größter Durchmesser (am Frontring) 130 mm
 Gewicht 2100 g, unter Wasser 300 g Auftrieb
Dichtungen: nahtlos gezogene Präzisions-O-Ringe
Durchführungen: 2fach gelagerte, schmutzabweisende Radialdichtungen
Schalter: Mikroschalter
Handgriff: verstellbar
Befestigung: mit Kameragewinde 3/8" und 1/4"
Scheinwerfer: von außen Punkt- bis Breitstrahl kontinuierlich fokusierbar.
 Druck- und hitzebeständig (700° C).
 Spezialscheinwerferglas
Lampe: 24 V 250 W Halogen
Lichtleistung: bei einem Leuchtwinkel von 40°/1 m Entfernung 26 000 Lux je Leuchte, bei Betrieb beider Leuchten 42 000 Lux.
Farbtemperatur: 3200° Kelvin

Akkutrommel

Gehäuse: seewasserfeste Leichtmetall-Legierung und druckfestes Spezial-PVC-Rohr; druckgeprüft auf 80 m Tauchtiefe
Abmessungen: Durchmesser 440 mm
　Gesamthöhe 420 mm
　Gewicht über Wasser: 42 kg
　Gewicht unter Wasser: schwebt
Dichtungen: nahtlos gezogene Silicon-Präzisions-O-Ringe
Anschlußbuchse: 2 selbstreinigende Coachsialverschraubungen
Halteösen: 1 Zugöse, 1 Ballastöse
Akkumulatoren: neigungssichere Bleiakkus
Nennspannung: 2 × 28 V
Kapazität: 2 × 15 Ah
Ladekontrolle: Ladezustandsanzeige durch farbige Kugeln

Heco-Ladegerät

Typ: Zweikreisladegerät
Umschalter: für 110/220 V Wechselstrom
Trafo: Trenntrafo
Kontrolleuchte: 2 Netzkontrolleuchten
Ladezeit: 14 Stunden mit 1,5 A
Abmessungen: Höhe 265 mm
　Durchmesser 140 mm
　Gewicht 5800 g
Verbindungskabel: 2 Verbindungskabel mit selbstreinigenden Coachsialverschraubungen, Länge 3,5 m
Zugseil: PVC-Perlon-Seil, Länge 3 m

Technische Änderungen vorbehalten.

Heco-Energieblock

Art: gasdichte NC-Sinterelektroden-Akkus
Nennspannung: 7,44 V
Kapazität: 7 Ah
Betriebsdauer: 50 Minuten konstant
Ladezeit: Die volle Kapazität wird je nach Ladezustand des HECO-Energieblocks nach 8 bis 14 Stunden erreicht. Zur ständigen Betriebsbereitschaft des Energieblocks kann dieser unbegrenzt weitergeladen werden
Ladezeit mit Autoschnelladegerät: 30 Minuten
Gewicht: 1650 g
Lebensdauer: ca. 5 Jahre/min. 1000 Ladezyklen

Heco-Ladegerät elektronisch (spannungs- und strombegrenzt)

Anschluß: 12 V Gleichstrom (mit Autostecker) und 110/220 V Wechselstrom mit Netzstecker
Trafo: Trenntrafo
Sonstiges: Reservelampen und -sicherungen im Gehäuse untergebracht

Heco-Lux II Film- und Suchscheinwerfer

Lampengehäuse: seewasserfeste Leichtmetall-Legierung, alle Einbauteile aus rostfreiem Material, Tauchtiefe 120 m
Farbe: Einbrennlackierung hammerschlag-goldfarbig, Armaturen schwarz-eloxal
Reflektor: gehämmerter Spezial-Reflektor, eloxiert, für Foto- und Filmaufnahmen
Abmessungen: Länge 390 mm, größter ∅ (am Frontring) 130 mm
Gewicht: (ohne Energieblock) 2450 g
Dichtungen: nahtlos gezogene Präzisions-O-Ringe (zusätzliche Schutz-O-Ringe vor den Schraubgewinden)
Durchführungen: 2fach gelagerte, schmutzabweisende Radialdichtungen
Schalter: Drehschalter
Handgriff: verstellbar
Befestigung: Kameragewinde 3/8" und 1/4"
Scheinwerfer: von außen Punkt- bis Breitstrahl kontinuierlich fokussierbar; druck- und hitzebeständig (700°), Spezialscheinwerferglas zwischen 2 O-Ringen gelagert.
Lampe: Halogen 6 V 55 W, Sockel H 3 (z. B. Osram 64147), Farbtemperatur 3200° Kelvin
Zubehör: verstellbarer Tragegurt und Alu-Bereitschaftskoffer

Heco-Lux II P – Suchscheinwerfer

Ausführung wie HECO-Lux II jedoch mit Punktstrahlreflektor und Anschluß für Autoschnelladegerät

Scheinwerfer: von außen fokussierbarer Punktstrahl, durck- und hitzebeständiges Spezialscheinwerferglas (700°)
Lampe: Halogen 6 V 55 W SPEZIAL (Autoscheinwerferanlage), 3200° Kelvin

Heco Schnelladegerät mit Autohalterung

Gehäuse: Stahl, hammerschlag-anthrazitfarbig
Abmessungen: l = 300 mm, h = 160 mm, t = 120 mm, Gewicht 2500 g
Anschluß: 12 V Gleichstrom
Stromaufnahme: Schnellladung 10 A, Ladeerhaltung 50 mA
Schnelladezeit: 30 Minuten
Kontrollampen: für Schnelladung, Ladeerhaltung, Störungsanzeige
Elektronik: volltransistorisiert, kurzschlußsicher, konstanter Ladestrom, bei Erreichung der Ladeschlußspannung automatische Umschaltung auf Ladeerhaltestrom
Halterung: Unfallsicherheitshalterung mit Schnellverriegelung

Automontage: Ladegerät wird an einem geeigneten Platz im Fahrzeug fest montiert, zwei Bohrungen sind in der Bodenplatte bereits angebracht.

Durch Schnelladung keine Beeinträchtigung der Lebensdauer oder der Ladezyklen der Batterien.

Filmleuchte Hugylight-115

Die Leuchte ist lieferbar mit drei verschiedenen Nickel-Cadmium-Akkumulatoren-Paketen von 7,5 V (65 Watt/35 min), 14 V (110 Watt/35 min) und 16 V (150 Watt/18 min). Das 7,5 NC Akkumulatoren-Paket kann auch nachträglich ergänzt werden zu einem 14 V oder 16 V-Paket. Die NC-Rundzellen sind in einem verschraubten Leichtcontainer zusammengepackt, der alle elektrischen Teile wie vergossene Schalteinheit, Ladestrom-Buchse, Verdrahtung und Lampenfassung enthält.

Durch die bei einigen hundert Geräten ermittelte und bewährte Überspannungs-Dosierung ist eine günstige UW-Farbtemperatur und große Lichtintensität beim HUGYLIGHT-115 mit NC-Akkumulatoren gegeben. Vergleichsweise fällt beim Einschalten einer 100 Watt Lampe an einem 12 V Blei-Akkumulator von 7 Ah die Nennspannung auf ca. 11,4 V ab, so daß die Halogenlampe gar nicht ihre Normleistung erreicht und entsprechend lichtärmer und farbtemperaturschwächer leuchtet.

Nickel-Cadmium-Akkumulatoren sind in etwa doppelt so teuer wie geschlossene Blei-Akkumulatoren. Zum oben erwähnten Vorteil der Überspannungs-Dosierung kommt noch hinzu, daß die Lebensdauer des NC-Akkus – im Gegensatz zum Bleiakku – zeitlich unbegrenzt ist, – sie ist von den Ladespielen abhängig. Diese liegen bei einer Zahl zwischen 1000 und 5000.

Das HUGYLIGHT-115 ist mit einem 2teiligen Handgriff versehen. (Handgriff, Ballengriff mit

Gewindebolzen), der auch für die einfache Befestigung an jedem Stabilisatorflügel Verwendung findet.

Das HUGYLIGHT-115 ist ausschließlich O-Ring-gedichtet und 100 m druckgeprüft. Es ist ein Anticorodal-Formguß-Gerät, das seiner kleinen Abmessungen wegen unter Wasser mit Akku-Vollpaket nicht schwerelos sein kann (⌀ 125 × 410 mm).

Dichtung: O-Ring-Dichtung an der Streuglasscheibe, O-Ring-Dichtung an Schaltachse und Ladeverschlußschraube.

Verschlüsse: Schraubverschluß des Frontringes.

Elektr. Ausrüstung: Drehmagnetschalter über doppelt O-Ring-gesicherte Durchführung betätigt.

Das Hugylight-115 weist einen autonomen Container auf (Power set), in welchem alle elektrischen Organe enthalten sind: der in Kunstharz wasserfest vergossene Relais-Magnet-Schalter, die Ladesteckdose, die Lampenfassung, die Verdrahtung und der NC-Akkumulatorensatz nach Wahl (ergänzbar). Die Aufladung erfolgt innerhalb von 15 Stunden oder mit Schnelladegerät innerhalb von 6 Stunden ohne Zerlegung des Gerätes. Der Container kann auch problemlos aus dem Druckgehäuse herausgezogen und z. B. ausgetauscht werden.

HUGYLIGHT-115	7,5	13,5	14	15
NC-Akku-Nennspannung + Kapazität	7,2 V 7 Ah	13,2 V 7 Ah	13,2 V 7 Ah	15,6 V 7 Ah
Anfangs-Betriebsspannung	6,8 V	12,8 V	12,8 V	15 V
Halogenlampe	6 V 55 W	12 V 55 W	12 V 100 W	15 V 150 W
Überspannung / A	22 %/ 10 A	14 % / 5 A	7 % / 8 A	0/10 A
Nutzbare Lichtzeit	30 min.	70 min.	30 min.	18 min.
Lichtwinkel	45°	45°	45°	45°
Lichtwinkel	33°	33°	33°	33°
Größe ohne Griff		⌀ 12,5 cm, Länge 40 cm		
Handgriff + Gewindehalterung	M 10	M 10	M 10	M 10
Gewicht kg	4,300	5,600	5,600	5,850
Gewicht u. W. kg	0	1,000	1,000	1,250
Garantie		mind. 1000 Ladespiele, 5 Jahre, 80 m tauchfest		

Ladegerät 110/220 V
umschaltbar für alle 4 Modelle

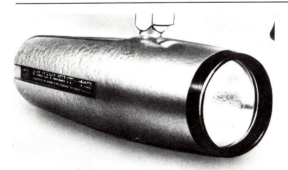

Marittima UW-Filmleuchte ML 71

Technische Daten:
Verwendbar für alle UW-Filmkamera-Gehäuse
Helles filmbildausleuchtendes Licht (kein Punktlicht)
Zwei Doppelleuchten mit je 2 × 100 Watt Halogen-Lampen (gesamt 400 W)
Brenndauer ca. 10 Min.
Leuchtengehäuse aus seewasserfester Aluminiumlegierung
Leuchten mit Paralaxenverstellung
Batteriegehäuse aus Hart-PVC
Leicht auswechselbare Batterieeinsätze
Standschienen und Basis für UW-Gehäuse-Befestigung, vom Batteriegehäuse abnehmbar
Schalter am Batteriegehäuse
Verbindungskabel mit wasserdichten Steckern und Überwurfmutter
Sämtliche Durchführungen und Dichtungen mit O-Ring-Dichtung
Gesamte Anlage ist hammerschlag-effektlackorange (Scheibeneinfassung schwarz) gespritzt
Druckgeprüft auf 120 m Wassertiefe
Zusatzeinrichtungen:
Verschiedene UW-Gehäuse-Verbindungen

ML 72
UW-Halogen-Zwillings-Filmleuchte 400 W
Zweistufenschalter kompl. mit Batterie, Glühlampen und Ladegerät
Zwillings-Batterien-Gehäuse
Kompl. Batterieeinsatz (2 St.) 12 V 15 Ah
Lampe 2 × 100 W (St.)
Verbindungskabel (St.)
Ladegerät

ML 73
UW-Halogen-Filmleuchte 200 W
Kompl. mit Batterie, Glühlampe und Ladegerät
Batterien-Gehäuse – klein
Batterien-Einsatz 12 V/7,5 Ah
Lampe 2 × 50 W (St.)
Verbindungskabel (St.)
Befestigungsbasis + Standschienen
Ladegerät

Nautica UW-Filmleuchten

Mini Aqualight
Autonome Halogen-Filmleuchte aus Hart-PVC wahlweise mit wiederaufladbaren NC-Batterien für ca. 20 Min. Brenndauer
Leistung: ca. 70 Watt, 4 Ah
Farbtemp: 3200 K
Maße: 250 × 110 ∅
Gewicht: 2,4 kg
tauchfest: 60 m

Aqualight
Technische Beschreibung:
Autonome Halogen-Filmleuchte aus Hart-PVC, bestückt mit zwei Dryfit PC-Akkumulatoren 12 V, 4–5 Ah
Umschaltmöglichkeit auf Paralellbetrieb 12 V, 9 Ah
oder auf Serienbetrieb 24 V, 4–5 Ah
dadurch ist es möglich, sowohl 12 Volt- als auch 24 Volt-Lampen zu verwenden. Die Brenndauer beträgt bei Verwendung einer

12 Volt, 50 Watt Lampe	60 Minuten
12 Volt, 100 Watt Lampe	30 Minuten
24 Volt, 150 Watt Lampe	14 Minuten
24 Volt, 250 Watt Lampe	9 Minuten

ca. Werte mit Pausen!
Bei Laden ist der Kippschalter auf 12 Volt zu stellen. Bei der Lieferung ist der Scheinwerfer üblicherweise mit einer 24 Volt, 150 Watt Lampe bestückt.
Ladegerät: 12 Volt, 800 mAh

UW-System Dr. Kief – Akkuleuchte L$_3$

Die Lampe L$_3$ ist eine gesetzlich geschützte Neuentwicklung von UW-System. Das Kernstück von L$_3$ ist die handelsübliche Halogen-Kaltlicht-Spiegellampe, deren lichtoptische Eigenschaften als unübertroffen gelten. Darüber hinaus wird diese Lampe auf dem Markt in einer derartigen Leistungsvielfalt angeboten, daß man sich keine Funktion unter Wasser vorstellen kann, der diese Lichtquelle nicht optimal gerecht wird. Es gibt sie von 6 V/20 Watt, 8 V/50 Watt über 12 V/75 Watt, 12 V/100 Watt, 15 V/150 Watt, 21 V/150 Watt bis zu 24 V/250 Watt. Die mittlere Lebensdauer, auch bei einer Leistung von 250 Watt, beträgt immer noch 50 Stunden. Die Reflektoren der Halogen-Kaltlicht-Spiegel sind in einem Spezialverfahren vakuumbedampft. Die Reflektionsfähigkeit dieser Spiegel übertrifft bei weitem alles Vergleichbare, sie beträgt über 98 %. Daraus resultiert eine geradezu verblüffende Lichtausbeute, die Metallreflektoren wesentlich größerer Durchmesser häufig übertrifft. Die Streuwinkel sämtlicher Ausführungen sind groß genug, um allen filmischen

Belangen gerecht zu werden. Darüber hinaus werden einige Ausführungen dieser Lampe mit einem Brillenreflektor angeboten, der den beim Film erwünschten Streueffekt aufweist. Das UW-System-Gehäuse ist exakt um diese Halogen-Kaltlicht-Spiegel herumgegossen und sichert durch seine Kühlrippen eine optimale Wärmeabführung. So kann z. B. die 100 W/12 V bedenkenlos auch außerhalb des Wassers eingesetzt werden.

Technische Daten:
1. Lampengehäuse aus seewasserfestem Alu-Guß mit angegossenen Kühlrippen, druckfest bis auf 100 m Tauchtiefe.
2. Akkugehäuse aus PVC-Hartrohr mit Schraubkappen aus Alu-Guß. Lampenaufbau daher möglich als Handlampe (Akku- und Lampengehäuse fest verschraubt) und als Filmleuchte (Lampengehäuse von Akku getrennt und frei beweglich gelagert). Als Akkus stehen zur Verfügung 2×6 V, 6,0 Ah und 1×12 V/4,5 Ah, 2×12 V/4,5 Ah (bei 250 W/24 V).

Optische Ausrüstung: Halogen-Kaltlicht-Spiegellampen 50 W, 75 W, 100 W Streuglasscheibe. Farbe: Corpus verchromt, Schraubblende mattschwarz, kunststoffbeschichtet, Akkubehälter orange-schwarz.

Akkuleuchte UW-System – Dr. Kief

Der Aufbau dieser Lampen, desgleichen der Akkubehälter, wurde vollständig revidiert. Zur Serviceerleichterung wurde der Lampenaufbau 3-geteilt, und zwar in eine Leuchteinheit, bestehend aus gehämmertem Streureflektor mit Kühlrippen, O-Ring-gedichteter Glasscheibe und Schraubblende. Zweitens dem Lampenkörper, der O-Ring-gedichtet auf den Reflektor aufgeschraubt wird und auf der Rückseite mit einem Schraubdeckel, wie bisher, verschlossen wird. Die Akkus werden mittels einer Alu-Gußplatte, die die elektrische Schalteinheit aufnimmt, und 2 V_2A-Stangen zwischen Reflektor und dieser Gußplatte absolut unverrückbar eingespannt. Die Lampe wird ein- und ausgeschaltet über einen, in einem Drehring eingelassenen Magneten, der ohne die Lampe durch eine zusätzliche Durchführung in ihrer Sicherheit zu belasten, im Lampeninnern ein Reedrelais betätigt, das wiederum über ein Starkstromrelais die Lampe ein- bzw. ausschaltet. Auf Wunsch wird gegen Aufpreis anstatt des Relais eine absolut verschleißfreie Elektronik geliefert. Diese Schaltung ist obligatorisch für alle UW-System-Lampen L_1, L_2, L_3. An besonderen durch Schlag und Stoß belasteten Stellen werden alle Lampen (ebenso alle Gehäuse) mit schlagfester, mattschwarzer Kunststoffbeschichtung geliefert.

Tesche UW-Filmtechnik, UW-Kompaktscheinwerfer

Technische Daten:
Lampengehäuse: Schlagfester Kunststoff, alle Einbauteile aus Edelstahl, druckgeprüft auf 100 m Tauchtiefe
Gewichte: 12 V/100 W – 3,9 kg – 24 V/250 W – 6,3 kg
Dichtung: Nahtlos gezogene Präzisions-O-Ringe Wellendurchführungen 2fach
Farbe: Spezialleuchtfarbe orange
Abmessungen: 12 V/100 W   24 V/250 W
       Gesamtlänge: 285 mm   425 mm
       Durchmesser: 125 mm   125 mm
Schalter: Micro-Switch, explosionsgeschützt
Haltegriff: beliebig verstellbar mit M 6 Mittengewinde für Kamerabefestigung
Reflektor: Hochleistungsreflektor – Spezialeloxierung
Lamüe: Halogen 12 V/100 W 24 V/250 W 24 V/150 W
Stromversorgung: Sonnenschein Dryfit Akkus, fest eingebaut und wiederaufladbar
Betriebsdauer: 12 V/100 W 24 V/250 W
               20 Minuten 12 Min. im Intervallbetrieb
Ladezeit: Für beide Typen mit dem vollautomatischen Ultimatic-Ladegerät ca. 8 Stunden.

Die Scheinwerfer können durch einfaches Herausdrehen der Frontscheibe als Überwasserscheinwerfer benutzt werden.
Die Preise verstehen sich inclusive der gültigen Mehrwertsteuer und des Ladegerätes.
Die Lampen werden betriebsfertig ausgeliefert.

Tesche UW-Filmleuchte
Technische Daten zum Nickel-Cadmium-Scheinwerfer

Länge 18 mm, Durchmesser 160 mm – Gewicht 4 kg, Leistung 200 W Halogen innenverspiegelt, Brenndauer ca. 17 Minuten – Nickel-Cadmium-Akkus, absolut gasdicht – tiefladesicher – keine Wartung – Haltbarkeit je nach Gebrauch 10 Jahre, druckfest 80 m – Frontscheibe 500 Grad Celsius hitzebeständiges Streuglas –

Tesche Scheinwerfer-Kamera-Kombination in Kleinstbauweise, extrem lichtstark – Zentralschalter
Spezialstreuscheiben (700 Grad Celsius)
Halogenkaltlicht – 2 × 100 Watt
Scheinwerfer werden über Spezialgelenke mit einem Handgriff bis zur extremsten Macroeinstellung in voll ausleuchtende Lichtposition gebracht. Gewicht der kompletten Anlage mit Kamera 6 kg.

TO – We Marin
UW-Halogen-Filmleuchte 200

Technische Daten:
Aus seewasserfestem Hart-PVC, druckgeprüft auf 100 m Wassertiefe. Mit 2 Halogenbirnen á 12 Volt, 100 Watt (insgesamt 200 Watt).
Schaltmöglichkeiten:
50, 100, 150, 200 Watt
Durch das Einsetzen einer 12 Volt, 50 Watt Halogenbirne bietet die UW-Lampe 4 Schaltmöglichkeiten 50, 100, 150 und 200 Watt. Die Dosierung der Lichtintensität z. B. für Nahaufnahmen, Nacht- und Höhlentauchgänge ist somit möglich.

Leichte Handhabung beim Birnenwechsel – innerhalb einer Minute. Der handliche Aluminiumgriff bietet gute Befestigungsmöglichkeit an UW-Kameragehäusen.
Farbe: Hammerschlaglackierung, blau
Maße: Länge 49,5 cm, Durchmesser 13 cm
Gewicht über Wasser: 6 kg. Die Filmleuchte läßt sich im Wasser leicht führen, da ihr Gewicht unter Wasser austariert ist.
Dichtung: Klarsicht-Verschraubungen mit nahtlos gezogenen Präzisions-O-Ringen, Wellendurchführungen mit O-Ring-Dichtungen.
Akku: Lageunabhängiger, explosionsgeschützter, wartungsfreier, tiefladesicherer dryfit PC Akkumulator 12 Volt, 7,5 Ah.
Birnen: 2 Halogenlampen 12 Volt, 100 Watt bzw. 1 Birne 12 Volt, 100 Watt und 1 Birne 12 Volt, 50 Watt. Einzel- und Doppelschaltung möglich.
Farbtemperatur: 3200° Kelvin – 6000 Lumen –
Betriebsdauer: Bei 200 Watt ca. 15 Minuten.
Bei 150 Watt ca. 20 Minuten.
Bei 100 Watt ca. 30 Minuten.
Bei 50 Watt ca. 60 Minuten.
Klarsicht-Frontglas-Verschraubung und Reflektor: Die Spezial-Klarsicht-Frontglas-Verschraubung – mit dem besonderen Lichtstreueffekt und der Breitstrahlreflektor der UW-Lampe sind so beschaffen, daß Filmszenen mit aller beliebigen Optik schon von wenigen Zentimetern bis zur maximalen Reichweite – bei der Farbaufnahmen unter Wasser noch einen Sinn haben – optimal ausgeleuchtet werden. (Kein Punktlicht).
Ladegerät: 220 Volt, umschaltbar auf 110 Volt, mit Ladekontrolle.
Ladezeit: 12–14 Stunden, bei 6–7 Stunden ist jedoch schon eine 90 %ige Ladung erreicht. Bei Wiederaufladung bleibt der Akku im Gehäuse.

Konstruktionsänderungen, die bei der Verbesserung der UW-Lampen dienen, sind vorbehalten.

Subatec – Subalight 55-150-155

Mit den Scheinwerfermodellen SUBALIGHT 55-150-155, stellt Subatec eine neue Generation von UW-Scheinwerfern vor. Der Grundgedanke dieser Neuentwicklung ist der, dem Taucher, UW-Filmer und Forscher Geräte zur Verfügung zu stellen, die hinsichtlich Leistung, Gewicht und Ausmaßen neue Dimensionen eröffnen. Der Scheinwerfer ist so gebaut, daß die Lichtstärke und Brenndauer durch Auswechseln der Birneneinsätze jeder Aufgabe angepaßt werden kann. Damit eignet sich die Lampe für Film, Forschung, als Pilotlicht, in Höhlen, Camping, Katastropheneinsätze etc. Die Befestigung an ein UW-Film- oder Fotogehäuse kann leicht bewerkstelligt werden. Der breite Aluminiumgriff der Lampe erlaubt nachträgliche Bohrungen und Gewindeschnitte. Die außerordentlich kleinen Ausmaße der Lampe konnten verwirklicht werden, da alle Materialien sorgfältig ausgesucht worden sind. Das Gehäuse besteht aus einer gezogenen Aluminiumlegierung, die durch ein besonderes thermisches Verfahren eine hohe Widerstandskraft erreicht hat. Die wasserdichten Nickel-Cadmium-Batterien, die besonders klein gebaut sind, werden auch in der Weltraumfahrt und in Flugzeugen verwendet.

Diese Batterien haben hervorragende Eigenschaften: Lebensdauer (in KW/h) 5–9mal länger als mit Bleibatterien gleicher Leistung, oder ca. 15 Jahre. Die Lagerung ist ohne irgendwelche Wartung (Aufladen etc.) mehrere Jahre möglich. Ebenso außerordentlich ist die Spannungsstabilität, auch bei stärkster Belastung und die Unempfindlichkeit gegenüber Schlägen. Die Ladefähigkeit beträgt, ohne irgendwelche Verschlechterung, über 200 Stunden. Die Subalight Scheinwerfer sind in 4 Typen erhältlich (alle in derselben Bauweise).

Typ 55 ist besonders als Pilotlicht oder um die für den Taucher bisher üblichen Batterielampen zu ersetzen, geeignet. Denn die konventionellen Taucherlampen sind nicht in der Lage, den wahren Farbenreichtum der UW-Welt bei Tag und bei Nacht sichtbar zu machen (Rotabsorption etc.). Der Lichtkegel ist nicht mehr nur ein kleiner schwacher Punkt, sondern ein großer Kreis der alles taghell erleuchtet. Zudem ist auf die Dauer die Verwendung von gewöhnlichen Lampenbatterien ziemlich teuer (z. B. DM 100,– pro Jahr) und dazu besteht ständig die Gefahr, daß die Batterien auslaufen. Eine einfache Rentabilitätsrechnung beweist die Wirtschaftlichkeit der aufladbaren Batterie. Der Preis der benötigten Strommengen beläuft sich auf Pfennige!

Typ 150, 155 und 250 sind besonders für UW-Filmer geeignet. Ebenso werden durch Verwendung schwächerer Birneneinsätze, besonders lange UW-Aufenthalte ermöglicht.

Technische Daten:
Gehäuse: Ganz aus gezogener Aluminiumlegierung hergestellt, die thermetisch behandelt wurde. Korrosionsschutz und Farbe sind durch einen speziellen Prozeß direkt mit dem Material verbunden.
Farbe: orange
Abdichtung: bis 100 Meter. Geprüft in 150 m Tiefe. Der Scheinwerfer läßt sich ohne jegliche Hilfswerkzeuge öffnen.
Batterie: Aufladbare Nickel-Cadmium-Batterie, absolut wartungsfrei. Zertifikat der US Air Force, Nr. MIL B 55 130.
Birnen: Halogeneinsätze. *Reflektor:* Dieser verteilt das ganze Licht gleichmäßig in einem Winkel von 60° (UW) ohne irgendwelchen Lichtabfall an den Lichtkegelrändern. *Hauptschalter:* Drehschalter (100°) mit Beschriftung on/off auf der entsprechenden Stellung.
Frontscheibe: Aus unzerbrechlichem Glas. *Ladegerät:* Wird mit der Lampe mitgeliefert. Anschluß ist durch Spezialstecker (Fehlschaltung ausgeschlossen) möglich, ohne Batterie herausnehmen zu müssen. Ladedauer 10 Stunden, Netzspannung 220 V.

Leistungen, Maße und Gewichte

Typ				
Typ 55	55 W = 50 Min.	20 W = 120 min.	10 W = 260 min.	⌀ 100 x 170 mm 1,9 kg
Typ 150	150 W = 16 min.	100 W = 29 min.	50 W = 60 min.	⌀ 100 x 205 mm 2,3 kg
Typ 155	150 W = 30 min.	100 W = 54 min.	50 W = 110 min.	⌀ 100 x 265 mm 3,3 kg
Typ 250	250 E = 23 min.	150 W = 40 min.	100 W = 60 min. 50 W = 125 min.	⌀ 100 x 330 mm 4,1 kg

Die Leistungsangaben, die in der oben stehenden Tabelle garantiert werden, sind gültig für eine dauernde Belastung, bis zum Erreichen der Spannung, die noch 80 % der Nennspannung beträgt.

Welxa-UW-Halogen-Filmleuchte Nr. 7002

Technische Daten:
Gehäuse: Seewasserfeste Alu-Legierung Almg 5, Einbauteile V_2A-Edelstahl-Kunststoff. Druckgeprüft auf 80 m Tauchtiefe.
Gewicht: incl. Batteriesatz 8,7 kg
Maße: ohne Lampenarme: Länge 28 cm
　　　　　　　　　　　　Breite 34 cm
　　　　　　　　　　　　Höhe 17 cm
Oberfläche: Polyamid-Kunststoffbeschichtung Korallrot eingebrannter, porendichter Überzug Extrem widerstandsfähig
Dichtung: Nahtlos gezogene Präzisions-O-Ringe Solide Verschraubung
Batterien: 2 PC-Sonnenschein, 6 V – 100 W. Gegen Aufpreis auch NC – Accu und entspr. Ladegerät lieferbar.
Netzspannung: 12 Volt
Kapazität: 15 Ah
Betriebsdauer: Bei 15 Sek. Einschaltdauer und 60 Sek. Pause = ca. 35 Minuten
Anschluß: Welxa Spezialstecker mit versilbertem Stecker und Buchsen
Schalter: Kippschalter (im Kameragehäuse)
Ladezeit: 14–16 Stunden; 80–90 %ige Ladung nach der halben Zeit (6–7 Stunden)
Horizontaler Ausstrahlungswinkel 30° × 40°. Gleichmäßige Ausleuchtung des Bildfeldes.

Brenndauer ca.	Farbtemperatur ca. in ° Kelvin	Lichtstärke in c. l. ca.	Spannung Volt	Leistg. Watt
10 Std.	3400	23 000	6	100

Normalausrüstung zwei 6 V/100 W Weitwinkellampen. Beide Lampen durch Kugelköpfe beweglich.
Die möglichen Wiederaufladungen bei Teilentladungen oder entsprechenden Hochstrombelastungen: 800–1000.
PC-Batterien sind völlig lageunabhängig. Sie können in jeder beliebigen Lage – selbst auf dem Kopf stehend – gelagert, entladen und geladen werden.
Blum-Automatic-Ladegeräte
Gemeinsame Daten: Ladestrom max. 0,8–0,1 Amp. absolut kurzschluß- und verpolungssicher
Typ EL 14083 für 12 V-Batterien
(WELXY-Halogen-Leuchte) Netzspannung von 90–250 V. Ladespannung max. 13,9±0,1 V
Ladezustandsanzeigeninstrument in %
Abmessungen ca. 105 × 160 × 75 mm, Gewicht ca. 2 kg
Typ EL 708 für 6 V-Batterien
Netzspannung von 90–250 V, Ladespannung max. 6,9±0,1V
Ladestromanzeige mit Instrument
Abmessungen ca. 105 × 160 × 75 mm, Gewicht ca. 2 kg
Typ EL 7081
für 6 V-Batterien vom 12 V-Bordnetz Auto oder Boot Eingangsspannung 11–15 V, Ladespannung max. 6,9±0,1 V
Ladeanzeige durch Leuchtdiode
Abmessungen ca. 102 × 72 × 50 mm, Gewicht ca. 0,2 kg

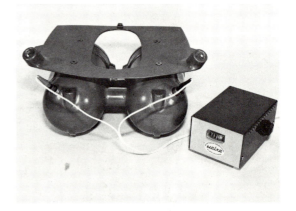

Akkuleuchten: Eigenkonstruktion des Autors mit Doppelreflektoren und Dry-Fit-Akkus.

Szenen-Übergänge

Szenen-Übergänge wie Überblendungen, Doppelbelichtungen, Auf- und Abblendungen, Kipp-, Wirbel-, Rauch-, Nebelblenden usw. sind zwar für den normalen Schmalfilmer mit einer gewissen Arbeit verbunden, aber dank der im Handel erhältlichen Zusatzausrüstungen durchaus ausführbar. Dagegen sind die Möglichkeiten, unter Wasser gute und logische Szenen-Übergänge herzustellen, wenig bekannt und kaum genutzt. Dabei kann man auch im nassen Element mit ein bißchen Phantasie und einigem Nachdenken die interessantesten Szenen-Übergänge ohne großen Aufwand schaffen. So ist beispielsweise unter Wasser eine Aufblendung für den Filmanfang ganz einfach herzustellen. Man braucht bloß die Frontscheibe der UW-Kamera so gegen ein Motiv wie etwa Stein, Sand, Plattfisch, eine Steckmuschel oder auch gegen den Körper des Tauchkameraden zu drücken, daß die Optik völlig verdeckt und gegen Lichteinfall geschützt ist. Nun drückt man auf den Auslöser, hält die Kamera zwei Sekunden lang ruhig und fährt dann, ohne den Kameralauf zu unterbrechen, langsam zurück: Das Motiv wird aus der Dunkelheit und Unschärfe heraus klar sichtbar und kann zu einer ganzen Szene abgedreht werden. An diese Aufblendung lassen sich die verschiedensten Einstellungen anschließen. Abblendungen macht man auf diese Weise, nur in umgekehrter Reihenfolge.

Beim Auf- und Abblenden unter Wasser gibt es aber noch eine ganze Anzahl weiterer Varianten: Man kann einen Taucher geradewegs auf die Kamera zuschwimmen lassen, wobei in der letzten Phase seine Tauchmaske die Optik völlig ver-

Oben: Einfach den Plattfisch mit der Frontscheibe der UW-Kamera auf den Sand pressen und losdrehen – das gibt einen tollen Szenenanfang oder -übergang.

Die letzte Einstellung unter Wasser: Ein Schwimmer verläßt den Pool – guter Übergang zu Landkomplexen.

deckt. Wirkungsvoller ist es dabei, wenn der Taucher nicht einfach stur auf die Kamera losschwimmt, sondern mal nach links, mal nach rechts schaut. Erst direkt vor der Kamera deckt er diese dann mit der Tauchmaske ab. Das ergibt eine Abblendung, die unschwer herzustellen und recht effektvoll ist. Gute Zusammenarbeit zwischen dem Kameramann und seinem Tauchkameraden erfordert das Abblenden mittels einer Tauchflosse. Der Kameramann läßt dazu den Taucher ruhig über sich hinwegschwimmen und fährt dann so mit der Kamera an die schlagenden Flossen heran, daß eine davon die Optik schließlich ganz abdeckt. Diese Abblendung ist schon etwas raffinierter und daher auch schwieriger auszuführen. Sie setzt voraus, daß die Einstellung mit dem Tauchkameraden genau abgesprochen und mehrmals geprobt wird. Nach dem Überschwimmen des Kameramannes muß der Taucher nämlich zurückschauen und seine Flossenschläge so abstimmen, daß der die Optik mit einer der Flossen exakt trifft und sofort restlos abdeckt. Umgekehrt kann man natürlich auch aufblenden, indem man die abdeckende Flosse in einer natürlichen Schlagbewegung die Optik freigeben läßt.
Auch für die Rauch- oder Nebelblende, die ab und zu beim Filmen über Wasser benutzt wird, gibt es unter Wasser Ersatzmöglichkeiten. Am einfachsten läßt sich anstelle des Rauches aufgewirbelter Schlamm einsetzen, den es übrigens bei den meisten Film-Tauchgängen ohnehin in reichlicherem Maße gibt, als dem Kameramann lieb sein kann. Eine elegante Nebelblende bekommt man ebenfalls, indem man Milch aus einem Heimsyphon seitlich vor die Optik der UW-Kamera sprüht.
Eine weitere, sehr einfache, für das Tauchermilieu aber wohl besonders charakteristische Blende ergibt das Hineinfahren mit der Kamera in die aufsteigenden Luftblasen eines Gerätetauchers. Stets wirkungsvoll sind Aufnahmen von ins Was-

ser springenden Tauchern. Die Überwasser-Aufnahme zeigt die Bereitstellung und den Sprung; in mit der UW-Kamera aufgenommenen Gegenschuß sehen wir, wie die Wasseroberfläche durchbrochen wird und der Taucher in die Tiefe gleitet.

Eine Variation ergibt sich, wenn der Kameramann selbst mit der UW-Kamera ins Wasser springt. Dazu muß aber die Ganggeschwindigkeit auf mindestens 48 B/S, besser noch auf Zeitlupe gestellt werden. Nach dem Eintauchen sollten möglichst gleich konkrete Motive wie Taucher, Fischnetze oder unterseeische Landschaft im Bild sein, um den plötzlichen Übergang auf die UW-Szene zu unterstreichen.

Auch die im Kapitel ›Aufnahmetechnik‹ beschriebenen schnittlosen Übergänge von Über- auf Unterwasser und umgekehrt gehören in die Reihe der zahlreichen Möglichkeiten, zu ungewöhnlichen Szenenübergängen zu kommen.

Aber auch die echte optische Überblendung ist heute für den UW-Filmer kein Problem mehr. Vorausgesetzt die Aufnahmekamera verfügt über folgende technische Eigenschaften:

1. Die Blende des Kameraobjektivs muß sich stu-

Linke Seite: Das Hineinfahren mit der UW-Kamera in die immer größer werdenden Luftblasen eines Gerätetauchers ist ein geradezu ideales Beispiel für einen natürlichen Szenenübergang.

Rechts oben: Noch ist die Gestalt des Schwimmers auf interessante Weise verzerrt. Aber gleich wird der Fuß gigantisch ins Bild kommen.

Rechts: Mit der auf einem einfachen Unterwassergleiter montierten UW-Kamera lassen sich rasante Fahrtaufnahmen leicht herstellen.

fenlos schließen lassen (Abblendung).
2. Der Film muß sich auf das einzelne Bild genau zurückspulen lassen (Kontrolle und Rückspulen muß am Gehäuse möglich sein).
Nicht alle Super 8-Kameras verfügen über diese Voraussetzungen. Bei der Bauer-Filmkamera C-Royal z. B. ist ein Überblenden von Hand, in Verbindung mit einem geeigneten UW-Gehäuse möglich. In der Praxis geht das so: Am Ende einer für die Überblendung vorgesehenen Szene wird der Überblendknopf langsam und kontinuierlich bis zum Anschlag gedreht. Ist die Abblendung 4 Sekunden lang, so haben wir im 24er Gang genau 90 Einzelbilder belichtet. Nun spulen wir den Film bei völlig geschlossener Blende um genau diese 90 Bilder zurück. Unsere Kamera ist aufnahmebereit für die nächste Szene, die natürlich jetzt mit einer gleichlangen Aufblendung beginnen muß. Diese Art von Überblendungen wirkt am besten, wenn beide Szenen möglichst gleich im Licht sind und über kräftige Farben verfügen. Bei teuren Kameras läßt sich die Überblendung auch vollautomatisch bewerkstelligen.

Links oben: Der Trompeter vom Königssee aus der Tauchperspektive im Gegenlicht gesehen.

Links: Weichkorallen im Roten Meer im Gegenlicht.

Filmthemen

An und für sich hat kaum ein Filmer, sei es über oder unter Wasser, Schwierigkeiten, was die Idee oder die Thematik für einen Film betrifft. Im Gegenteil, häufig sind mehr Stoffe vorhanden, als sich mit den zur Verfügung stehenden Mitteln realisieren lassen. Trotzdem sei es mir gestattet, hier ein paar Anregungen oder Denkanstöße, wie man heute so treffend sagt, zu geben.

Viel zuwenig wird meines Erachtens von der Musik als Thema eines Filmes Gebrauch gemacht. Dabei ist eine gute Melodie ein gutes und preiswertes Stilmittel, um einem Film seine besondere Note zu geben. Es muß nicht immer gleich die »Rhapsodie in blue« sein, wie sie der Wiener Dr. Tschokl mit großem Orchester und vielen teuren optischen Tricks auf UW-Milieu zu transponieren versucht hat. Nur Schlager eignen sich in den seltensten Fällen als Filmmusik. Sie sind zu schnell aus der Mode und vergessen. Sieht man seinen mit einem Tageshit unterlegten Film dann Jahre später wieder, ist man meistens enttäuscht. Zum musikalischen Grundthema eines UW-Filmes eignen sich schon eher klassische Melodien, die natürlich auch aus dem Bereich des Jazz oder der Unterhaltung stammen können. So könnte ich mir z. B. »Desafinado« von Stan Getz und Charlie Byrd gespielt im Geiste als durchgehende Leitmelodie eines 6-Minuten-Kurzfilms über das bunte Leben in einem Korallenriff vorstellen. Die verschiedenen Soli der sechs Interpreten könnten im Film mit den Verhaltensweisen unterschiedlicher Tierarten motiviert werden. Das erfordert natürlich enormes Einfühlungsvermögen schon beim Drehen. Am besten ist es, wenn man die Melodie per Kassettenrecorder stets bei sich

Die Beschäftigung mit einer einzigen Fischart, wie z. B. dem Krokodilsfisch, kann zu einem ganzen Filmthema werden. Foto unten: Jürgen Siegmund.

hat, um möglichst danach das Musikthema optisch ausdeuten zu können. Das brandheiße Thema »Schützt das Meer« ist im UW-Film fast überhaupt noch nicht behandelt worden. Das »Concierto de Aranjuez« von Joaquin Rodrigo wäre der ideale Hintergrund für ein solches Thema. Im ersten heiteren Teil, dem Allegro con spirito, kann die Schönheit der verschiedensten UW-Landschaften auch in fast lustig wirbelnden Bildmontagen gezeigt werden. Der zweite Teil, das Adagio, paßt ideal zu langen Fahrtaufnahmen von durch die verschiedenen Umwelteinflüsse zerstörten UW-Landschaften. Wenn diese Melodie nur optisch feinfühlig ins Bild umgesetzt wird, ist ein Abgleiten ins Kitschige ausgeschlossen. Gegen Ende des Films kann die optimistische Komponente des ersten Teils wieder aufgefangen werden, die Menschen werden vernünftig, es ist noch nicht zu spät, auch unsere Enkel werden noch Korallenriffe sehen.

Richtig angelegt muß so ein Thema ohne jeden Kommentar, gut geschnitten und nur mit Musik und Geräuschen unterlegt, seine Wirkung erzielen. Will man solche, stark von der Musik geprägten Filme kommerziell nutzen, so sollte man die Gemarechte, die für fast alle Musiken außer alten Volksliedern und ähnlichem gelten, berücksichtigen. Normalerweise muß die Genehmigung zur Nutzung einer bestimmten Musik bei der Gema eingeholt und entsprechend bezahlt werden.

Übrigens kann man unzählige Musiken auch bei den großen Tonstudios kaufen, die Gemarechte

Oben: Der bekannte Berliner UW-Filmer Horst Laskowsky dreht einen Messerkampf in der Halle. »Lasko« ist Vollblutamateur und für sein Schaffen schon mit zahlreichen Preisen ausgezeichnet worden.

Unten: Auch ein Gag des Berliners – die Dreifach-Harpune, erstmals gezeigt in seiner James Bond-Parodie »Minibond«. Fotos: Horst Laskowsky.

sind dann meistens im Kaufpreis enthalten. Nicht immer ganz einfach ist es, humorvolle oder lustige Filme zu realisieren. Durch besonderen Ideenreichtum zeichnet sich auf diesem Gebiet mein Freund Lasko aus Berlin aus. So konzipierte er z. B. einen Kurzfilm, der mit einem ellenlangen Vorspann begann. Jeder Mitarbeiter wurde persönlich im Bild mit Einzeltitel herausgestellt, so daß man geneigt war anzunehmen: Jetzt zeigt er einen 3-Stunden-Film. Doch im Gegenteil, die Story ist kurz. Taucher verfehlt mit seiner Harpune einen Hai, Pfeil trifft Dampfer, Dampfer geht unter, Kapitän und Taucher beschimpfen sich gegenseitig, während sie versuchen, gemeinsam schwimmend das Land zu erreichen. Das Ganze verfehlt, im 8ter Gang aufgenommen, seine Wirkung auf die Lachmuskeln der Zuschauer nicht. Einfacher hat es der Filmer von Dokumentarfilmen. Hier kann man viel vom Fernsehen lernen. Information ist alles, nur nicht das gerade sichtbare Bild beschreiben. Zum Thema »Edelkorallen« gehört beispielsweise die Entstehung des Schmuckrohstoffes durch die Polypen genauso wie die Art der Korallenverarbeitung in Torre de Creco bei Neapel. Dokumentationen sollen interessant und rund sein, wie man so sagt. Spannung kann man z. B. in einen Film über die dänische Insel Bornholm bringen, wenn man zeigt, wie einfach es ist, unter Wasser mit der Hand eine Mahlzeit Steinbutt zu fangen. Übrigens Steinbutt schmecken besser als Schollen und lassen sich wesentlich leichter fangen. Das kann man auch in Deutschland machen, oder wissen sie ein Gesetz, welches den Fischfang mit der bloßen Hand verbietet.

In diesem Zusammenhang sei an den Kinofilm »Blaues Wasser, weißer Tod« erinnert. Im Film sieht man wie die vier Taucher, darunter auch eine Frau (Valerie Taylor) in einem Rudel von ca. 80 Haien herumschwimmen. Für diese Aufnahmen hatte der Produzent Peter Gimbel, Sohn ei-

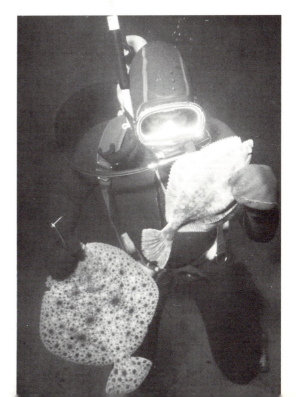

ner bekannten US-Warenhausdynastie, drei 35 mm UW-Kameras gleichzeitig eingesetzt. Die Taucher haben in dieser Phase des Films auch einfach nur »draufgehalten«. Den richtigen Pfiff erhielt der Film erst später durch geschickte Arbeit am Schneidetisch.

Erinnern wir uns auch an Walt Disneys Farbfilm »Carneval unter Wasser«, der zwar im Aquarium gedreht wurde, aber perfekt zeigt, wie man tierisches Verhalten in Musik umsetzen kann. Wie wär's mal mit einem im 8ter Gang gefilmten Ballett aus Fischen und Fischschwärmen, teilweise auch rückwärts gezeigt, so wie im Fernsehen das Fußballballett. Oder bringen Sie mal etwas Kunst ins Spiel. Mit Hilfe von Stabobjekten, Chromkugeln, Metallblumen und wassergefüllten Plastikschläuchen als Requisiten läßt sich auch die sonst so vertraute UW-Welt schnell verfremden. Einer der Vorreiter solcher als Ocean Art apostrophierter Aktionen ist der Münchner Jürgen Claus. Aber auch mit schnell wasserlöslichen Chemikalien wie z. B. Fluoresin, kann man durch Umfärben großer Wassermengen ungewöhnliche Effekte erzielen.

Auch in der Literatur finden wir eine Menge Anregungen, die sich zu konkreten Filmthemen aufbereiten lassen. So haben z. B. die verschiedensten Wracks meistens eine interessante Geschichte zu erzählen. Gutes Beispiel für eine gelungene Wrackstory ist der »Umbria«-Film von *Xaver Welishofer*. Auch die Grass-Novelle »Katz und Maus« läßt eine Verfilmung unter Hinzuziehung von UW-Szenen durchaus denkbar erscheinen. Fast »hitverdächtig« ist das Thema des Romans »Kraftproben« von James Jones (Verdammt in alle Ewigkeit). In fast autobiografischer Art beschreibt der Autor seine Abenteuer als Tauch-

Die Farbfotos auf Seite 157 zeigen den Unterschied zwischen UW-Landschaften des Roten Meeres, die mit und ohne Kunstlicht aufgenommen wurden.

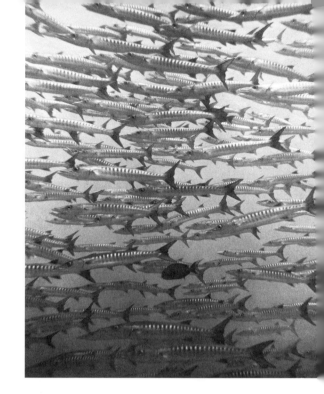

schüler im Swimming-pool und später gemeinsame Tauchgänge mit verschiedenen Taucharakteren in der Karibik. Diesen brillianten Roman kann ich nur jedem empfehlen, der die Absicht hat, sich mit dem Tauchen intensiver zu befassen. Völliges Neuland kann der UW-Filmer auch heute noch entdecken, der neben dem filmischen Know-how auch über technisches Verständnis, kombiniert mit Basteltalent verfügt. Da die großen Wassertiefen dem Filmer aufgrund zahlreicher mit dem Tieftauchen verbundener Probleme auch in absehbarer Zukunft noch verschlossen bleiben werden, wäre eine Sonderkonstruktion zu erwägen. Ich denke an einen kugelförmigen, bis ca. 300 m Tiefe druckfesten Tauchsatelliten, der durch ein mit der Überwasserstation verbundenes Koaxkabel alle Funktionen eines Kameramannes übernimmt. Das heißt, im Tauchsatelliten ist eine Filmkamera mit entsprechend großer Filmkassette und Kunstlichtanlage installiert. Als elektronischer Sucher fungiert eine Vidikonkamera, die den jeweiligen Bildausschnitt auf einen Monitor der Überwasserstation projiziert. Natürlich müßte der UW-Satellit auch über einen eigenen Antrieb verfügen. In der Achse schwenkbare Wasserstrahldüsen, von einer elektrischen Pumpe gespeist, wären sicher nicht die schlechteste Lösung. Mit einem solchermaßen ausgerüsteten

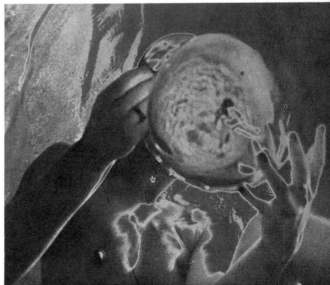

Linke Seite: Wie wär's mal mit einem im 8ter Gang gefilmten Ballett aus Fischschwärmen?

Oben: Die La Parra Blume installierte der bekannte Münchner Künstler Jürgen Claus im Mittelmeer. Als Material verwandte er verschiedenfarbige wassergefüllte Kunststoffschläuche. Foto: Hans Hass.

»Taucherin mit Kugel« nennt Jürgen Claus seine Fotosolarisation.

Zum Farbfoto auf Seite 160: Die Delphine gelten als die intelligentesten Säugetiere überhaupt. Im Delphinarium lassen sich ihre spielerisch kraftvollen Bewegungen mühelos filmen.

Satelliten könnte man z. B. auch alle tiefen Seen, wie z. B. den gerade wieder in den Blickpunkt gerückten Königssee bei Berchtesgaden, erforschen.

Eine gänzlich aus dem Rahmen fallende Möglichkeit zu anderen UW-Filmen zu kommen, ist die Arbeit mit Marionetten. Für das Kinderprogramm des Fernsehens habe ich eine solche Marionette, ich nannte sie »Taucher Blubby« schon vor einigen Jahren konzipiert und gebaut. Der kleine Helmtaucher ist nur 40 cm hoch und wird unter Wasser von einem Schwimmtaucher, ähnlich wie eine richtige Marionette, über einen Holzgalgen mit Perlonschnüren geführt. Der kleine Taucher wirkt unerhört echt, zumal er sich genauso schwerfällig wie ein richtiger Helmtaucher am Grund bewegt. Als besonderen Gag kann er sogar in Intervallen Preßluft aus dem Helmventil abblasen. Da »Blubby« ja mit seinen Händen keine Arbeiten ausführen konnte, habe ich für diese Szenen einen normalen Taucher nur mit entsprechenden Ärmeln und Neoprenefäustlingen in Großaufnahme agieren lassen.

Ein Filmstoff, den ich selbst gerne realisieren

Für eine TV-Kinderserie konzipierte der Autor die Helmtauchermarionette »Blubby«. Die gesamte Ausrüstung wurde originalgetreu verkleinert.

Farbfotos auf Seite 161: Einige Beispiele für die verschiedenen unter Wasser einsetzbaren Kunstlichtarten. Ausgenommen die gebräuchlichsten: Tageslicht und Akkuleuchten.
Links oben: Sauerstoff gespeistes Kabelschneidgerät.
Oben rechts: Lichtbogen wie er beim UW-Schweißen oder -Brennen entsteht.
Unten links: 3 × 1000 Watt/220 Volt Kunstlichtanlage über Kabel von einem Generator im Boot gespeist.
Unten rechts: Taucher mit rot brennenden Unterwasser-Fackeln als Effektbeleuchtung.

Rechte Seite: Frauen im Wrack oder Frauen als Akt – im UW-Film sind sie immer ein lohnendes Motiv. Foto: Jürgen Siegmund.

möchte, ist der »Homo Aquaticus«, der zum Kiemenatmer umoperierte Mensch der Zukunft. Ich sehe schon den Titeluntergrund vor mir: In einer langen, schnittlosen Passage sammelt der »Homo Aquaticus« eßbare Meerestiere in einen Drahtkorb. Großfische, vielleicht Haie, ziehen vorbei. Immer noch ohne Schnitt erfaßt die Kamera groß das Gesicht des Kiemenatmers, der weder Tauchgerät noch Tauchmaske trägt. Luftblasen entweichen aus Nase und Mund. Der Eindruck, daß es sich um einen durch Operation zum Kiemenatmer gewordenen Menschen handelt, müßte perfekt sein.

Das Treatment liegt in meiner Schublade, und die Aufnahmetechnik ist schon bis ins Detail erprobt. Fehlt nur noch der Produzent für eine TV-Serie oder einen abendfüllenden Kinofilm.

Zum Schluß noch ein ganz simpler Tip: Wie wär's mal mit einem Film über die vielen Möglichkeiten beim UW-Film?

Wo Filmen?

Die Antwort ist einfach – überall dort, wo nicht nur Wasser, sondern auch alle anderen Flüssigkeiten Ihrer ungeschützten Kamera schaden würden. Also auch bei Schnee und Regen, in der Badewanne und unter der Brause, und natürlich überall dort unter Wasser, wo die Sichtverhältnisse noch so gut sind, daß später auf dem Film auch etwas zu sehen ist. Vergleicht man die Sichtverhältnisse unter Wasser mit denen am Land, so kann einen der Unterschied leicht deprimieren; denn während man bei klarem Wetter leicht einmal eine Fernsicht von 30 000 Metern hat, beträgt die maximale Sichtweite unter Wasser ganze 80 Meter. Hier eine Aufgliederung der verschiedenen Sichtweiten von 0–80 m im Rahmen der Bewertungen »sehr schlecht« bis »maximale Sicht«:

    Gruppe 1 von 0 bis 30 m =   sehr schlecht
    Gruppe 2 von 0 bis 60 m =   schlecht
    Gruppe 3 von 0 bis 1 m =   mäßig
    Gruppe 4 von 0 bis 2 m =   ausreichend
    Gruppe 5 von 0 bis 5 m =   befriedigend
    Gruppe 6 von 0 bis 10 m =   gut
    Gruppe 7 von 0 bis 30 m =   sehr gut
    Gruppe 8 von 0 bis 50 m =   ausgezeichnet
    Gruppe 9 von 0 bis 80 m =   maximale Sicht

Es ist ungemein schwierig, für die verschiedenen Gewässer in aller Welt Tips für gute Sicht und interessante Filmmöglichkeiten zu geben. In Deutschland sind folgende Gewässer, ungefähr in der Reihenfolge der größten Sicht aufgezählt, für den Filmer interessant. Die Bergseen der Alpen z. B. Walchensee, Badersee, Königssee, Eibsee, Weissee usw. Die verschiedenen Altwasser

Zu den Farbfotos Seite 164 und 165: Dieser Weißspitzenhai ist noch sehr lebendig. Georg Krose fotografierte ihn im Roten Meer. Der Taucher im Käfig hat keine Angst – der Hammerhai ist tot. Für einen Kinofilm wurde er allerdings vom Autor wieder zum Leben erweckt. Siehe auch Kapitel »Tricks und Gags«.

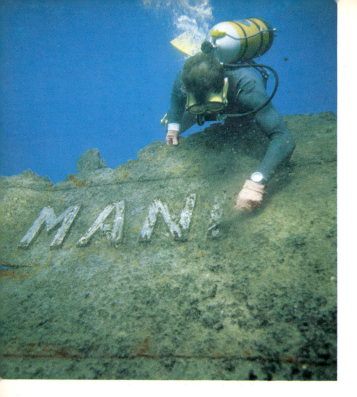

Links oben: Einen guten Anfangstitel erhält man, wenn man von einem Taucher den Originalnamen eines Wracks freikratzen läßt.

Oben rechts: Auch die geheimnisvolle Ladung eines Wracks kann sich gut für einen Titeluntergrund eignen. Hier handelt es sich aber um ganz prosaische Zementsäcke.

Links: Die Geschichte eines Wracks läßt sich gut mit einer Mischung aus Originalaufnahmen, Rückblenden und Interviews erzählen.

z. B. der Donau und Isar. Die verschiedenen Eifelmare wie Pulvermar und Blautopf bei Blaubeuren. Die Ostsee z. B. um die Insel Fehmarn herum und in der Eckernförder Bucht, besser aber an den dänischen Küsten. Bedingt die Nordsee um Helgoland, da stark von Wind und Wetter abhängig. Verschiedene norddeutsche Binnenseen wie u. a. der Schalsee, Ihlsee und der große Wittensee, soweit dort das Tauchen nicht verboten ist. Damit sind die deutschen Tauchgewässer grob gesehen auch schon erschöpft. Noch sehr interessant aber relativ kalt sind die Gewässer vor den Küsten Schwedens, Norwegens und Dänemarks. Im nahen Süden hat das Mittelmeer schon viel von seinem Reiz und seiner ehemaligen Klarheit verloren. Hier sind fast immer noch die Inseln, die sich eines guten Rufes bei UW-Filmern und -Fotografen erfreuen. So z. B. die Balearen, die Canaren, Korsika, Sardinien, Sizilien und natürlich besonders die griechische und jugoslawische Inselwelt. Aber auch an der Costa Brava und in Italien findet man noch gute Tauchmöglichkeiten. Ein noch weitgehend sauberes Meer ist der Indische Ozean, der vom Tauchreisetourismus erst langsam erschlossen wird. Namen wie Malindi, Mafia, Mauritius, Ceylon, die Seychellen aber haben in Taucherkreisen längst ihren festen Stellenwert. Bisher absoluter Höhepunkt ist das Rote Meer, vor allem mit der deutschen Port Sudan-Basis, geblieben. Auch der jordanische und israelische Teil wird gern besucht. In absehbarer Zeit soll auch Hurghada am ägyptischen Ufer des Roten Meeres wieder für Taucher zugänglich werden. Auch die Karibik ist von amerikanischen Tauchern schon längst erschlossen. Aber immer wieder bemühen sich rührige Tauchreiseveranstalter, neue unberührte Tauchgebiete ins Programm zu bekommen. Ihre Aufgabe wäre es in diesem Zusammenhang wohl auch, den Gedanken »Schützt das Meer« zu verbreiten und zu vertreten, denn noch längst nicht jeder Tauchtourist schießt seine Fische wie wir nur mit der UW-Film- oder Fotokamera. So werden wir weiter auf den Spuren früherer Expeditionen wandern und nachvollziehen, was die großen Pioniere des Tauchens dort erlebt haben.

Regie unter Wasser

Wer alle Kapitel bis jetzt aufmerksam gelesen hat, dem könnte etwas der Kopf rauchen; denn in der Regel ist es doch beim Amateurfilm so, daß eine Person, und zwar der Filmer, eine Menge Funktionen gleichzeitig ausüben muß. Da kann man den Seufzer schon verstehen: »Was soll ich denn noch alles machen – auf meine Tauchausrüstung achten und die UW-Kamera kontrollieren, den richtigen Film und die richtige Blende wählen, interessante Einstellungen finden und gute Szenenübergänge suchen, den wirksamsten Bildausschnitt wählen usw. usw., und dann auch noch Regie führen? Da bin ich doch schon froh, wenn ich überhaupt etwas auf dem Film habe!« Mit einer solchen Einstellung kann man beim besten Willen übers Mittelmaß nicht hinauskommen. Deshalb gibt es leider immer noch viele UW-Filmer, denen es an Ideen, Einfallsreichtum und notwendiger technischer Akkuratesse fehlt. Die Zeiten sind einfach vorbei, in welchen es genügte, mit einer unruhigen UW-Kamera irgendwelche Fische zu verfolgen. Das stark vom Fernsehen geprägte Publikum ist kritischer geworden – und das ist gut so. Spornt es uns damit doch zu überdurchschnittlichen Leistungen an.

Welches sind die Aufgaben des Regisseurs beim UW-Film? Ob Amateur- oder Profifilm, der Regisseur ist immer maßgeblich an Form, Wirkung und Aussage eines Films beteiligt. Er verbindet Kostümgestaltung und Dekoration, Schauspielerführung und Dialoge, Motive und Effekte, um nur einige Kriterien zu nennen, zu einem Ganzen. Nämlich zu seiner ganz persönlichen künstlerischen Aussage. Nun hat der Profispielfilmregisseur eine Menge Vorteile gegenüber seinen Amateurkollegen. Für jedes Spezialgebiet stehen ihm auch ein oder mehrere Spezialisten zur Verfügung. Das fängt beim Kamerateam an, das beim Kinofilm fast immer aus vier Personen besteht. Da ist der Kameramann, der die einzelnen Kamerastandpunkte gemeinsam mit dem Regisseur festlegt, das Licht macht, ab und zu mal durch den Sucher schaut und ansonsten dicke Zigarren raucht. Richtig, »drehen« ist die Aufgabe des »Schwenkers«. Er ist derjenige, der die Kamera wirklich bedient. Zusätzlich gehen ihm ein Materialassistent und ein Schärfenassistent zur Hand, die gemeinsam u. a. auch für die Schlepperei der umfangreichen Ausrüstung zuständig sind.

Aber trösten Sie sich, solchen Aufwand treibt man normalerweise auch nur beim Überwasser-Profifilm. Meistens bin ich schon froh, wenn mir der Produzent für die UW-Komplexe eines Kinofilms wenigstens einen Assistenten genehmigt.

Zur Regie beim UW-Film gehört neben vielem, was in den vorangegangenen Kapiteln schon gesagt wurde, auch die richtige Auswahl und Zusammenstellung der Farben. Besonders wichtig ist das, wenn in Gewässern wie z. B. der Ostsee, Nordsee oder in Binnenseen gedreht wird, deren Flora und Fauna von Natur aus weniger farbenprächtig sind als jene des Mittelmeers oder gar der tropischen Meere. Hier ist es Sache der Regie, die farbliche Schlichtheit des Unterwasser-Milieus mit kräftigen, aber gut abgestimmten Farben der Tauchausrüstung in Einklang zu bringen. Dies wird heute mit als Farbregie bezeichnet, die als gestalterisches Mittel immer mehr an Bedeutung gewinnt.

Was den Umgang mit Darstellern betrifft, so hat

es der Amateurfilm ohne großen Gagenetat nicht immer ganz leicht, geeignete Schauspieler für seinen Film zu finden. Zumal dann, wenn der Bedarf über die vorhandene Anzahl von Familienmitgliedern und Freunden hinausgeht. Am ehesten kann man Freunde noch motivieren, indem man sie im Vorspann nennt und Ihnen eine Sondervorführung des fertigen Films in Aussicht stellt. Auch wenn man genügend Darsteller und Komparsen gewonnen hat, so heißt es doch, sie vorsichtig zu behandeln. Denn jeder gibt sicher sein Bestes, aber es sind nun mal keine Berufsschauspieler, auch wenn der eine oder andere über schlummernde Talente verfügt. Andererseits sind tauchende Darsteller schon durch die Ausrüstung wie Tauchanzug, Tauchmaske und Mundstück des Tauchgerätes in gewisser Weise entstellt oder besser gesagt, etwas unkenntlich geworden. Während beim Filmen an Land die Ausdrucksform Sprache und Mimik im Vordergrund stehen und zu fast 80 % den Eindruck einer darstellerischen Leistung bestimmen, ist unter Wasser die Gestik das wichtigste Gestaltungsmittel. Mitunter allerdings verpaßt man den tauchenden Akteuren Vollgesichtsmasken und ominöse Sprechfunkgeräte, damit betreiben sie dann eine lebhafte Kommunikation sowohl untereinander als auch mit einer Land- oder Schiffsstation. Natürlich ist das alles nicht mit UW-Mikrofonen original aufgenommen, sondern Take für Take im Studio nachsynchronisiert. Auf diese Weise läßt sich sicher etwas mehr Transport und Spannung in die sonst ja ziemlich schweigsamen UW-Aktionen bringen. Nur – und das ist Tatsache – die wenigsten Taucher benutzen gern eine Vollgesichtsmaske. Als Notlösung gibt es auch noch die Möglichkeit, die UW-Aktivitäten mit Hilfe eines Kommentars erklären zu lassen. Das paßt aber nur bei ganz bestimmten, extra angelegten Stoffen, die in der Mehrzahl zum Dokumentarfilmsektor zu rechnen sind. So wird es in der Regel unse-

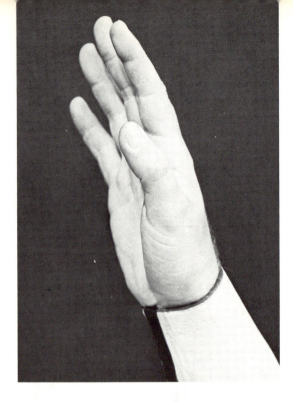

re Aufgabe bleiben, trotz aller Beschränkungen beim Filmen mit tauchenden Akteuren den Ablauf und die Handlung des Films klar verständlich werden zu lassen. Eine wichtige Voraussetzung für eine einigermaßen ansprechende schauspielerische Leistung ist Beherrschung der Tauchausrüstung und -technik. Denn wer noch nicht einmal richtig tauchen kann, wird schwerlich unter Wasser etwas darstellen können, außer eben einen Tauchanfänger. Hier allerdings zeigt sich auf verblüffende Weise der Unterschied zwischen einem gelernten Schauspieler und einem tauchenden Laien. Obwohl ich jede Einstellung, meist bis zur Brust im Wasser stehend oder am Bootsrand hängend, mit den verschiedenen Darstellern eingehend durchspreche, sind die Ergebnisse sehr unterschiedlich. Auch Anschlüsse an Überwasserszenen, Startpositionen, Reaktionen und Abgänge werden im Zeitablauf genau festgelegt und koordiniert.

Schauspieler wie Horst Janson, Götz George, Freddy Quinn oder Helmut Schmid, um nur einige zu nennen, »liefern die gesamte Szene ab«, auch

Vorhergehende Seite und links: Mit Hilfe der normalen Taucherhandzeichen kann der Regisseur unter Wasser seine Anweisungen geben.
Oben: Als Frage – Ist alles klar? Als Antwort – Alles klar!

Unten: Etwas höher gehen!

Links oben: Noch warten – dort bleiben!

Links unten: Szene bitte wiederholen!

wenn sie vielleicht taucherisch nicht so versiert sind. Als Doubles eingesetzte Sporttaucher aber haben meist schon nach der ersten Aktion die Gesamtszene total vergessen, obgleich ich mich bemühe, die einzelnen Handlungskomplexe kurz zu halten. Das kommt meistens daher, weil sie sich durch die Ausrüstung schon aus der Masse der anderen herausheben und als Elite fühlen. Das für Spezialisten die Tauchausrüstung nur lebenserhaltende Notwendigkeit ist, müssen sie erst lernen. Für den gelernten Schauspieler ist die Tauchausrüstung lediglich, wenn auch vielleicht ungewohnte, Garderobe, mit deren Hilfe, oder in diesem Fall besser trotz der er bemüht ist, die von ihm geforderte darstellerische Leistung zu erbringen.

Werden aber vom Drehbuchautor beides, erstklassige darstellerische und taucherische Leistungen verlangt, so arbeite ich aus rationellen Gründen lieber mit einem gemischten Team. Richtige Schauspieler für Großaufnahmen und Reaktionen und Berufstaucher als Doubles für z. B. Szenen vom Sprengen, Schneiden und Schweißen unter Wasser. Aus dieser gemischten Drehweise ergeben sich u. a. kostensparende Möglichkeiten, wie sie für die Gesamtproduktion eines Kinofilms oder einer TV-Serie heutzutage nötig sind.

Ist man einmal unter Wasser, ist es mit der Absprache und den mündlichen Regieanweisungen erst mal vorbei. Deshalb habe ich eine UW-Zeichensprache entwickelt, die aus auch sonst überall in der Welt bekannten Handzeichen besteht (siehe Fotoserie). Mit Hilfe dieser Handzeichen kann ich meine Wünsche als Regisseur und Ka-

Die Fotos zeigen den Autor Peter H. Krause bei Filmarbeiten mit den Schauspielern Götz George (Zweiteilige TV-Serie »Der Spion unter der Haube«), mit Horst Janson (Kinofilm: »Ein toter Taucher nimmt kein Gold«) und mit dem Allround-Talent Freddy Quinn (Kinofilm: »Haie an Bord«).

Die Fotos oben zeigen den Autor mit Albrecht Ruprecht und Helmut Schmid bei den Dreharbeiten zur 13teiligen TV-Serie »Die Tintenfische«. Darunter Jürgen Goslar bei Dreharbeiten auf Mauritius.

meramann auch unter Wasser ziemlich gut ausdrücken. Kommt es doch zu Mißverständnissen, dann wird eben aufgetaucht und alles noch mal kurz besprochen. Doch bevor man Regieanweisungen gibt, muß man alle Szenen und Kameraeinstellungen unter Zuhilfenahme des Drehbuches oder Drehplanes genau durchdenken. Man muß sich die UW-Landschaft, in der gedreht wird selbst ansehen und überlegen, wie und wo jeder Darsteller dort agieren soll, ob er von links, von rechts oder von vorne ins Bild schwimmt, wo man mit der Kamera sein wird und wann man die Aufnahme unterbrechen will, um eventuell durch Schnittbilder eine Reaktion besonders hervorzuheben oder einen speziellen Hinweis zu geben. Zu berücksichtigen ist auch, daß bei Bewegung und Gegenbewegung die Richtungen stimmen müssen, was in erster Linie u. a. für Anschlüsse an Überwasser-Aufnahmen wichtig ist. So muß z. B. ein Taucher, der von rechts nach links ins Wasser springt, auch unter Wasser von rechts nach links aufgefangen werden. Auf alle diese Dinge, für die beim Überwasser-Berufsfilm ein vielköpfiges Aufnahmeteam zuständig ist, muß der UW-Filmer selbst achten. Darum ist es für ihn so wichtig, vor jeder Einstellung seine Wünsche als Kameramann und Regisseur mit seinen Akteuren zu besprechen. Je klarer seine Anweisungen sind, um so leichter fällt es allen, das Gewünschte zu verwirklichen. Proben werden sich allerdings kaum vermeiden lassen, da sich nur in der Szene zeigt, was anders und besser gemacht werden kann. Bei Aufnahmen, die sich über mehrere Tauchgänge hinziehen, ist auch darauf zu achten, daß jeder Akteur stets dieselbe Ausrüstung benutzt und diese in der gleichen Weise trägt. Denn es ist recht peinlich, wenn später bei der Projektion unvermittelt der Tiefenmesser oder die Taucheruhr von einem Arm des Darstellers auf den anderen hüpft. Solche »Sprünge« kann man vermeiden, wenn man von jedem tau-

Wem Kälte nichts ausmacht, der kann beim Eistauchen zu ungewöhnlichen Einstellungen aus interessanten Perspektiven kommen. Die Fotos wurden im Forstamtssee bei Garmisch gemacht.

chenden Darsteller ein Polaroidfoto macht. Mit Hilfe des Fotos, das ins Drehbuch geklebt wird, kann man die Ausrüstung vor jedem Drehtag kontrollieren.

Ein Beispiel, wie man sich durch geschickte Regie aus einer ungemütlichen Drehsituation herausmogeln kann, sei hier beschrieben: Mitten im eiskalten Wasser hatte ich vor einiger Zeit die UW-Komplexe für zwei Folgen der TV-Serie »O. K. Sir« zu realisieren. Für die UW-Szenen hatte ich als Doubles für Monika Peitsch und Anita Kupsch zwei versierte Sporttaucherinnen engagiert. Die ganze Sache hatte nur einen Haken. Die Überwasseraufnahmen wurden im Sommer gedreht und trotz meiner Bitte hatte man versäumt, den Damen Neoprenehandschuhe zu verpassen. Da wir aus Sichtgründen im 8° »warmen« Baa-

Links: Die beiden Hauptdarstellerinnen der Serie »O. K. Sir« Anita Kupsch und Monika Peitsch wurden unter Wasser von zwei Münchner Sporttaucherinnen gedoubelt.

Unten: Wenn's bei den beliebten Fernsehserien um Unterwasserszenen geht, ist Unterwasserkrause sicher dabei. Hier realisiert er gerade einen Segelbootmord für den »Kommissar«.

dersee bei Garmisch drehten, war das für unsere beiden Doubles eine recht kalte Angelegenheit. Doch fand ich schnell eine weniger kalte Lösung. Kurz nach dem Abtauchen lasse ich die beiden Agentinnen ihren Spezialkoffer öffnen – und was ziehen sie nach echter Agentenweise als erstes an – natürlich Fünffinger-Neoprenehandschuhe. Dann erst, gegen die Kälte einigermaßen geschützt, sprengen sie die geheimnisvolle Kiste auf, fotografieren den Inhalt und schlagen noch einen ungarischen Grafen in die Flucht, der sie tauchenderweise um die Ecke bringen will.
So kann man sich einfach mit einem kleinen dramaturgischen Kniff aus der Affäre ziehen.
Sollten Sie einmal einen Haikampf inszenieren müssen, so kann man's machen: Man besorgt sich einen am Vortag geangelten, nicht zu großen

Hai (bis 1,60 m), der äußerlich keine Verletzungen aufweisen sollte. Für die Überwasserschüsse zieht man den Hai mit Hilfe von Angelsehne dicht unter die Oberfläche auf den ahnungslosen Taucher zu. Das muß man in der Regel mehrmals probieren, bis man die »echteste« Einstellung im Kasten hat. Der tote Hai hat nämlich die dumme Angewohnheit, manchmal über die Brustflossen nach unten abzukippen. Nun kann man die ganze Aktion filmisch konsequent auflösen. Man zeigt unter Wasser den Taucher, der die Gefahr plötzlich bemerkt hat und sein dolchartiges Tauchermesser zieht. Dann wieder den Hai von oben. Jetzt erfolgt der erste Angriff, den Sie immer noch von über Wasser aus zeigen. Erst wenn sich der Taucher den Hai unter den Arm geklemmt hat und mit dem Messer furchtbar auf ihn einsticht und

UW-Saltos und Rollen vollführt, gehen Sie mit der UW-Kamera ziemlich groß ran und machen möglichst alle Bewegungen auch mal entgegengesetzt mit. Zwischendurch muß jetzt aber auch vom Begleitboot aus mal ein Schuß Blut (Fuchsin) ins Getümmel geschüttet werden, aber mit Maßen bitte, sonst sehen Sie die ganze Szene durch einen Rotfilter. Diese Aufnahmen werden jeweils mit Überwassereinstellungen, z. B. von der schlagenden Schwanzflosse des Hais oder dem messerschwingenden Arm des Tauchers unterschnitten. In der Schlußeinstellung kann man noch zeigen, wie der nun mausetote Hai stark blutend zum Grund absinkt.

Das hört sich an wie Kintopp – und das ist es ja auch. Aber glauben Sie mir, wenn die Szenen gut geschnitten sind, kann auch ein Fachmann nur

schwer den Trick beweisen. Nur auf eines müssen Sie achten, Sie haben nur einen Drehtag zur Verfügung, brauchen Sie länger, dann fängt Ihr Hauptdarsteller unbeschreiblich an zu stinken.
Will man bei solchen Aufgaben nicht auf ein ruinöses Drehverhältnis kommen, muß man sehen und entscheiden können, ob eine Einstellung optimal war oder nicht. Ein Drehverhältnis von 1:15 heißt, für einen Meter brauchbaren Film werfe ich 15 Meter fort. Beim Fernsehen dreht man im Schnitt 1:5 bis 1:7, je nach Thema und Material. Ich selbst drehe meistens 1:2, selten 1:1,5 und nie mehr als 1:3. Wenn man mit so wenig Filmmaterial auch bei Spielfilmproduktionen auskommen will, bedeutet das konzentrierte Aufmerksamkeit beim Drehen. Es gibt Überwasser-Kameraleute, die eigentlich der enormen Verantwortung, die auf ihnen lastet, nicht recht gewachsen sind. Sie mögen es einfach nicht auf sich nehmen, zu sagen: »Die Zweite war es, bitte weiter«. »Zur Sicherheit« drehen sie noch diverse Einstellungen hinterher, das kostet Geld. Wenn ich unter Wasser mit meinem Schauspieler alles exakt geprobt habe, dann bin ich ziemlich sicher, daß ich mit der ersten Aufnahme, wenn alle noch frisch sind, das Optimum erhalte. Das kommt nicht zuletzt auch daher, weil einem unter Wasser, wo man Kameramann und Regisseur in Personalunion ist, auch keiner mehr dreinreden kann. So lange ich beruflich filme, und das sind nun schon gut 20 Jahre, hat noch nie ein Regisseur seine Nase während ich drehte unter Wasser gesteckt. Diesem Vertrauen, das mir bekannte Regisseure wie Otto Preminger, Henry Vernouil, R. M. Rabenalt, Dr. Reindl, Dr. Braun, Günther Grawert, Jürgen Roland u. a. entgegenbrachten, habe ich auch immer versucht zu entsprechen. Wichtig scheint mir zu sein, daß man seine Ansicht und Auffassung von der Gestaltung eines Stoffes von Anfang bis Ende konsequent durchsetzt. Leider wird man nur allzuhäufig aus Kostengründen zu Konzessionen und unguten Kompromissen gezwungen.

Das ist der mausetote Hauptdarsteller unseres getürkten Haikampfes

In diesem Zusammenhang muß auch einmal klar gesagt werden, daß man als Kameramann normalerweise keinerlei Einfluß auf das Drehbuch hat. Deshalb wundert sich der tauchende Zuschauer häufig, wenn er Filme oder Serien sieht, für deren UW-Komplexe so international namhafte Könner wie Lamar Boren, Jordan Klein oder Ron und Valerie Taylor verantwortlich zeichnen. Mag die Story auch noch so banal und vom taucherischen Standpunkt aus auch wirklich schwach sein, der Boß ist immer der Produzent. Erst in den letzten Jahren setzt sich auch bei den Produzenten die Einsicht durch, daß man bei Themen vom UW-Sektor schon zum Drehbuch die entsprechenden Fachleute, also auch den UW-Kameramann u. Regisseur mit hinzuziehen sollte.

Filmtitel

Ein Teil des Films, der besonders viel Spaß macht, ist der Titel mit Vor- und Nachspann. Hier kann sich Ideenreichtum und Kreativität genüßlich austoben. Manchmal kommt es allerdings vor, daß der Titel besser ist als der nachfolgende Film. Die durch den Titelvorspann hochgestochenen Erwartungen des Publikums werden nicht erfüllt und die Zuschauer sind enttäuscht. Das sollte man vermeiden. Entweder im Titelvor- oder -nachspann wird man mit entsprechender Schrift auch die am Film Beteiligten – vom Darsteller bis zum Regisseur – nennen müssen. Häufig schon deshalb, weil dies der einzige Lohn für die Idealisten ist, die mitgeholfen haben, den Film zu dem zu machen, was er ist. Nun will ich hier nicht auf die sattsam bekannten, oder zumindest doch in der einschlägigen Fachliteratur beschriebenen Roll-, Lauf-, Kipp-, Schwell- oder sonstigen Titel eingehen. Nur ein paar Tips, die auch vom Zufall abhängig sein können, will ich geben:

Wir waren schon lange mitten in den Dreharbeiten zu der 13teiligen Krimi- und Abenteuerserie »Die Tintenfische« und hatten noch keine genaue Vorstellung von einem zündenden Titelvorspann. Nachmittags – gerade am Ende einer Mordszene – schwimme ich in der Nähe von Cannes in Richtung Ufer. Der Grund ist uninteressant und sandig mit leeren Blechdosen und Büscheln von Zosteragras durchsetzt. Aber in einer Würstchendose entdecke ich einen großen Tintenfisch. Ich lege die Filmkamera am Grund ab und versuche den Oktopus mit den Händen aus der Dose zu bekommen. Es gelingt mir und dann habe ich Glück. Als ich mit der Kamera klar bin, hockt der Tintenfisch noch auf dem Sand, meine Kamera läuft bereits. Langsam gleitet das Tier davon, schlägt einen Haken nach links und stößt Tinte aus, schlägt einen Haken nach rechts und stößt Tinte aus, und wieder ein Haken nach links und Tinte. Mit der Kamera fahre ich in die letzte Tintenwolke hinein und komme so zu einer natürlichen Abblendung. Das wird mein Titelvorspann für alle 13 Folgen dieser vom Publikum mit Interesse aufgenommenen Serie. In die Tintenabblendung wurde dann übrigens der weiße Schrifttitel »Die Tintenfische« einkopiert. Sowas fällt natürlich unter die Rubrik »Glücksfälle«. Schon eher möglich ist folgender Titeluntergrund: Man filmt einen dichten Schwarm kleiner Fische ungefähr so lange wie man für die Unterbringung des Vorspannschrifttitels braucht, in der Regel zwischen 6–10 Sek. Nun läßt man den Taucher, der hinter dem Schwarm schon bereitstand, auf die Fische zuschwimmen. Die Fische geben das Bild frei und aus den blitzenden Leibern betritt der Tauchakteur die UW-Bühne. Ich habe diesen Titel vor Jahren am Steg des Hurghada-Rundhotels am Roten Meer aufgenommen. Die Wirkung ist wirklich gut. Für einen Werbefilm über gewerbliche Tauchausrüstungen habe ich in Großaufnahme nur die über sandigen Ostseegrund stapfenden Eisenschuhe eines Helmtauchers aufgenommen, und zwar 12 Sek. lang, soviel Zeit brauchte ich, um meinen Schrifttitel unterzubringen. Dann fahre ich, natürlich immer noch in derselben Einstellung, mit der UW-Kamera zurück und zeige einen der letzten Steintaucher bei seiner schweren Arbeit mit der Steinzange am Grunde der Ostsee.

Bei dieser Art von Titelvorspann wird der Zuschauer wohl etwas neugierig gemacht, denn

nicht jeder weiß sofort, daß es sich im Bild um die Füße eines Helmtauchers handelt. Andererseits aber wird auch nicht zu stark von den Schrifttiteln abgelenkt, die ja beim Zuschauer eine gewisse Werbewirkung erzielen sollen.
Wer eine Wrackstory drehen will, hat wieder eine andere Möglichkeit zu einem guten Titelvorspann zu gelangen. Dort, wo am Bug oder Heck der Name des gesunkenen Schiffes aufgeschweißt ist, läßt man einen Taucher mit Stahlbürste oder Messer mit dem Säubern der Schrift beginnen. Die Kamera kommt nun fast aus der Sichtgrenze heraus auf Wrack und Taucher zugefahren. Immer klarer zeigen sich die Konturen des Wracks, und man sieht auch was der Taucher dort treibt. Gegen Ende der durchgehenden Einstellung ist groß nur noch der gesäuberte Schriftzug des Schiffsnamens im Bild.
Soviel zu realen Titeluntergründen die direkt aus dem Unterwassermilieu kommen. Wer nichts für seinen speziellen Film Passendes findet, läßt vielleicht mal einen cartesianischen Taucher als Titelhintergrund in einer ganz gewöhnlichen Flasche auf- und abtanzen.

Zum Farbfoto auf Seite 184: Freundschaften zwischen Tier und Taucher sind meistens filmisch hochinteressant. Hier werden der scheue Conger-Aal gefüttert. Siehe auch Kapitel »Tiere als Darsteller«.

Zu den Farbfotos auf Seite 185: Weibliche Darsteller geben dem UW-Film erst den richtigen Pfiff. Wichtig ist dabei, daß wasserfestes Make up verwendet wird.

Kommentare und Texte

Wie wir inzwischen wissen, wird unter Wasser ja nur in Ausnahmefällen und dann unter Verwendung bestimmter technischer Ausrüstungen gesprochen. Das enthebt uns weitgehend der Problematik, die bei der Filmerei von Gesprächen und längeren Dialogen auch beim normalen Film vorhanden ist. Wollen wir doch einmal Originaldialoge von unseren UW-Akteuren sprechen lassen, so sollten diese Texte auch dem normalen Umgangston entsprechen. Gestelzte Formulierungen, wie man sie häufig im Theater hört, sind unangebracht. Lieber so sprechen, wie einem der Schnabel gewachsen ist, auch wenn mitunter eine Menge Dialekt mit einfließt. Geht die Zielgruppe für den Film allerdings über den heimischen Bereich hinaus, so sollten die Darsteller wohl besser hochdeutsch sprechen. Ganz brauchbare Beispiele für zündende Dialoge kann man übrigens mitunter aus amerikanischen TV-Serien bekommen.

Was schon im Rahmen des Stichwortes Filmdokumentationen gesagt wurde, gilt auch besonders für das Thema Kommentare. So ein Dokumentarfilm, und in gewisser Weise ist auch der simpelste Urlaubsfilm eine Dokumentation, ist meist vom Thema her nicht so wahnsinnig aktuell. Vielmehr handelt eine echte Dokumentation meistens anhand von Einzelthemen die verschiedenen Aspekte aus z. B. Wirtschaft, Biologie, Sport, Technik und Politik, um nur einige der häufigsten zu nennen. Der Dokumentarbericht ist primär vom Text her zu sehen und soll mit Wort, Bild und Ton ein möglichst umfassendes und objektives Bild des jeweiligen Themas geben. So muß man also unbedingt vermeiden, etwa nur das zu kommentieren, was im Bild sowieso schon sichtbar wird. Hier ein Kommentarauszug aus dem Fernsehfilm »Das andere Helgoland«, welcher von mir vor einigen Jahren produziert wurde:

Helgoländer Fischer wirft Talglot und prüft den Abdruck	Nicht weit vom Haigrund entfernt, knapp 10 km draußen in See liegt der sagenumwobene Steingrund. Schiffshandbücher und Seekarten verzeichnen ihn prosaisch als »steinige Untiefe«. Für den Geschichtsforscher aber ist er zum wissenschaftlichen Streitobjekt geworden. Denn hier soll nach einer der vielen Theorien das legendäre Königreich Atlantis gelegen haben. Mit dem Rindertalglot, das Helgoländer Fischer schon seit Generationen benutzen, wird die richtige Stelle gesucht. Sechs Faden muß das Wasser hier tief sein – ein Faden immer 1,8 m –. Wenn dann noch Kratzspuren im Talg erscheinen, steht es fest, hier muß der Steingrund sein.	Umschnitt auf unter Wasser Steine mit Seenelken	Ohne Sicherheitsleine wäre das Tauchen hier ein Spiel mit dem Leben. Die Strömung geht noch gefährlicher und stärker als sonst im Helgoländer UW-Garten. »Jenseits der Säulen des Herkules versank an einem schlimmen Tage und in einer schlimmen Nacht ein Land – Atlantis –. Diesen Bericht des griechischen Philosophen Platon las vor 30 Jahren der nordfriesische Dorfpfarrer Jürgen Spanuth.
Wirft das Lot noch einmal, Lotleine läuft über Bootskante		Langer Schwenk über Steine und UW-Landschaft	Atlantis hat ihn seither nicht mehr losgelassen. Spanuth trug zusammen, was in der ganzen Welt über das sagenumwobene Königreich an Berichten und Hinweisen vorhanden war. In einem Tempel Ramses III. glaubt er den Beweis für seine Theorien gefunden zu ha-

Taucher mit Sicherheitsleine in der starken Strömung

Im Scheinwerferlicht zieht Plankton mit der Strömung

Taucher kratzt eckige Steine ab

Schwenk an der Ankerleine entlang – Stand auf Bootsanker. Taucher kommt von rechts her ins Bild
Umschnitt auf neuen UW-Komplex Taucher mit Fotokamera kommt aus der Sichtgrenze auf Kamera zu.

ben, daß Atlantis unter der Nordsee liegen muß. Der Steingrund ist nach seiner Meinung nichts anderes als die Ruine der prachtvollen Atlanter Königsburg Basileia. So sucht man hier nach behauenen Steinen und findet wirklich ein paar Platten darunter, die scharfe rechteckige Kanten haben.

Doch man muß schon eine gute Portion Glück und einen durch Erfahrung geschärften Blick haben, wenn man unter dem Bewuchs von Seenelken und Muscheln überhaupt etwas erkennen will. Ob diese Steine wirklich von Menschenhand geformt wurden? Ob sie steinerne Zeugen des versunkenen Sagenreiches Atlantis sind? Nur eine systematische Untersuchung des Steingrundes durch erfahrene Taucher könnte eine Antwort auf die Frage geben, ob Atlantis wirklich von den Nordseewellen bedeckt wird.

Nicht umstritten dagegen sind andere Zeugen bewegter Helgoländer Geschichte, die man zwischen der Insel und der Düne auf dem Meeresgrund findet.

Es sind Mörser, von Seepocken bewachsen und bis zu 40 Zentner schwer; dicke Brocken, mit denen einmal stolze Kauffahrteischiffe bestückt waren. Vielleicht sanken

Schwenk vom Zündloch auf die Kanonen. Dreidimensionaler Fahrtschwenk überweg

Taucher gibt Signal an der Sicherheitsleine. Anderer Sprecher: Helgoländer Art, behäbig mit plattdeutschem Akzent.

Taucher schlägt mit einem Hammer maritime Verkrustungen von einer Kanonenkugel

sie im Kampf mit den Kaperschiffen des legendären Seeräubers Klaus Störtebecker, der hier bei Helgoland sein Unwesen trieb. Zum Feuern ist man offensichtlich gar nicht mehr gekommen, denn in vielen der rostigen Schlünde stecken noch heute die Pulversäcke. Aber lassen wir dazu einen alten Insulaner zu Wort kommen: »Ja, vielleicht sind diese Kanonen ja auch von den Engländern versenkt worden. Helgoland war ja bis 1890 englisch, und als es deutsch wurde haben die Briten wohl abgerüstet und alle schweren Waffen einfach in die See geworfen. Aber wahrscheinlich hätten sie die schweren Kanonen dann doch nicht soweit rausgebracht. Wo die jetzt liegen, da war nämlich der Ankerplatz für die tiefgehenden Seeschiffe, die sogenannte Norderreede, wo in früherer Zeit die großen Segelklipper geankert haben.

Vielleicht ist da mal einer versenkt worden, denn die waren ja doch ganz schön bestückt. Man kann ja heute noch das Schwarzpulver riechen, wenn man die Dinger an Land holt und auseinandernimmt. Tja, bei unserer wechselhaften Geschichte – mal dänisch, mal englisch, mal deutsch – wer weiß heute noch genau, was sich da alles abgespielt hat . . .

Zur Farbseite 188: Es muß nicht immer das Rote Meer oder das Mittelmeer sein. Auch die Ostsee, besonders in Dänemark, hat ihre Reize. Dort sind Sichtweiten um 12 m keine Seltenheit.

Zu Seite 189: Einge Motive aus der Ostsee bei Surendorf und der Insel Fehmarn.
Links oben: In den Trümmern der TVA Surendorf kann man auch heute noch Nahaufnahmen von Aalen machen.
Rechts oben: Auch Seesterne und Brotkrumenschwärme gibt es dort.
Unten links: An den Findlingen vor Bülk trifft man mit etwas Glück solche Seestichlinge.
Unten rechts: Ein Besuch der großen Stellnetze um Fehmarn lohnt sich meistens. Hier ist ein Schwarm Dorsche in die Reuse gegangen.

Wer so einen Kommentar sprechen soll, daß muß der Filmemacher selbst entscheiden. Wie eingangs schon erwähnt, wenn man mit dem Film mehr vor hat, als ihn nur seinen unmittelbaren Bekannten vorzuführen, so sollte man auch dem Sprecher besondere Bedeutung beimessen. Wenn man selbst einen mehr oder weniger starken Dialekt nicht verleugnen kann oder gar die Angewohnheit hat, etwas undeutlich zu sprechen, sollte man sich jemanden mit einer sogenannten Mikrofonstimme suchen. Wer die Auswahl hat, sollte unbedingt von jedem Kandidaten ein paar Sätze zur Probe auf Band sprechen lassen. So kann man in aller Ruhe vergleichen und auswählen. Der zu lesende Text wird übrigens auf sogenanntes »rauscharmes« Papier mit der Maschine geschrieben. Der Sprecher bekommt durch vereinbarte Zeichen, z. B. Tippen auf die Schulter, die Hinweise für Einsätze und Pausen, das Ganze natürlich zum projizierten Film. Sollen Kommentar und Musik gemischt werden, so empfiehlt es sich, die Musikuntermalung während des Sprechens so leise zu halten, daß sie nur noch etwa 40 % der Gesamtlautstärke ausmacht. In langen Sprechpausen können die Musik oder die Geräusche wieder auf den normalen Pegel hochgezogen werden. Doch wie bei fast allen Produktionsstadien bleibt auch hier letzten Endes vieles dem persönlichen Geschmack und Geschick des Filmers überlassen.

Alte Mörser gibt es nicht nur um Helgoland. Diese Kanone kann jederzeit gefilmt werden. Sie liegt in der Nähe der Ortschaft Arinaga auf Gran Canaria (Kanarische Insel).

Filmschnitt

Je umsichtiger und durchdachter man bei den Dreharbeiten gewirkt hat, desto leichter hat man es bei der hochinteressanten Schnittarbeit. Sind alle Filme aus der Entwicklungsanstalt zurückgekommen, so nimmt man logischerweise erst einmal eine Sichtung des gesamten belichteten Filmmaterials vor. Der Amateur wird die noch ungeschnittenen Filmrollen mittels Super 8-Projektor begutachten, und der Profi wird über den Monitor des Schneidetisches seine ersten Erkenntnisse gewinnen. Eine kleine selbstgebastelte Hilfsvorrichtung können beide gebrauchen. Je nach Menge des zu sichtenden Filmmaterials werden entsprechend viel hölzerne Wäscheklammern dicht nebeneinander auf eine Holzleiste geschraubt und mit Szenenhinweisen oder fortlaufenden Nummern versehen. Dann ordnet man die einzelnen Filmstreifen ein. Diese praktische Sortiervorrichtung erleichtert die Schnittarbeit ganz erheblich und kann, vor von hinten beleuchtete Milchglasscheibe gehängt, zu einem richtigen Lichtkasten ausgebaut werden. Wurde nach einem Drehbuch oder Drehplan gedreht, so kann man die Einstellungen vergleichen und rasch feststellen, ob eventuell Nachaufnahmen gemacht werden müssen. Wo solche nötig wären, aber nicht mehr möglich sind, kann man sich mit geschickter Montage und mit Schnittbildern behelfen. Beim Sichten des Materials mit dem Projektor ist daran zu denken, daß jeder Durchlauf den Film beansprucht und Schrammen verursachen kann.

Ist das gesamte Filmmaterial gesichtet, so wird es zunächst einmal nach Über- und UW-Szenen geordnet. Dann sucht man die einzelnen Handlungskomplexe heraus und klebt sie zusammen. Dieser sog. Rohschnitt kann auch mit Tesafilm vorgenommen werden, den es für das 16 mm-Format schon zugeschnitten und perforiert zu kaufen gibt. Anschließend erfolgt der eigentliche und endgültige Feinschnitt. Um schneller arbeiten zu können, empfiehlt es sich, dazu zwei Klebepressen zu verwenden. Klebepressen sollten nicht durch das Bild, sondern möglichst genau auf den Bildstrich trennen und kleben. Das ist bei den meisten Keilschnitt-Klebepressen der Fall.

Der endgültige Schnitt eines Filmes ist ein wesentlicher Teil der Gestaltung und wird daher auch Schnittregie genannt. In dieser Phase der Filmarbeit kann noch vieles gewonnen und alles verdorben werden. Manche Schmalfilm-Amateure bringen es nicht übers Herz, beim Endschnitt ganz konsequent alles wegzuwerfen, was den Film langweilig oder auch langatmig machen könnte. In der Kürze liegt die Würze! Das gilt insbesonders für den Filmschnitt. Tempo und Rhythmus der Einstellungen richten sich natürlich auch nach dem Filmthema, ebenso wie der Aufbau und Ablauf des Filmes. Zuerst kommt der Titel mit den schriftlichen Texten in denen u. a. auch die Mitarbeiter aufgeführt sind. Wie schon gesagt, ist dies häufig die einzige Belohnung für idealistische Mitarbeiter, deshalb vergessen Sie um Gottes willen keinen. Der Text soll allerdings möglichst nur so lange stehen bleiben, bis man ihn langsam gelesen und verstanden hat. Wie Sie den Titel im einzelnen gestalten bleibt Ihrer Phantasie weitgehend überlassen, einige Tips fanden Sie unter dem Stichwort Filmtitel bereits an früherer Stelle.

An den Titel schließt sich der Aufbau des Filmes an, z. B. vom Kauf der Tauchausrüstung über die Ausbildung im Hallenbad und die Abfahrt zum Freiwasser bis zum ersten Tauchgang, den UW-Erlebnissen und -Eindrücken, dann dem Auftauchen. Beim Feinschnitt sollte man darauf achten, daß keine zu großen Lichtsprünge entstehen, d. h. man muß vermeiden, eine helle Szene unmittelbar an eine dunkle zu kleben, was den Augen weh täte, die sich nicht so schnell an die krassen Lichtunterschiede gewöhnen können. Auch bei der Verwendung von Modell- oder Trickaufnahmen, z. B. aus dem Aquarium, muß man vorsichtig verfahren, möglichst nur kurze Trickaufnahmen mit längeren Originalaufnahmen zusammenschneiden. Dadurch wird der Trick besser kaschiert und fällt dem Zuschauer kaum oder gar nicht auf. Wer schon beim Drehen auf gute Szenen-Übergänge geachtet hat, erleichtert sich natürlich die Arbeit beim Schnitt. Aber auch sonst lassen sich durch gleiche oder ähnliche Formen und Gegenstände, durch Bewegungsabläufe sowie durch Geräusche, Worte oder Musik sinnvolle Übergänge schaffen. Natürliche oder künstliche Szenen-Übergänge sollten allerdings nur dort eingesetzt werden, wo ein Handlungskomplex beendet ist bzw. ein neuer beginnt. Die verschiedenen gefilmten Einstellungen müssen in meist unregelmäßigem Wechsel, der sich aus dem logischen Ablauf der Handlung ergibt, zu einer Szene zusammengeschnitten werden. Hilfsmittel sind dabei Zwischenschnitte und Schnittbilder. Die letztgenannten braucht man auch zur Kaschierung von Zeitsprüngen.

Abgerundet zu einem Gesamtwerk wird der Film natürlich erst, wenn Bild, Geräusche, Musik und eventuell Sprache zu einer abgestimmten Einheit geworden sind.

Die Arbeit am Schneidetisch ist nach dem Drehen wohl der interessanteste Teil der Filmarbeit. Hier ein 6Tellergerät (1 × Bild, 2 × Ton) für das 16 mm- und 35 mm-Format.

Zur Farbseite 192: Sehr zu Unrecht wird das Mittelmeer von UW-Filmern etwas vernachlässigt. Flora und Fauna sind immer noch farbenprächtig, allerdings in der Regel erst ab 20 m Tiefe.

Wie entsteht eine Fernsehdokumentation?

Sicher wird es auch den einen oder anderen Amateur interessieren zu erfahren, wie eine Fernsehdokumentation, sagen wir von 25–30 Minuten Länge in 16 mm Color, entsteht. Zuerst ist da die Idee, ein bestimmtes Thema filmisch umzusetzen. Diese Idee wird schriftlich zu einem Treatment (siehe Kapitel Drehbuch etc.) von 1–2 Schreibmaschinenseiten verarbeitet. Das Treatment schickt man an die Hauptabteilung eines Senders von der man meint, daß sie zuständig sei. Hat der Sender Interesse an dem Stoff, so wird der Produzent in der Regel zu einem persönlichen Gespräch gebeten. Hat er die zuständigen Leute überzeugen können, so bekommt er einen Produktionsvertrag, der bis ins Detail alle Vereinbarungen regelt. Geld gibt es in 3 Raten, bei Vertragsabschluß, bei Rohschnittabnahme und bei Ablieferung der kompletten Sendekopie. Wenn man herausgefunden hat, wann und wo die entsprechenden Motive für den Film verfügbar sind, kann man mit der Produktion beginnen. Vor Beginn der Dreharbeiten sollte man sich darüber im klaren sein, ob und in welcher Weise der Film vertont werden soll, ob Licht- oder Magnetton in Frage kommt und wieviel Kopien benötigt werden. Wird eine anspruchsvolle Vertonung mit Musik, Sprache, und Geräuschen gewünscht, sollte man gegebenenfalls mit einem erfahrenen Tonstudio zusammenarbeiten.

Auf alle Fälle ist es zweckmäßig, den Film mit 24 Bildern/Sekunde aufzunehmen, da man dann immer die Möglichkeit hat, ihn auch nachträglich zu vertonen. Ein mit 16 Bildern/Sekunde aufgenommener Film läßt sich im Kopierbetrieb nur dann auf 24 Bilder/Sekunde umkopieren, wenn es die Bewegungsvorgänge der Filmhandlung gestatten, abgesehen von den durch diese Sonderbearbeitung entstehenden Kosten. Wenn nur das Original ausgewertet wird oder nur wenige Kopien benötigt werden, ist es zweckmäßig, den Film für die Tonwiedergabe mit einer Magnetspur zu versehen. In diesem Fall verwendet man einseitig perforiertes Film-Material. Die Beschichtung entwickelter Filme mit einer Magnettonspur wird von filmtechnischen Betrieben vorgenommen. Die Magnetspur hat den Vorteil, daß man die Tonaufzeichnung löschen, verbessern, für andere Verwendungszwecke ändern und auf einfache Weise bei wenigen Kopien schon Vertonungen in verschiedener Sprache erhalten kann.

Die Magnetspur liegt bei der Vorführung des Films auf der der Projektionslampe zugewandten Seite. Bei Umkehroriginalen ist die Magnetspur damit auf der Unterlageseite. Umkehrduplikate und Kopien von Negativen sollten so hergestellt werden, daß die Magnetspur auf der Emulsionsseite des Films aufgebracht werden kann. Bei einer größeren Zahl von Kopien wird meist der Lichtton vorgezogen. In diesem Fall ist dem Kopierwerk ein 16 mm Magnetfilm-Original zu liefern. Davon erhält man dann ein Lichttonnegativ oder -positiv für die Überspielung der Lichttonspur. Für besonders hochwertige Lichttonwiedergabe sollte man die Herstellung der Kopien über ein Duplikatnegativ vornehmen, weil hier die

Schicht entsprechend der neuen Norm für Lichtton-Projektoren zum Objektiv liegt. Für die optische Tonaufzeichnung ist eine enge Zusammenarbeit mit Tonstudio und Kopierwerk notwendig. Wenn das Filmmaterial, z. B. 16 mm Farbnegativ, gekauft worden ist, können die Dreharbeiten beginnen. Um ihren Ablauf zu koordinieren, benötigt man einen Drehplan mit genauer Zeiteinteilung. Hat man viel über Wasser zu drehen, so ist vielleicht ein entsprechend versierter Kameramann und auch ein Tonmeister sehr von Nutzen. Die jeweils abgedrehten Komplexe werden sofort zur Kopieranstalt zum Entwickeln und Rushprintkopieren geschickt. Ist man im Ausland, so sollte der Kameramann jeden Abend Probeentwicklungen eines kleinen Filmstückes vornehmen. Als Produzent können Sie besser schlafen, wenn Sie genau wissen, daß die Kameras nicht schramen. Während das wertvolle Farbnegativ automatisch von der Kopieranstalt eingelagert wird, bekommen Sie die noch nicht lichtbestimmte Rushprintkopie zur weiteren Verarbeitung ausgehändigt. Wenn Sie in 2–3 Wochen Ihr Filmthema über und unter Wasser abgedreht haben, mieten Sie einen Schneideraum und eine Cutterin an. Natürlich sind auch inzwischen die erforderlichen Tonaufnahmen und ein paar Stand- und Werkfotos für die Fernsehzeitschriften gemacht worden. Im Schneideraum beginnt nun der Schnitt des Filmes. Gerade bei UW-Szenen ist es manchmal schwierig, der Cutterin klar zu machen, daß man nicht unbedingt schöne lange Passagen durch Zwischenschnitte zerhacken muß. Versuchen Sie sich durchzusetzen, und behalten Sie Ihren Stil bei. Ist der Rohschnitt fertig, so gilt es, die verschiedenen Geräusche und eventuell auch Musik »anzulegen«. Vorher müssen aber alle Töne von »Schnürsenkel« auf 16 mm Cordband überspielt werden. Das exakte Zusammenschneiden der verschiedenen Tonbänder erfordert viel Zeit und Konzentration. Bei Geräuschen die nicht synchron zum Bild sein müssen, kann man für die Endmischung auch sogenannte Schleifen, z. B. von Luftblasen oder Möwengeschrei verwenden. Musiken der verschiedensten Art kann man bei allen renommierten Tonstudios einschließlich der Gemarechte kaufen.

Der Rohschnitt, so sieht es der Vertrag vor, muß nun zusammen mit dem Geräusch- und Musikband dem Auftraggeber zur Abnahme vorgeführt werden. Den Text müssen Sie natürlich inzwischen auch schon erarbeitet haben. Häufig dürfen Sie Ihren Text zum Bild vorlesen. Findet Ihr Werk Gnade vor den Augen der versierten Fachleute vom Fernsehen, so können Sie mit dem Feinschnitt und der Herstellung der Endfassung weitermachen. Jetzt können Sie den Anfangs- und Endtitel einschneiden und den Sprecher engagieren, der meistens vom Sender vorgeschlagen wird. In diesem Produktionsplan lassen Sie auch von der Kopieranstalt das Originalfarbnegativ entsprechend der Arbeitskopie schneiden und zur weiteren Verarbeitung eine schnittlose Null-Kopie ausliefern. Die Sprachaufnahme erfolgt im Tonstudio zum projizierten Film. Am besten geben Sie selbst die Einsätze durch Tippen auf die Schulter des Sprechers. Nachdem Ihre Cutterin auch dieses Tonband noch optisch und akustisch eingestartet hat, beginnt die Mischung. Hier heißt es zuerst einmal das Personal des Tonstudios gütig zu stimmen. Also vor Beginn der Mischung Kaffee, Tee, Cola oder Orangensaft ordern. Harte Getränke erst anbieten, wenn die Arbeit getan ist, aus Qualitätsgründen. Zuerst einmal wird aus den Geräuschen und der Musik das sogenannte IT-Band (Internationale Tonband) gemischt. Das ist obligatorisch, falls der Sender Ihren Film ins Ausland verscherbeln will. Bei dieser Mischung müssen Sie darauf achten, daß kein Rauschen, Knakken oder ähnliche Mißtöne mit aufgenommen werden. Lieber die Mischung gleich abbrechen

Kalkulation

und neu beginnen, als etwas durchrutschen lassen. Die Fachleute vom Sender hören das bestimmt. Auf die IT-Band-Mischung erfolgt die Endmischung, also Geräusche und Musik und Sprache. Hier heißt es wiederum aufpassen, um zu einer gut ausbalancierten Einheit der verschiedenen Bänder zu kommen. Nach der Mischung hört man sich noch einmal kritisch das Ergebnis, natürlich zusammen mit dem Bild, an. Werden vom Sender keine Lichttonkopien gewünscht, so wird die mittlerweile gezogene lichtbestimmte Sendekopie mit einer Magnetrandspur beschichtet und die Endmischung auf die Piste überspielt. Diese Arbeiten führt auch das Tonstudio aus.

Mit dem fertigen Endprodukt geht's dann noch einmal zum Sender zur Endabnahme. Sind keine Beanstandungen – das Gegenteil wäre furchtbar – erfolgt, erfahren Sie u. U. schon den Sendetermin und können die letzte Rate Ihres Honorars anfordern.

Vielleicht sind Sie nun der Ansicht, daß eine solche Fernsehdokumentation gar nicht so schwierig zu realisieren ist. Nun, ich habe den Ablauf ziemlich gerafft dargestellt und darf Ihnen nur versichern, daß in jeder Produktionsphase so viele Schwierigkeiten auch im Detail liegen können, daß man als Produzent häufig einem Herzinfarkt nahe ist. Andererseits, wenn man das technische und gestalterische Instrumentarium erst einmal einigermaßen beherrscht, ist Filmemachen einer der interessantesten und befriedigensten Tätigkeiten überhaupt.

Auch das Filmen unter Wasser kostet, wie wohl die meisten Hobbys, Geld. Der Amateur wird, wenn er UW-Kamera, Akkuleuchten, Projektor usw. erst einmal angeschafft hat, diese kaum mehr in die Kalkulation für den nächsten Urlaubsfilm einbeziehen. Für ihn ist die Hauptausgabe das Filmmaterial, welches vor dem Urlaub bar bezahlt werden muß und im direkten Zusammenhang mit der Reisekasse steht. Neben dem Filmmaterial können aber noch eine ganze Reihe anderer Kosten auch auf den Amateurfilmer zukommen. Deshalb hier ein paar Überlegungen aus der Sicht des Profifilmers, die vielleicht auch dem Super 8-Spezialisten nützlich sein können:
Spiellänge des Films?
Wo soll der Film gedreht werden?
Soll der Film mit Ton vorgeführt werden, *lippensynchron oder allgemeiner Kommentar?*
Sind teure Trickteile vorgesehen?
Wieviel Geld steht zur Verfügung?

Beispiel einer Kalkulation
Kostenaufstellung für:
Aufnahmematerial (Drehverhältnis);
Film, Ton, Licht, Boote, Tauchgeräte, Preßluft;
Kopierwerkkosten (Entwicklung, Musterkopie, Originalabziehen, Negativschnitt)

Foto linke Seite: Mit extern eingesetzten Akkuleuchten lassen sich bei geschicktem Einsatz ungewöhnliche Effekte erzielen. Foto: Gerhard Binanzer.

Premiere

Als letzter und gewissermaßen krönender Teil der ganzen Filmarbeit erfolgt schließlich die Projektion des geschaffenen Filmwerks vor Zuschauern. Damit alles gut gelingt und man mit dem fertigen Film vor diesem manchmal recht kritischen Publikum bestehen kann, sollte solch eine Premieren-Vorführung bis ins letzte Detail vorbereitet werden, um einen reibungslosen Ablauf der Präsentation zu gewährleisten. Leinwand und Projektor müssen vorführfertig aufgebaut und eingerichtet sein. Noch wichtiger ist es, daß vor der Projektion alle Klebestellen kontrolliert wurden. Auch dann wird man aber vorsichtshalber Klebepresse und Filmkitt bereithalten, damit im Notfall eine Panne schnell behoben werden kann. Am besten macht man rechtzeitig vor der Premiere eine Art Hauptprobe, eine letzte Kontroll-Vorführung, bei der man alle auftretenden und möglichen Fehler gleich ausschaltet. Ist es so weit, dann kann nach menschlichem Ermessen nichts mehr passieren, es sei denn, die Projektionslampe läßt Sie im Stich. Deshalb muß man natürlich auch eine zweite Lampe in Reserve halten.

UW-Filme verkaufen

Wie bereits erwähnt, kommt für die professionelle UW-Filmerei z. Z. nur das 16 mm- und das 35 mm-Format infrage. Lediglich in dritten Programmen und in Ausnahmefällen hat man bisher auch das Super 8-Format im Fernsehen gesendet. Dabei ist dieses Format wesentlich billiger und bietet aufgrund der relativ perfektionierten Technik auch eine Unmenge Möglichkeiten, nicht zuletzt weil Amateure in aller Welt es benutzen. So dominiert beim Fernsehen bis auf weiteres das 16 mm-Format. Wie man den Kontakt mit dem Fernsehen bekommt, habe ich im Kapitel »Wie entsteht eine Fernsehdokumentation« schon angedeutet. Allerdings muß dazu gesagt werden, daß es heute sehr schwierig ist, einen Produktionsvertrag über ein Dokumentarfilmthema, sei es als ambitionierter Amateur wie auch als bekannter Produzent, zu bekommen. Leute wie z. B. Cousteau und Vailati, die gleichzeitig für mehrere Länder produzieren und deshalb auch ihre Serien entsprechend billig anbieten können, haben sich schon fast aller Dokumentarfilmthemen bemächtigt und so den Markt abgedeckt. Natürlich passiert es dabei hin und wieder, daß der eine oder andere Film einer Serie thematisch schwächer ausfällt. Das ist aber durchaus normal, denn nicht jedes Thema gibt filmisch gleich viel her. Dann werden einfach mehr Überwasser-Aufnahmen und mehr das Drumherum gezeigt.
Eher schon gelingt es dem einen oder anderen 16 mm-Filmer, für eine der zahlreichen regionalen Magazinsendungen etwas drehen zu können. Diese Kurzbeiträge von maximal 5 Minuten Laufzeit können die Urlaubskasse etwas aufbessern helfen, mehr aber auch nicht. Normalerweise

kann man heutzutage UW-Filmaufnahmen nur noch über ein ausführliches Treatment oder besser noch ein spezielles Drehbuch verkaufen. Die rechtliche und versicherungsmäßige Situation dieser UW-Kameramänner ist allerdings noch nicht abgeklärt. Praktisch fungieren sie als Berufstaucher ohne aber bisher deren Unfallverhütungsvorschriften zu beachten und auch entsprechend ausgebildet zu sein.

Häufig findet man bei Amateuren die Ansicht, daß man erstmal den Film über ein bestimmtes Thema drehen sollte, um ihn dann, wenn er fix und fertig ist, dem Fernsehen anzubieten. So was geht in der Regel immer daneben, denn fast nie trifft man den Stil des Mannes, der für den Ankauf eines solchen Filmes kompetent ist. Häufig werden gravierende Änderungen verlangt, die enorme Kosten für Umschnitt und Neumischung verursachen. Und »last not least« ist das erzielte Honorar so gering, daß es nicht einmal die echten Unkosten deckt. Ich habe bisher kaum ohne schriftlichen Produktionsauftrag irgend etwas gedreht. Wenn man dann allerdings einen Auftrag hat, dann muß man auch alles belichtete Material, und sei es noch so sensationell und unwiederholbar, dem Sender mit allen Rechten abliefern.

Standfotos – Werkfotos

Im Gegensatz zu den Profis steht es dem Amateur frei, von seiner Filmarbeit Stand- oder Werkfotos herzustellen oder herstellen zu lassen. Beim Profifilm wird in der Regel extra ein Standfotograf engagiert, der sich nur um diesen Bereich zu kümmern hat. Er bekommt ein festes Tageshonorar und muß alles belichtete Filmmaterial abliefern, bzw. auch für die Herstellung der jeweils benötigten Vergrößerungen in Farbe wie auch in S/W sorgen. Standfotos bei UW-Filmaufnahmen sind ein Kapitel für sich, da ja auf keinen Fall in die Filmszene hineingeblitzt werden darf. Deshalb muß man darauf achten, daß die Szene, wenn sie für den Kameramann »gestorben«, d. h. abgedreht ist, noch einmal für den Standfotografen wiederholt wird. So kann der Standfotograf auch soviel Blitzlicht einsetzen wie er will, ganz abgesehen davon, daß diese Fotos während der echten Aktion viel dynamischer ausfallen, als wenn die Akteure lediglich so tun als ob. Der Unterschied macht sich besonders bei Kampfszenen unter Wasser bemerkbar. Während man unter der Bezeichnung Standfotos immer nur solche Aufnahmen versteht, auf denen auch im Film vorkommende Aktionen zu sehen sind, die dann von den Fernsehzeitschriften gebraucht oder beim Kinofilm in den Schaukästen gezeigt werden, zeigen Werkfotos mehr. Die Werkfotos unterscheiden sich von Standfotos insofern, als auf ihnen auch der Mitarbeiterstab, also Kameramann, Beleuchter usw. zu sehen sind. Werkfotos können, entsprechend fotografiert, auch viel von den Schwierigkeiten bei der UW-Filmarbeit aussagen. Die Problematik bei der Herstellung von guten UW-Fotos in Color und S/W habe ich schon vor einigen Jahren ebenfalls in Buchform detailliert geschildert.

Unterwasser – Fernsehen

Das UW-Fernsehen, gemeint ist die Übermittlung eines Fernsehbildes über Kabel von unter Wasser auf einen Bildschirm über Wasser, hat sich für die unterschiedlichsten Aufgaben bewährt und durchgesetzt.

Wie arbeitet die E-Kamera?

Die elektrische Fernsehkamera besitzt ein Objektiv wie jede Foto- oder Filmkamera. Mit Hilfe dieses Objektives wird ein verkleinertes Bild des zu beobachtenden Objektives auf die Fotofläche der Fernsehaufnahmeröhre, einer Vidiconröhre vom Typ Resistron, projiziert. Entsprechend der verschiedenen Helligkeiten der einzelnen Bildpunkte entsteht hier auf der halbleitenden Fotofläche des Vidicons ein elektrisches Spannungsbild, welches durch einen Elektronenstrahl laufend zeilenweise abgetastet wird. Die elektrischen Bild- oder Videosignale der Fernsehkamera werden über Kabel und Verstärker zum Fernseh-Beobachtungsgerät übertragen, wo ein gleichlaufend abgelenkter Elektronenstrahl auf dem Leuchtschirm der Bildröhre entsprechend helle oder dunkle Punkte zeichnet, die sich dann wieder zu dem Bild zusammensetzen, welches von der Fernsehkamera aufgenommen wird.

Das Herz des Bildaufnahmeteils ist die in ein wasserdichtes und druckfestes Gehäuse eingebaute transistorisierte Fernsehkamera Typ FA 32 mit 1''-Bildaufnahmeröhre vom Vidicon-Typ mit Ablenkeinheit und Vorderverstärker. Die Bildabtastung erfolgt bei Verwendung eines Frequenzteilers mit 625 Zeilen (ca. 320 000 Bildpunkte) bei 50 Halbbildern je Sekunde, freilaufend ohne Frequenzteiler mit 312 Zeilen (ca. 160 000 Bildpunkte) bei 50 Vollbildern je Sekunde, netzsynchronisiert.

Auf Wunsch kann die Anlage bei Kabellängen unter 200 m auch mit 875 Zeilen Abtastung geliefert werden.

Während bei früheren Modellen der Kieler Firma IBAK das Erkennen von Bildausschnitt bzw. Bildmitte ein großes Problem war, da ein Sucher praktisch völlig fehlte, hat man nun einen Suchermonitor zur Verfügung. Der Suchermonitor USM 3 wird durch Spannscheiben und UW-Stekker mit der Kamera verbunden. Der Taucher erhält so das gestochen scharfe Original-Fernsehbild. Das Gerät, in schutzisolierter Ausführung, ist mit eigenem Stromversorgungs- und Regelteil versehen und hat eigene Einstellmöglichkeiten für Helligkeit und Kontrast. Das Gehäuse besteht aus hochwertigem Kunststoff und paßt sich in Form und Farbe dem Kameragehäuse an. Die Bildschirmgröße beträgt in der Diagonalen 76 mm.

Durch den Suchermonitor sieht der Taucher das Originalbild, welches er den Fachleuten am Fernsehkontrollgerät zeigen will. Ein unentbehrliches Gerät, besonders bei Nahaufnahmen.

Wer mit dem elektronischen Sucher unter Wasser arbeitet, wird schnell feststellen, wie enorm der Unterschied ist zwischen dem, was unsere Augen sehen und dem was auf dem Suchermonitor erscheint. Bei der Kompensation dieser beiden unterschiedlichen Bilder hat sich gezeigt, daß derjenige Taucher, der Foto- oder speziell Filmerfahrung besitzt, gegenüber dem fotografisch nicht vorbelasteten Taucher im Vorteil ist. Kurz und

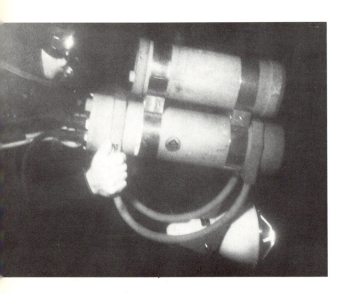

die Untersuchung beliebig oft gezeigt und auch mit einem erklärenden Kommentar ergänzt werden. Die zweite Möglichkeit zur Heraushebung wichtiger Teile der Untersuchung ist die Schirmbildfotografie. Vor dem Monitor ist eine mit einem hochempfindlichen Film geladene Kleinbild-Spiegelreflex-Kamera so installiert, daß sie den Bildschirm bestreicht. Mittels Drahtauslöser (1/25 Sek.) werden dann die interessantesten Phasen der Untersuchung fixiert. Aber Vorsicht, solche Schirmbildfotos sind für den Laien meist recht verwirrend. Schirmbildfotos muß man regelrecht lesen können, und das kann am besten der Taucher, der auch die Kamera unter Wasser geführt hat.

Die Firma IBAK, Kiel, um deren Fabrikate es sich hier bei den meisten angeschnittenen Themen handelt, hat sich mittlerweile eine Sonderposition auf diesem Spezialsektor erarbeitet. Weltweit werden IBAK-UW-Fernsehanlagen für die unterschiedlichsten Aufgaben eingesetzt.

1959 z. B. wurde auf meine Initiative hin die erste Lifesendung »Vom Grunde der Ostsee« 60 Minuten lang übertragen. Mir oblag dabei die Führung der 75 kg schweren Image-Orthikon-Kamera für 3 UW-Komplexe. Das erforderte genaues Timing, zumal ich zwischendurch noch als Interviewpartner Rede und Antwort stehen mußte.

Spektakulär war auch der Einsatz einer IBAK-Kamera bei der vom »Stern« organisierten Bergung gefälschter englischer Pfundnoten aus dem Toplitzsee in Österreich. Die cleveren Techniker der Kieler Firma kombinierten die Kamera mit einem Greifersystem und holten Kiste um Kiste mit Pfundnoten aus etwa 100 m Tiefe herauf. Auf diese Art wurden auch noch eine ganze Reihe kleinerer Bergungen der verschiedensten Gegenstände, aber leider auch von ertrunkenen Sporttauchern durchgeführt. So bargen die IBAK-Spezialisten 1975 im Königssee zwei ertrunkene Sporttaucher aus 150 m Tiefe. Ebenfalls, wie schon am

gut, auch das Führen einer UW-Fernsehkamera will gelernt sein. Um z. B. dem Auftraggeber am Monitor über Wasser ein eindrucksvolles Bild von Spundwandschäden geben zu können, muß der Taucher ständig in der Beobachtung Suchermonitor und Motiv wechseln. Oft ist es nötig, die E-Kamera stark seitlich zu führen, um Schäden vor dem Hintergrund des freien Wassers auch deutlich sichtbar werden zu lassen.

Um eine solche Untersuchung auch konservieren zu können, stehen zwei Möglichkeiten zur Verfügung, einmal mit Hilfe eines Band-Aufzeichnung-Gerätes auf Videocord. Auf diesem Gerät kann

Toplitzsee, wurde zur eigentlichen Bergung ein Greifersystem verwendet, das mit der Fernsehkamera als elektronischer Sucher kombiniert wurde.

Aber es gibt auch noch eine ganze Reihe weniger spektakulärer, aber dafür um so effektiverer Möglichkeiten, das UW-Fernsehen einzusetzen. Nachfolgend ein paar Beispiele:

Bei der Kontrolle von Trinkwasserversorgungsanlagen wird eine kleindimensionierte Fernsehkamera eingesetzt. Meistens gehen die verschiedenen Filterstränge (Durchmesser um 160 cm) strahlenförmig vom Zentrum eines Vertikalbrunnens (Durchmesser ca. 2–3 m) ab. Der Taucher hat nun die Aufgabe, die Fernsehkamera vorsichtig in den jeweiligen, zur Untersuchung anstehenden Filterstrang einzuführen. Diese Filterstränge, aus denen das Trinkwasser in den Vertikalbrunnen gepumpt wird, können durchaus einmal 130 m lang sein. Das bedeutet unter Umständen, daß der Taucher entsprechend viele 1,50 m lange Alurohre an die Kamera anbauen muß. Mit Hilfe dieser Führungsrohre wird die Kamera mit entsprechendem Fingerspitzengefühl langsam vorwärtsgeschoben. Betriebsingenieure beobachten derweil oben das Schirmbild auf dem Monitor und bekommen so einen genauen Überblick über den Zustand der gesamten Brunnenanlage.

Inzwischen hat das UW-Fernsehen auch die Tiefsee erschlossen. Für die Manganknollensuche der »Valdiwia« und für die Forschungen der »Meteor« hat IBAK Spezialausrüstungen entwickelt. Bisher konnten Foto- oder Fernsehkameras allein nur für sporadische Einzelaktionen eingesetzt werden, und selbst dann behinderte die Schiffsbewegung eine ungetrübte Beobachtung des Meeresbodens. Dieses integrierte System hält einen konstanten, vorher bestimmten Abstand zum Grund. Der Inhalt des Fernsehbildes wird automatisch ausgewertet und die Ergebnisse zusammen mit geografischen Daten in den

Bordrechner des Forschungsschiffes eingegeben. In der Endstufe sollen Schleppgeschwindigkeiten bis zu 6 Knoten erreicht werden, wobei, ähnlich wie bei der Fotografie schnell bewegter Objektive, die Verwendung von Impulslichtquellen hilft, Bewegungsunschärfen zu reduzieren.

Alle UW-Geräte besitzen Gehäuse aus Chrom-Nickelstahl und werden von einem schlittenförmigen Schleppprahmen umschlossen. Bei Fahrt bestimmen und stabilisieren zwei Strömungsflossen an der Rückseite des Schleppprahmens die Blickrichtung. Sowohl die hochlichtempfindliche Fernsehkamera als auch die zwei Fotokameras, intermittierende Fernsehbeleuchtung, Foto-Blitzlicht, Echolot, Meßpunktstrahler, Strömungsmesser, Pufferbatterien und Fernsteuergerät werden sämtlich über ein einziges, armiertes Koaxial-Kamera- und Schleppkabel von 18 mm Durchmesser gespeist. Ein druckfester elektromechanischer Wirbelschäkel mit Koaxialdurchführung zwischen Schleppkabel und UW-Einheit gleicht den Kabeldrall aus. Bei einer Einsatztiefe von 6000 m zieht das Forschungsschiff am 8 km langen Kabel ein gußeisernes Gewicht von etwa 2 Tonnen über den Meeresboden, wobei der »Schlitten« etwa 5 m höher über dem Grund schwebt. Die Kameras sehen schräg voraus nach unten. Ein Echolot am Schleppkabel zeigt gefährliche Hindernisse rechtzeitig genug an, um das Schleppgerät darüberzuheben.

An Bord des Schiffes deuten die vier Fernsehschirme über dem Bedienungspult bereits auf die verschiedenen Möglichkeiten für die Beobachtung und Dokumentation hin:

Aus dem laufenden Fernsehbild auf dem ersten Schirm können einzelne Bilder herausgegriffen und auf dem zweiten als Standbild in Ruhe betrachtet werden. Das Standbild wird gleichzeitig automatisch fotografiert. Diese Methode, den Fernsehschirm mit seinem Datentableau in bestimmten Zeitabständen zu fotografieren, bietet bereits eine gute stichprobenartige Untersuchung der Gesamtfläche und hält die Menge des Aufzeichnungsmaterials in Grenzen.

Zusätzlich können interessante Fernsehbildfolgen mit einem Magnetband bei normaler Schleppgeschwindigkeit aufgezeichnet werden, um sie später auf dem dritten Monitor oder als Standbild auszuwerten.

Die zwei UW-Fotokameras werden zusammen mit dem Blitzlichtgerät individuell durch Fernsteuerung ausgelöst, sobald auf dem Fernsehschirm ein interessantes Bild erscheint. Damit sind direkte UW-Aufnahmen in Schwarz-Weiß, Farbe oder Stereo möglich. Jede Kamera hat eine Kapazität von 1500 Aufnahmen im Format 24 × 36 mm pro Tauchgang. Alle Aufnahmen sind durch Einspiegelungsoptiken mit Datum, Zeit, Fotonummer und zusätzlich geschriebenen Hinweisen markiert.

Der vierte Monitor besitzt ein variables Maskenfeld und eine Graufilterkennzeichnung für die zur Auswertung erfaßten Manganknollen. Der Auswertungsrechner gibt die Angaben über Knollengröße, Knollenzahl, Belegungsdichte usw. über einen Drücker an den Bordgroßrechner zur Zuordnung der geografischen Daten und Speicherung.

Die Kieler Spezialfirma ruht nicht auf ihren Lorbeeren aus, sondern entwickelt weiter. Denn, wie in vielen Bereichen gilt auch hier die Devise: »Stillstand bedeutet Rückschritt«. So sollen die nächsten Schritte bzw. Entwicklungen dem lukrativen Offshoregeschäft gelten. In diesem Zusammenhang soll auch eine selbstfahrende TV-

Anlage zur Schiffsbodenuntersuchung für Großtanker konzipiert werden. Bei diesen Großtankern zwischen 500000 und 700000 t mit einem Tiefgang bis zu 28 m sind Taucheruntersuchungen meistens unwirtschaftlich. Es soll schon vorgekommen sein, daß sich Taucher unter dem Boden solcher Tankerriesen verirrt haben, was leicht verständlich wird, wenn man bedenkt, daß die zu kontrollierende Fläche der mehrerer Fußballplätze entspricht.

So ist das UW-Fernsehen zu einem immer mehr genutzten Hilfsmittel für Industrie, Forschung und nicht zuletzt auch für die Berufstaucherei geworden.

Filmwettbewerbe

Irgendwann kommt einmal bei jedem der Zeitpunkt, wo er in der Filmerei ein gewisses Niveau erreicht hat und ihm die Bestätigung aus dem Kreis der Familie und Freunde nicht mehr genügt. Dann ist es Zeit, sich mit Gleichgesinnten im nationalen oder auch internationalen Wettstreit zu messen. Nun kann sich natürlich auch jeder UW-Filmer, wenn er die entsprechenden Voraussetzungen erfüllt, an den verschiedenen Wettbewerben u. a. auch des Bundes Deutscher Filmamateure e. V. (BDFA) beteiligen. Um die jeweiligen Einsendetermine zu erfahren, muß man sich der Fachzeitschriften bedienen.

Des großen Erfolges wegen sei aber auch an dieser Stelle auf einen Filmwettbewerb hingewiesen, der speziell nur für UW-Filmer geschaffen wurde. Im Abstand von jeweils 3 Jahren organisiert der Deutsche Unterwasserclub Berlin den »Internationalen UW-Filmwettbewerb« für Amateure und neuerdings auch für Profis.

Internationaler UW-Filmwettbewerb Berlin
Filmbewertungsbogen

Film Nr.   Name des Jurymitgliedes:
Filmtitel:
Autor:

1. Gehalt: Der Gehalt eines Filmes ist die Durchdringung und Beherrschung des gewählten Themas und die Qualität der Umwandlung der Grundidee zu einem folgerichtig aufgebauten Filmstoff.

schlecht	mäßig	genügend	gut	sehr gut	ausgezeichnet	Vergebene
0–7	8–15	16–23	24–27	28–31	32–40	Punktzahl:

Begründung:

2. Gestaltung: Die Gestaltung umfaßt die Regie – also die Darstellerführung (Spiel-, Dialog- und Kommentarregie) – und die Bild- und Farbregie bei Aufnahme oder Schnitt, die Auswahl der Darsteller, der Handlungsorte, der photographischen Motive, die Wahl der Beleuchtung und der akustischen Mittel.

schlecht	mäßig	genügend	gut	sehr gut	ausgezeichnet	Vergebene
0–7	8–15	16–23	24–27	28–31	32–40	Punktzahl:

Begründung:

3. Technik: Die technische Ausführung bezieht sich auf die Beherrschung der rein technischen Mittel, die dem Filmamateur auf Grund des jeweiligen Standes der Film- und Tontechnik zur Verfügung stehen.

				mit technischen Schwierigkeiten		
schlecht	mäßig	genügend	gut	sehr gut	ausgezeichnet	Vergebene
0–3	4–6	7–11	12–15	16–18	19–10	Punktzahl:

Begründung:

Gesamteindruck: Gesamtpunktzahl:

An Preisen kommen neben Sach- und Sonderpreisen die von dem Münchner Bildhauer Ferdinand Auerhammer geschaffenen Nereiden (liegende Nixe mit Krug) in Gold, Silber und Bronze zur Verteilung. Die Siegerfilme werden in einer großen, öffentlichen Veranstaltung am Tag nach der Preisverteilung dem Publikum vorgeführt. Am Beifall kann die Richtigkeit der Juryentscheidungen so noch einmal geprüft werden.
Wer am nächsten Internationalen UW-Filmwettbewerb Berlin 1977/80/83/86 usw. teilnehmen möchte, fordert Unterlagen vom DUC Berlin, 1 Berlin 41, Breitestr. 2 an.
Termine anderer Internationaler UW-Filmwettbewerbe kann man den deutschen Tauchsportfachzeitschriften entnehmen.

Stichwortverzeichnis

ABC-Ausrüstung 19
Akkuleuchte 11, 126, 129
Akkuleuchte Güge L 1 133
Akkuleuchten Güge L 2 + L 3 133
Akkuleuchten Güge L 4 + L 8, die Superschlanken 133
Akkuleuchte UW-System Dr. Kief 140
Akkutrommel 135
Anamorphot 70
Aquaflex-UW-Gehäuse 61
Aquarium-Aufnahme 113
Arriflex 16 St 67
Arriflex 35 St 67
Assistent 170
Auflösungsvermögen 69
Aufnahmetechnik 89
Ausbildung 193

Barakuda-Gummibox 37
Belichtung 81
Belichtungsautomatik 34
Belichtungsmesser 79
Berufstaucherflossen 21
Beschichtung 194
Bildaufbau 97
Bildmontage 154
Bleigürtel 30
Blendenwerte 81
Blitzbirne 11
Blutersatz c102
Bolex UW-Gehäuse 62
Bopp »pocket-spot« 129
Bopp-Power-Spot – das Flutlicht aus dem Handgelenk 129
Bopp UW-Gehäuse 38
Brechungsindex 71

Breitbildvorsatz 70
Breitwandverfahren 69

Carcharodon Carcharias 105
Cima-Aquatica 38
Cima BL 250 D/UW-Film-Scheinwerfer 130
Cutterin 195

Darsteller 170, 171
Dekompressiometer 30
Dekompression 30
Dekoration 99
Delphin 117
Deniz Akkugehäuse PU 300/PU 400 131
Deniz Handscheinwerfer HSP 635/HSW 600 132
Deniz-UW-Gehäuse 39, 64
Dia 11
Dialog 186
Domlinsen 46
Double 173, 176
Drehbuch 85, 174, 179, 199
Drehplan 85
Drehsituation 175
Drehverhältnis 179
Duplikatnegativ 194
Durchblicksucher 74
Durchführungen 35
Durchsichtssucher 35

Einzeltitel 155
Endschnitt 191
Entwicklungsanstalt 191
Eumig Minisub-UW-Gehäuse 42
EWA-Marine-UW-Kamerataschen 41, 63
Explosion 111
Exposé 88

Fahrstuhleffekt 89
Fahrtaufnahme 90
Farbdia-Vortrag 11
Farbkorrekturfilter 123
Farbverfälschung 123
Feinschnitt 191, 193
Fernsehdokumentation 194

Filmformate 69
Filmleuchte Hugylight-115 136
Filmmaterial 13, 75
Filmschnitt 191
Filmstoff 162
Filmthemen 153
Filmtitel 180
Filmwettbewerbe 206
Filterwirkung 76
Fischauge 72
Fischperspektive 120
Fixfocus 71
Flossen 21
Fluchtreaktion 115
Frontscheibe 94
Fütterungstrick 113

Gag 105
Gagenetat 171
Ganggeschwindigkeit 81, 82
Gegenlichtaufnahme 91
Gegenlichtstudie 91
Gegenschuß 151
Gemarechte 154
Geräusche 190
Gestik 171
Gewerbeärzte 15
Glasfaserpelz 22
Gradation 14
Groll Uwafi 2 UW-Filmkameragehäuse für Bauer Star XL 44
Groll Uwalux 2, UW-Halogenleuchte 12 V/100 W 132
Güge L 9 und L 10 134
Güge-Super 8-UW-Filmgehäuse 44
Gummikrake 107

Hai 116, 117, 177
Haikäfig 107
Halbleiter 79
Handlungskomplex 173, 191
Hauptdichtung 37
Heco-Energieblock 135
Heco-Ladegerät 135
Heco-Lux I 134

Heco-Lux II Film- und Suchscheinwerfer 135
Heco-Lux II P-Suchscheinwerfer 136
Heco-Schnelladegerät mit Autohalterung 136
Hugycine Nautilus UW-Gehäuse 65
Hugyfot-Schweiz Hugy-Cine UW-Gehäuse 45

Idee 85, 194
Ikelite UW-Gehäuse 46
Impulsgeber 83
IT-Band 195, 197

Kalkulation 197
Kameraführung 89
Klappe 85
Koaxkabel 159
Körperschallmikrofon 26
Kolbenblitzanlage 11
Kommentar 154, 171, 186, 190
Komposition 14
Kompressoren 31
Kompromißblende 81
Konditionstraining 17
Konstant-Volumen-Anzug 26
Kontrastwirkung 124
Kopieranstalt 110
Kopierwerk 195
Kulisse 99
Kunstlicht 123
Kurzbeitrag 198

Ladegerät für Cima BL 250 D/UW 130
Lichtkasten 191
Lichtspektrum 123
Lichtsprünge 193
Lichtton 194
Lichtweg 123
Lungenautomat 27

Magnetspur 194
Magnetton 194
Makrobereich 73
Marionetten 162

Marittima MR 40 UW-Gehäuse für 16 mm-Kamera 65
Marittima UW-Filmleuchte ML 71   138
Marittima UW-Gehäuse MC 47   50
Mattscheibe   72
Meßstab   73
Meßzelle   80
Mikrofon   121
Mikrofonstimme   190
Mischgasgerät   26
Mischung   195
Modellaufnahme   193
Motiv   99
Musik   195
Musikuntermalung   190

Nachspann   180
Naßtauchanzug   22
Nautica UW-Filmleuchten   139
Nebelblende   149
Negativfläche   69
Negativformat   11, 13
Neoprenetrockenanzug   22
Null-Kopie   35, 195

Objektiv   71
Originaldrehbuch   85

Parallaxenfreiheit   74
Paternostertrick   106
Plexiglassucher   73
Polaroidfoto   175
Premiere   198
Preßlufttauchgerät   15, 27
Probe   174
Probeentwicklung   195
Produktionsplan   195
Produktionsvertrag   194, 198
Produzent   195
Profikamera   34
Profispielfilm   85
Projektionslampe   198
Projektor   11, 191, 198

Rahmensucher   35
Reaktion   110
Regie   170
Regieanweisung   174
Regisseur   170
Reißschwenk   90
Reißverschluß   22
Requisiten   102
Requisiteur   108
Rettungsweste   31, 89
Rohschnitt   195
Rotfilter   91

Sagebiel Hydro-Cine II – Selbstbausatz   51
Sagebiel Hydro-Cine III – Selbstbausatz   51
Sagebiel Hydro-Mar II – Bausatz 400   51
Sandwich-Tricks   13
Sauerstoff-Kreislaufgerät   91, 103
Schärfentiefe   73
Schauspieler   173
Schirmbildfotografie   202
Schleifen   195
Schlußeinstellung   97
Schnappschuß   13
Schneideraum   195
Schneidetisch   191
Schneidkabel   126
Schnittarbeit   191
Schorchel   19
»Schnürsenkel«   195
Sendekopie   194
Serum   115
Sichtweite   166
Silikonspray   23
Solarisation   13
Spektralabsorption   123
Spielfilm   107
Sporttauchertauglichkeit   15
Spot   88
Sprachaufnahme   195
Sprecher   190
»Sprünge«   174
Stabilisierungsflügel   35, 90
Standbild   93
Standfoto   200

Stativ 72, 73
Storyboard 88
Stromaggregat 127
Subatec – Subalight 55-150-155 142
Suchermonitor 201
Syphon 102
Szenen-Übergänge 147

Tariermöglichkeit 23
Tauchanzug 21, 22
Tauchbase 15
Tauchmedizin 15
Tauchermesser 30
Tauchgerät 17, 27
Tauchgewässer 169
Tauchlehrer 17
Tauchsatelliten 159
Tauchschule 17
Tauchsportabzeichen 17
Tauchsportvereine 15
Tele-Objektiv 73
Tesche UW-Filmleuchte 141
Tesche UW-Filmtechnik, UW-Kompaktscheinwerfer 141
Tesche Kompakt Super 8-Gehäuse 54
Tesche Scheinwerfer-Kamera-Kombination 141
Tesche 16 mm UW-Gehäuse 66
Text 186, 195
Tiefenmesser 30
Tieftauchweltrekord 21
Titelvorspann 180
Tonaufnahme 121
Tonaufnahmegerät 121
Tonfilmkamera 121
Tonqualität 122
Tonstudio 195
TO-We Marin UW-Halogen-Filmleuchte 200 142
Trafoaufnahme 71
Treatment 88, 194, 199
Trick 105, 179
Trickaufnahme 193

U-Boot 104
Überblenden 147, 152
Uni-Cine 54
Unisuit 22
Uni-tor 55
Unterwasser-Fernsehen 201
Unterwassergehäuse 35
Unterwasserkrause – 16 mm-Gehäuse 67
Unterwasserkrause – 35 mm-Gehäuse 67
Unterwasserlampe 31
Urlaubsfilm 186
UW-Fackel 126
UW-Freifluter 128
UW-Gehäuse 61
UW-Gehäusebausätze 68
UW-Gehäuse System Dr. Fabian 43
UW-Gehäuse für Kodak XL 33/55 39
UW-Gleiter 90
UW-Scooter 90
UW-System Dr. Kief 47
UW-System Dr. Kief – Akkuleuchte L 139
UW-Zeichensprache 173

Varioknopf 72
Vario-Objektiv 71
Vidiconröhre 201
Videocord 202
Vertonung 194
Verzerrung 73
Vorsatzlinse 72
Vorspann 180

Werbewirkung 183
Werkfoto 200
Welxa UW-Gehäuse, Richard Oswald 58
Welxa UW-Halogen-Filmleuchte Nr. 7002 144

X-Ringe 46

Zeichensprache 124
Zeitdehnung 83
Zoom-Objektiv 34
Zwischenschnitt 193

Dieter Müller

Richtig sehen – Lebendig filmen

Ein Praxisbuch für Super-8-Filmer

2. durchgesehene und erweiterte Auflage, 212 Seiten mit 162 teils farbigen Abbildungen und wichtigen Tabellen; Linson mit Schutzumschlag

Das moderne Super-8-Format und -Material bietet dem privaten Filmer so ziemlich alle Möglichkeiten des professionellen Anwenders mit seinen großen Kameras. Dennoch haben beide völlig verschiedene Ausgangspunkte. Der Autor von »Richtig sehen – lebendig filmen« kennt die Kriterien beider: des Profis und des privaten Filmers. Mit dieser Voraussetzung gelingt es ihm, den Hobby-Filmer ohne Um- und Irrwege in seine spezielle Praxis einzuführen und ihn dann auf die fast unendlich vielen filmischen Ausdrucks- und Gestaltungsmöglichkeiten aufmerksam zu machen.

Wilhelm Knapp Verlag Düsseldorf

Das Erfolgsbuch mit neuen Praxistips zu allen aktuellen Nizo-Kameras, einschließlich Nizo professional

Dieter Müller

Alles über die Nizo

160 Seiten mit 102 Abbildungen und zahlreichen Tabellen
2. überarbeitete und ergänzte Auflage, cellophanierter Umschlag

Alles über Nizo-Kameras sagen zu wollen, bedeutet das gesamte Spektrum der kinematografischen Möglichkeiten abzutasten. Dieses Buch wagt den Versuch (wobei das weite Feld des Tonfilms im wesentlichen ausgeklammert wird, um hier nicht einen belastenden Wälzer vorlegen zu müssen) und kommt dabei auf die filmtechnischen Einrichtungen und Möglichkeiten aller Super-8-Kameras zu sprechen, die unter dem traditionsreichen deutschen Markennamen Nizo zwischen 1965 und 1975 gefertigt wurden, auch wenn der eine oder der andere Kameratyp nicht ausdrücklich genannt wird. Was zur Handhabung der einzelnen Modelle speziell zu sagen ist, steht in den Bedienungsanleitungen. Dieses Buch fängt mit seinen Kommentaren, Rezepten, Hinweisen und Vorschlägen dort an, wo die Anleitung – ihrer Bestimmung nach – aufhören muß.

Wilhelm Knapp Verlag Düsseldorf

Michael Gnade

Fotos von Menschen

Porträt · Akt · Figur
Aufnahmevorgang
Komposition
Fototechnik
Experiment

200 Seiten mit 162 Abbildungen, davon 50 vierfarbig, Linson mit Schutzumschlag

Mit »Fotos von Menschen« entstand eine Anleitung für jeden Freund und Kenner der Fotografie. Sie gibt Anregungen und weckt Interesse. Der Autor erzählt dabei vieles aus seiner Erfahrung, was dem Leser in unterhaltsamer Weise Umwege ersparen kann.

Pressestimmen:
»Gnades Buch erweist sich als vorzügliches Kompendium für alle an der Lichtbildnerei Interessierten.«
Rheinische Post

»Die Bilder und die hervorragende Aufmachung des Buches wecken die Neugier auf das, was Gnade uns in Worten zu sagen hat.«
MFM Moderne Fototechnik

»Dieses Buch ist eine wahre Wohltat unter den unzähligen Fotobüchern aller Preislagen.«
Frankfurter Rundschau

Wilhelm Knapp Verlag Düsseldorf

Heinrich Freytag
Tageslicht – Kunstlicht – Blitzlicht
Grundzüge der Beleuchtung in der Fotografie
216 Seiten mit 131 teils farbigen Abbildungen, 17 Zeichnungen und zahlreichen Tabellen, gebunden

Gert Koshofer
Das Kinderfotobuch für Eltern
192 Seiten, 162 Farbaufnahmen und 45 Schwarzweißbilder, gebunden

Walter Boje
Portraits in Farbe
Aufnahmetechnik und Gestaltung
140 Seiten mit 80 farbigen Fotos, cellophanierter Pappband
Herausgegeben in Zusammenarbeit mit der Agfa-Gevaert AG, Leverkusen.

Toni Angermayer/Gert Koshofer
Urlaub, Land und Leute – lebendig fotografiert
148 Seiten mit 170 farbigen und 20 Schwarzweißfotos, cellophanierter Pappband
Herausgegeben in Zusammenarbeit mit der Agfa-Gevaert AG, Leverkusen.

Oswald Graf zu Münster
Sportfotografie
Eine Anleitung für den Amateur
184 Seiten mit 178 Fotos, Linson

Prof. Dr. Otto Croy
Fotomontage und Verfremdung
Neu bearbeitete und erweiterte Auflage, 160 Seiten mit 170 Abbildungen, Linson

Frank Frese/Wolfgang Will
Das Titelbuch für Film und Dia
208 Seiten mit 132 Abbildungen, Leinen

Prof. F. Schmidt und H. W. Dußler
Gehilfenprüfung im Fotografen-Handwerk
Lehr- und Wiederholungsbuch
20. neu bearbeitete Auflage. 340 Seiten mit 84 Abbildungen, zahlreichen Tabellen und Übersichten. Abwaschbarer Kunststoffeinband

Josef Scheibel
Diaprojektion
Projektion und Vertonung für Hobby, Schule und Werbung. 192 Seiten mit 104 Abbildungen. Leinen

Dr. Gerhard Graeb
Fotolabor-Handbuch für Schwarzweiß und Farbe
588 Seiten mit 335 Abb. und 10 Seiten mehrfarb. Anhang. Kunststoffeinband

Willi Beutler
Meine Dunkelkammer-Praxis
5. Auflage, 160 Seiten mit 52 Abbildungen. Kunstleder

Wilhelm Knapp Verlag Düsseldorf